中国经济文库·应用经济学精品系列（二）

孙艳芳 ◎著

基于ESP范式的酒店业产业结构优化研究

The Research on Industrial Structure Optimization of Hotel Industry Based on ESP Paradigm

中国经济出版社
CHINA ECONOMIC PUBLISHING HOUSE
北京

图书在版编目（CIP）数据

基于 ESP 范式的酒店业产业结构优化研究 / 孙艳芳 著.
—北京：中国经济出版社，2019.6
ISBN 978-7-5136-5689-4

Ⅰ.①基… Ⅱ.①孙… Ⅲ.①饭店业—产业结构优化—研究—中国 Ⅳ.①F726.93

中国版本图书馆 CIP 数据核字（2019）第 082345 号

责任编辑　王　建
责任印制　巢新强
封面设计　华子设计

出版发行　中国经济出版社
印 刷 者　北京富泰印刷有限责任公司
经 销 者　各地新华书店
开　　本　710mm×1000mm　1/16
印　　张　14
字　　数　199 千字
版　　次　2019 年 6 月第 1 版
印　　次　2019 年 6 月第 1 次
定　　价　68.00 元
广告经营许可证　京西工商广字第 8179 号

中国经济出版社 网址 www.economyph.com 社址 北京市东城区安定门外大街 58 号 邮编 100011
本版图书如存在印装质量问题，请与本社销售中心联系调换（联系电话：010-57512564）。

版权所有　盗版必究（举报电话：010-57512600）
国家版权局反盗版举报中心（举报电话：12390）　　服务热线：010-57512564

序　言

　　新时期以来，我国经济正在向形态更高级、分工更复杂、结构更合理的阶段演化，经济结构不断优化升级，第三产业消费需求逐步成为主体。作为现代服务业的重要组成部分，酒店业是从劳动密集到资本密集、技术密集、信息与知识密集不断发展的行业，是代表一个国家综合国力和整体竞争力的重要产业，也是我国与国际接轨最早、开放步伐最快的行业之一。

　　目前，中国正在引领亚洲地区旅游及酒店行业的快速发展，且商务、休闲行业的收入增长势头强劲。随着国内外酒店品牌持续扩张其营业版图，酒店行业竞争的不断加剧，大型酒店企业间并购整合与资本运作日趋频繁，国内酒店企业越来越重视对行业市场的研究，特别是对企业发展环境和客户需求趋势变化的深入研究，未来酒店业的产业结构优化是一项备受关注的课题。

　　从酒店业整体来看，市场供给总体大于市场需求，影响了行业的整体运行效率和经济效益；从产业结构来看，酒店业的产业布局结构、产权结构、档次结构、空间结构都存在不均衡现象，酒店资产销售情况恶化，各地区不同档次酒店与住宿设施的规模布局结构性失衡；从产业长远发展来看，虽然酒店集团规模不断扩大，但是产业核心竞争力、企业创新能力、国际化、专业化程度不足。

　　当前，面对酒店业的集团化经营、多元化经营、主题化经营、跨界创新、科技融合、国际化资本运营等新的发展形势，以及民宿客栈、房车露营、长租公寓、短租市场等新生事物的出现，全面系统地研究我国酒店业的市场供需关系，探索酒店业产业结构优化及可持续发展的途径，已经成为我国酒店业宏观管理与微观经营的重要课题。

　　我校（中关村学院）财经系主任孙艳芳老师长期主持并参与相关科研项

目和课题的研究,并注重科研成果与教学实践的紧密结合。本书内容就是在海淀区委托项目、中关村学院"十三五"规划课题(2016—2017年)的研究过程中形成的,也是北京市海淀区教育改革与发展专项资金支持的"海淀区职业教育资源管理服务中心建设发展"项目的一项重要成果。当前,北京市海淀区正不断加强城市服务创新。比如,中关村科学城虽然是"科学"与"城"的结合,但人们也很关注科学城的"宜居性","园区+社区+街区+校区"的设计,使人们工作与生活之间的界线越来越模糊。中关村科学城虽然在总体层面进行了功能分区,但各个片区均是集办公、居住、休闲娱乐、教育设施于一体的复合化功能区,满足人们工作、生活、娱乐、学习等方面的全方位需求。

  本书以校企融合的酒店管理教学调研为实践基础,紧密结合中国酒店业的发展历史、现状、未来趋势,以酒店业的市场结构、行为和绩效为分析基础,研究酒店业产业结构的优化策略及产业政策。本书理论与实践相结合,提供了翔实的统计数据和实例分析。本书在理论上,对于研究酒店业供需均衡,提高酒店管理专业的教研水平,助力成人教育与酒店业经营的相互推动,具有重要与长远意义;在实践上对于北京市海淀区酒店业加快转型升级、优化产业结构、提升微观运营水平,以及促进行业的宏观管理水平都有重要参考价值。

2019 年 4 月 16 日

目 录

第一章 绪 论 ·· 1
  1.1 研究背景 ··· 1
  1.2 概念界定 ··· 4
  1.3 研究目的与意义 ··· 6
  1.4 结构安排 ··· 8

第二章 酒店业产业结构理论研究综述 ·· 12
  2.1 国内外产业组织理论 ··· 12
  2.2 产业结构理论的演变与发展 ··· 17

第三章 基于ESP范式的酒店业产业结构分析 ···································· 21
  3.1 哈佛学派的SCP框架及我国酒店业的适用性 ································· 22
  3.2 ESP范式的基本框架 ·· 31
  3.3 酒店业经营环境分析 ··· 32
  3.4 酒店业竞争结构分析 ··· 46
  3.5 酒店业市场行为分析 ··· 93
  3.6 酒店业市场绩效验证 ··· 96

第四章 酒店业产业结构优化研究 103
4.1 产业结构优化的机理 103
4.2 优化布局结构与酒店产业结构优化 107
4.3 企业创新与酒店产业结构优化 118
4.4 提升核心竞争力战略与酒店产业结构优化 150

第五章 酒店业产业管理研究 175
5.1 我国酒店业产业政策 175
5.2 酒店业产业规制 180
5.3 酒店业行业管理 181

第六章 酒店业产业可持续发展研究 191
6.1 酒店业产业可持续发展理论探索 191
6.2 酒店业产业可持续发展实践研究 192

第七章 结论与展望 206
7.1 结 论 206
7.2 创新之处 208
7.3 研究不足与展望 209

参考文献 210

第一章

绪 论

1.1 研究背景

改革开放 40 多年来,我国经济持续快速增长,国民收入水平稳步提高,国内旅游与国际旅游人数快速增长,旅游业已经发展成为我国国民经济的重要产业,对于国人来说,旅游已经从奢侈品变成必需品,从而为酒店行业的发展提供了良好的机遇。

2018 年 1 月 18 日,中国国家统计局公布了中国 2017 年国内生产总值(GDP)总量数据。根据核算,2017 年国内生产总值达到了 827122 亿元,同比增长 6.9%,突破 80 万亿元人民币大关,从产业分布来看,第一产业增加值为 65468 亿元,同比增长 3.9%;第二产业增加值为 334623 亿元,同比增长 6.1%;第三产业增加值为 427032 亿元,同比增长 8.0%。

宏观经济波动是造成酒店业景气度波动的主要原因。综观海外成熟市场,酒店业需求与 GDP 增长之间高度相关。受 GDP 波动影响,国内酒店业景气度呈现周期性变化,需求扰动是导致景气度下降的动因。1998 年亚洲金融危机影响国内经济增长从而导致中国酒店业需求疲软;2000 年后,世界经济回暖拉动了酒店业的持续回暖;2012 年后,世界经济步入低速增长态势,国内调整经济结构,以及反腐和限制"三公"消费等政策的落实和执行,都对国内酒店业的发展有较大影响，客房出租率持续下滑。

根据国家旅游局①公布的星级酒店收入及客房数据，国内星级饭店经历了一个完整的行业周期后，2017年开始复苏。一般而言，客房出租率是酒店行业周期变化的先行指标，从2012年开始，客房出租率出现负增长，随后平均房价也开始下跌；自2014年下半年开始，客房出租率和平均房价保持底部震荡态势，客房出租率同比增速开始恢复正值，表明酒店行业已经开始回暖。

国内3大酒店集团的平均房价亦开始步入提升阶段，继而推动每间可用房平均收入（RevPAR）持续增长。锦江2017年第三季度客房出租率增速为3.77%，相较低点（2015年第四季度）回升9.04个百分点；华住2017年第三季度客房出租率增速为4.49%，相较低点（2015年第二季度）增长10.42个百分点；如家2017年第三季度客房出租率增速为1.99%，相较低点（2015年第二季度）回升5.92个百分点。目前国内3大酒店集团客房出租率已处于高位，2017年第三季度华住、如家、锦江分别达到93%、89%、84%。

2013—2016年我国酒店供给复合年均增长率（CAGR）为3.49%，较2003—2012年下降4.28个百分点。国内宾馆建筑竣工面积自2014年开始负增长，2015年竣工3143万平方米，较2014年下滑1.16%。从供给角度来看，国内酒店行业已经处于衰退阶段中后期。

2016年我国实现旅游收入4.69万亿元，其中国内旅游收入3.94万亿元，占GDP比重超过6%。2016年国内旅游人数达到45.78亿人次，2006—2016年国内旅游人次年复合增速达12.6%，酒店业受益明显。数据显示，自2014年起，我国酒店客房需求增速小于供给增速。

近年来，我国限制"三公"消费的政策导致了高端酒店的客户下沉到中端酒店消费。随着居民生活水平的提高，在消费升级背景下，中端酒店越来越受欢迎。受到旅游业快速发展的影响，酒店作为子行业受益良多。

前瞻产业研究院发布的《酒店行业发展趋势及投资决策分析报告》中的

---

① 2018年3月后，设立中华人民共和国文化和旅游部，不再保留国家旅游局。

数据显示，2017年全国星级酒店总体保持继续向上发展的态势。全国星级酒店平均房价为359.17元/间夜，平均入住率为60.40%，同比2016年上升3.50%。2018年2月，全国星级酒店平均客房出租率为58.24%，比上月提高8.13%；平均房价为354.73元，每间可供房收入为207.56元；客房收入占比为51.13%，餐饮收入占比为35.59%。2018年3月三星级及以上的星级酒店的客房平均入住率是58.24%，其中，三星级酒店平均入住率达56.54%，四星级酒店的平均入住率达59.23%，五星级酒店平均入住率达58.95%。3月平均房价为354.73元，五星级与四星级的房价平均相差150.7元。

随着酒店业消费群体需求的变化，国内资本市场开始逐步将投资转向民宿、长租公寓，以及部分在某一细分领域经营极具个性化的酒店集团。酒店集团进一步探索产品从标准化到个性化的道路。国际酒店集团在成功提升品牌知名度后，通过品牌管理、特许经营，近乎"旱涝保收"。酒店入住体验进一步实现科技化、智能化与数据化。酒店与在线旅行社（OTA）的竞合关系继续加强。酒店行业的新零售形式不断涌现，通过多元化、场景化举措更好地展示酒店的特色，从而与消费者建立起更深入、更频繁的联系，以便利用大数据更精准地找到匹配的客户群。同时，酒店业优化预订流程管理、丰富入住体验，以及创新支付手段，最终提升售前、售中、售后整个零售闭环的用户体验。

市场变化无常，酒店业别无选择，需要基于实践需求的理论研究，有鉴于此，本书将对酒店业的经营环境、竞争结构、市场行为、市场绩效等方面进行分析，阐述创新产品、优化布局、提升核心竞争力的产业结构优化策略，进而对酒店业的产业政策、行业管理、行业规制与可持续发展提出初步建议。

1.2 概念界定

1.2.1 酒店业

1. 含义

酒店（Hotel）一词源于法语，原指达官贵人在乡间招待客人的别墅、公馆等场所，是法国富人、名流聚会的地方。现代意义上的酒店则是在某一个或相连的一群建筑物里，为公众（主要是旅游者）提供住宿设施和餐饮、娱乐、商务等项服务的企业。

目前，国内对酒店的称呼并不统一。文化和旅游部门、商务部门称酒店；证券界则套用香港地区的称呼——有客房为酒店、无客房为酒楼；统计局称旅馆；政府文件称宾馆；民宿、房车露营、长租公寓、短租市场等称呼层出不穷。本书对这些名称不加区分，一并归入"酒店业"的范畴，研究对象为能提供食宿设施的招待性企业。

2. 分类

根据客源市场不同，可以把酒店分为商务型酒店、度假型酒店、长住型酒店、会议展览型酒店、旅游型酒店。商务型酒店主要为满足商务客人需要而设计的暂住型酒店，这类酒店地处商业城区，交通方便，其客人主要是因公出差的公司人员，重视酒店的设施设备与配套服务，客流量不受季节影响。度假型酒店主要是为宾客旅游、休假、开会、疗养等提供食宿及娱乐活动的一种酒店类型，一般建在风景优美的地方，其经营活动的季节性较强。度假型酒店要求有完备的康乐设施。长住型酒店为租居者提供较长时间的食宿服务，此类酒店客房多采取家庭式结构，以套房为主，大多数长住酒店的客房还配有厨房，既提供一般酒店的服务，又提供一般家庭的服务。会议展览型酒店是为各种从事商业、贸易展览会及科学讲座的商客提供住宿、膳食和展览厅、会议厅的一种特殊型酒店。会议展览型酒店不仅提供基本的食宿和娱乐的设施，还提供规格大小不等的会议室、谈判间、演讲厅、展览厅等设施。会议展览型酒店最好有良好的隔板装置与隔音设备，还要为会议代表提供接送站、会议资料打印、摄像、旅游等服务。旅游型酒店主要为观光旅游者服务，多建造在旅游景点。这类酒店不仅要满足旅游者食宿方面的需要，还要求有公共服务设施，以满足旅游者休息、娱乐、购物的综合需求。

根据档次的不同，一般将酒店分为高档、中档、低档酒店。在中国，一般认为五星级、四星级酒店为高档酒店，三星级、二星级酒店为中档酒店，一星级酒店为低档酒店。根据2010年版的《旅游饭店星级的划分与评定》(GB/T 14308—2010)对酒店进行评星，分为一星、二星、三星、四星、五星和白金五星。并首次提出，"一星级、二星级、三星级饭店是有限服务饭店，评定星级时应对饭店住宿产品进行重点评价；四星级和五星级（含白金五星）饭店是完全服务饭店，评定星级时应对饭店产品进行全面评价"。

1.2.2 酒店业经营指标RevPAR

每间可用房平均收入（Revnue Per Available Room，RevPAR）代表每间可供出租的客房所产生的平均实际营业收入。RevPAR指标能够综合体现客房出租率和平均房价的信息。客房出租率（OCC）是已出租的客房数与酒店可以提供租用的房间总数的百分比，能够反映酒店的经营绩效，但是它对酒店客房的类型是不加区分的，不同类型的客房、可用客房、实际可用客房、套间等统计口径的差异，会使结果失真，即客房出租率仅能反映酒店客房的使用情况，高的客房出租率并不意味着高收益，过高的客房出租率也会导致设施设备满负荷运转、人力比例配置高、人力成本高、劳动强度高、运行质量低、员工培训机会少、员工疲劳操作等问题出现，因此客房出租率无法从根本上反映酒店的经营绩效（Min & Joo, 2009）。平均房价（ADR）仅表示酒店客房的平均价格，无法根据平均房价获悉已销售客房在酒店客房总量中的比重。这两个指标如果单独使用，均不能真实反映酒店的经营状况，高的客房出租率下可以有低的平均房价，高的平均房价下也可以有低的客房出租率。另外，在不同档次的酒店间也缺乏横向可比性。对于 RevPAR 指标来说，它既能体现酒店客房出租率，又能反映酒店平均房价，弥补了两者信息不足的缺陷。

RevPAR 衡量的客房收入是酒店的主营业务收入。RevPAR 反映的是以每间可用房为基础所产生的客房收入，而客房收入在酒店经营收入中占有很大的比重，一般在全功能服务的三星级及以上酒店中占总收入的比重为50%~65%，而在有限服务酒店中占比更高达90%。RevPAR 能够反映可出租客房的收入，在一定程度上是客房价值的体现。在酒店收入中，客房销售收入也是餐饮、会议等部门在内的其他收入的基础，其他收入与客房收入一般是正比关系。

RevPAR 是国际通用的酒店绩效评价指标，国内外众多知名的酒店管理公司、酒店咨询公司和酒店管理集团长期以来采用 RevPAR 作为分析和评价酒店业经营绩效的常用指标。

1.3 研究目的与意义

1.3.1 研究目的

改革开放40多年来，我国国内生产总值和居民消费水平持续提高，酒店业的投资与建设速度不断加快，酒店数量急剧扩张，这就要求我国酒店业在自主管理品牌、管理水平、经营绩效、产业结构、跨界经营、人力资源、科技融合、行业管理、产业政策等方面都要紧紧跟上市场需求的变化，不断进行改进与完善。

因此，本书运用改进的 ESP 框架，对酒店业的经营环境、竞争结构、市场行为、市场绩效间的相互关系及存在的问题进行理论分析，并运用大量的年鉴数据对酒店的经营状况、市场结构、市场行为、市场绩效进行实证研究，相关结论可以为酒店业的可持续发展提供参考。

1.3.2 研究意义

本书以经济学和管理学为理论背景，结合中国酒店业的发展现状，以酒店业的市场结构、市场行为、市场绩效为分析基础，研究酒店业的产业结构优化策略，并提出产业管理与产业发展的相关建议。

1. 提出提升酒店核心竞争力的战略，建立中国酒店管理品牌

2018年2月11日，国家发展改革委通过其网站发布了《境外投资敏感行业目录（2018年版）》，并要求自2018年3月1日起施行。这份文件规定了需要限制企业境外投资的行业包括房地产、酒店、影城、体育俱乐部、在境外设立无具体实业项目的股权投资基金或投资平台。

中国酒店业需要走向世界的是品牌，而不仅仅是投资。中国酒店业的首要任务是从酒店投资走向酒店管理。我国发展酒店管理业的关键是建立具有独立知识产权的本国酒店管理品牌，增强酒店的软实力。不仅重投资，更要重管理；不仅重硬件，更要重软件建设。以此改变本土高端酒店品牌边缘化的现状，这既是中国经济转型发展的要求，也是中国服务业走向全球化的必要条件。

本书针对建立中国本土酒店管理自有品牌等问题，提出提升酒店核心竞争力的战略选择，只有准确把握市场规律，做出正确战略判断与决策，才能保证企业的自我管理有序进行，整个酒店业才能进入良好的产业链竞争与生态循环。

2. 探讨酒店创新的具体实现途径与产业结构优化效应

中国酒店业经过近10多年的发展，行业生态圈发生了巨大变化，互联网企业与传统住宿业不断融合与竞争，现代科技的进步及其在各行各业的运用，也在迫使酒店经营者转变思想，以便应对市场的变化、应对消费者消费习惯的变化，从而能在企业管理方面快速创新。本书从酒店创新的内涵入手，重点探讨酒店创新的具体实现途径与效应，为企业和政府提供酒店企业创新、产业结构优化方面的建议。

3. 从产业政策、产业规制、行业管理三方面提出酒店业全覆盖统一管理建议

国务院机构改革方案于 2018 年 3 月 13 日提请十三届全国人大一次会议审议。该方案提议组建文化和旅游部，不再单独保留文化部、国家旅游局。

国务委员王勇表示，做出上述调整旨在"为增强和彰显文化自信，统筹文化事业、文化产业发展和旅游资源开发，提高国家文化软实力和中华文化影响力，推动文化事业、文化产业和旅游业融合发展"。

中国的产业政策培育了酒店业的产生与成长，随着市场的迅速变化与发展，相关的产业政策、行业管理办法也应为酒店业创造更好的市场环境。本书在分析酒店业市场结构、市场行为、市场绩效的基础上，从产业政策、产业规制、行业管理三方面提出酒店业全覆盖统一管理的建议。

4. 结合酒店教学与培训经验，提出酒店培养人才、激励人才的方向与方法

2017 年 5 月 27 日，国家统计局发布 2016 年全国平均工资数据，住宿业平均收入继续排在倒数第二位。非私营单位年平均工资最低的 3 个行业分别是农林牧渔业的 33612 元，住宿和餐饮业的 43382 元，居民服务、修理和其他非私营单位服务业的 47577 元，分别为全国非私营单位平均水平（67569 元）的 50%、64% 和 70%。私营单位年平均工资最低的 3 个行业分别是农林牧渔业的 31301 元，住宿和餐饮业的 34712 元，居民服务、修理和其他服务业的 35824 元，分别为全国私营单位平均水平（42833 元）的 73%、81% 和 84%。

人才的高流失率与如何培养综合型人才一直是困扰酒店业的问题，本书结合笔者的酒店教学与培训经验，在分析酒店实践案例的基础上，提出酒店培养人才、激励人才的方向与方法。

1.4 结构安排

本书属于理论应用研究，在背景研究、文献梳理和案例研究的基础上，

对酒店业经营环境进行定性研究,根据环境分析、现状分析和案例分析,结合实际的市场数据和动态信息,对酒店业的产业结构优化、产业管理、产业可持续发展提出建议。具体技术路线如图1-1所示。

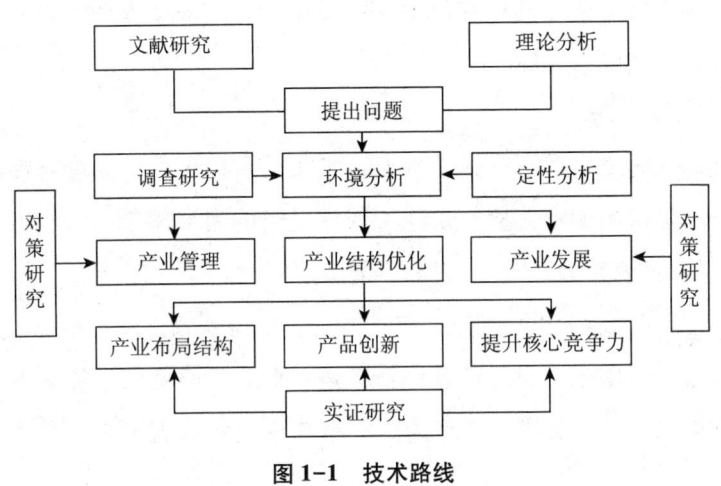

图1-1 技术路线

1.4.1 研究方法

1. 文献研究法

作为最传统、最经常使用的科学的研究方法,文献研究是指通过搜集、整理、分析与主题相关的文献,形成对现象的科学认识的方法(艾尔·巴比,2000)。有关酒店业的市场结构、产业政策的研究成果十分丰富,要在庞大分散的文献中寻求答案,文献研究方法必不可少。本书首先通过文献研究对产业组织、产业结构的理论与发展进行梳理,以把握理论发展和应用的前沿;其次对酒店业经营绩效与产业结构的现状进行分析,探索酒店业的市场经营绩效与产业结构优化的研究方向,为本书提供相关研究的理论背景与方法,并总结归纳相关结论。

2. 定性分析方法

定性分析法指对研究对象"质"的方面进行分析,即通过运用归纳、演绎、分析、综合抽象及概括等方法,对搜集的各类资料进行思维加工,从而达到去粗取精、去伪存真、由表及里、由此及彼的目的，以认识事物的本质、提示事物内在的规律（艾尔·巴比，2000）。本书基于产业经济学理论，从市场结构、产权结构、档次结构、区域结构4个角度对酒店业经营的竞争结构进行分析，结合酒店业的经营环境与产业结构，对酒店业的经营行为、绩效和产业结构优化进行定性的分析与讨论。

3. 实证研究法

实证研究法是根据现有科学理论、实践发展的需要，通过对现象变化情况的观察、记录与测定，检验条件与现象之间的因果关系的研究方法，其主要目的是检验规范分析所得到的结论的自洽性与合理性（艾尔·巴比，2000）。本书在酒店业市场结构、市场行为、市场绩效、产业布局的宏观、微观数据分析的基础上，通过产品创新案例、企业核心竞争力提升案例、企业可持续发展案例，以及产业管理的历史沿革与发展对酒店业的产业结构优化进行实证研究。

1.4.2 研究内容

基于以上分析，本书以产业经济学、管理学为理论研究背景，结合我国酒店业的市场现状和发展特点，以酒店业经营管理的相关宏微观信息为研究依据，研究酒店业产业结构优化的具体途径与方法，给出相应对策建议。全书共分7章。研究内容具体安排如下：

第一章为绪论。本章首先阐述酒店业产业结构优化的研究背景；其次，对书中涉及的主要概念进行界定，并在此基础上提出本书的研究对象为酒店业产业结构，进一步阐明对该主题进行研究的目的和意义；最后，介绍本书的技术路线、研究内容、结构安排和研究方法。

第二章为酒店业产业结构理论研究综述。本章主要对国内外产业组织理论、产业结构理论进行综述与分析，酒店业产业组织是产业组织的一个分支，现代产业组织与产业结构理论由各个产业发展历程、产业间关系和实践总结而成，是酒店产业研究的理论基础。

第三章为基于ESP范式的酒店业产业结构分析。本章结合产业经济学，通过改进的ESP行业分析框架对我国酒店业经营的经济环境、制度环境进行分析，并从市场结构、产权结构、档次结构、区域结构4个角度对酒店业经营的竞争结构进行讨论，并对酒店业的经营行为、绩效进行定性分析与讨论。

第四章为酒店业产业结构优化研究。产业结构的演进会极大地促进经济总量的增长，同时，经济总量的增长也会反过来推动产业结构的加速演进。本章主要对产业结构优化的机理进行理论分析，在结合行业现状与国内外案例的基础上，从酒店业的布局结构优化、产品创新、核心竞争力提升等3个方面阐述我国酒店业产业结构优化的具体途径与方法。

第五章为酒店业产业管理研究。本章根据前文研究的结论，提出针对酒店业产业政策、产业规制、行业管理的对策建议，构建酒店业提高整体绩效、优化产业结构的宏观政策环境，寻求统一管理范畴、行业自律、防范经营风险的长效管理方法。

第六章为酒店业产业可持续发展研究。本章首先探讨有关产业可持续发展的国内外理论基础；其次，分析酒店业可持续发展的实践经验，包括国内外酒店业经典的可持续发展案例；最后，提出酒店业可持续发展的可操作性建议。

第七章为结论与展望。本章对前述研究进行总结，提出本书的主要观点，并对进一步研究的领域和内容进行展望。

第二章
酒店业产业结构理论研究综述

2.1 国内外产业组织理论

企业是如何产生的？企业的规模与未来发展的方向由什么因素决定？企业如何决定它的产出组合与生产方式？同一产业内企业间的市场关系是怎样的？它们的组织形态如何最有效率？研究产业组织就是研究企业的市场运行，这是微观经济学的一个中心概念。

产业组织理论以价格理论为基础，通过对市场经济发展过程中产业内部企业间的竞争、垄断、规模经济的关系与矛盾进行考察与分析，探讨不同的产业组织状况对产业内资源配置效率的影响，从而为建立合理的市场秩序和追求更高的经济效率提供理论依据及相关对策。

2.1.1 产业组织的含义

所谓产业组织，通常是指同一产业内企业间的组织或者市场关系。这种企业之间的市场关系主要包括交易关系、行为关系、资源占用关系和利益关系。对产业组织的研究主要以竞争、垄断及规模经济的关系和矛盾为基本线索，并对企业之间的这种现实市场关系进行具体描述和说明。

产业组织考察的是同一产业内的企业，也就是处于同一商品市场的企业之间的市场关系。其中,商品的同一性,主要是指企业之间或同一企业生产的商品的主要性能必须基本相同,商品之间具有高度的替代性。而且,产业组织理论考察的是"组成部分之间的关系"的组织,它区别于经济理论中的组织,也不同于生产组织、企业组织。产业组织主要是以竞争、垄断及规模经济的关系和矛盾为线索,对同一产业内企业之间的现实市场关系进行具体描述和说明。

产业组织对应的是产业内、企业间的关系(Inter-firm);而企业组织主要指企业内部组织(Intra-firm),包括科层组织("U型"结构、"H型"结构、"M型"结构、"X型"结构)和法人治理结构(Corporate Governance)等。

2.1.2 产业组织理论的形成与发展

1. 哈佛学派产业组织理论体系的形成

产业组织理论体系是20世纪30年代后在美国以哈佛大学为中心逐步形成的。1938年,梅森在哈佛大学建立了一个产业组织研究小组,开始对市场竞争过程中的组织结构、竞争行为方式和市场竞争结果进行实验性研究。在继承张伯伦等人的垄断竞争理论的基础上,梅森提出了产业组织的理论体系和研究方向。

哈佛学派的产业组织理论,以新古典学派的价格理论为基础,在承袭了前人一系列理论研究成果的同时,以实证研究为主要手段把产业分解为特定的市场,按结构、行为、绩效3个方面,即所谓的产业组织研究的"三分法"对其进行分析,构造了一个既能深入具体环节,又有系统逻辑体系的市场结构—市场行为—市场绩效的分析框架,简称"SCP分析框架",并对市场关系的各个方面进行了实际测量,从而规范了产业组织的理论体系。

在哈佛学派的SCP分析框架中,产业组织理论由市场结构、市场行为、市场绩效3个基本部分和政府的公共政策组成,基本分析顺序是按市场结构—市场行为—市场绩效—公共政策展开的。其中,结构、行为、绩效之间存在因果关系,即市场结构决定企业行为,而企业行为决定市场运作的经济绩效。因此，为了获得理想的市场绩效，最重要的是通过公共政策来调整和直接改善不合理的市场结构。

2. 产业组织理论的发展

（1）芝加哥学派的产业组织理论。芝加哥学派是20世纪60年代后期在对哈佛学派的质疑和批判中崛起的，主要组成人员是来自芝加哥大学的经济学家们，包括施蒂格勒（J. Stigler）、德姆塞茨（H. Demsetz）、布罗曾（Y. Brozen）、波斯纳（R. Posner）等。芝加哥学派在理论上继承了弗兰克·H. 奈特以来传统的经济自由主义思想，信奉自由市场经济中竞争机制的作用，强调新古典学派价格理论在产业活动分析中的适用性，认为产业组织和公共政策问题仍然应该通过价格理论的视角来研究，力图重新把价格理论中完全竞争和垄断这两个概念作为剖析产业组织问题的基本概念，从而与哈佛学派在产业分析过程中重视价格理论难以解释的问题，并把这些问题用产品差异和进入壁垒等新的概念来加以说明的做法，在方法论上形成对比。

芝加哥学派对哈佛学派的产业组织理论范式进行了整体性批判，更加注重市场结构和企业行为是否提高了效率，而不只看是否损害了竞争。同时，与哈佛学派重视经验性研究不同，芝加哥学派更注重结构—行为—绩效的理论分析，其主要理论范式是竞争性均衡模型。在研究寡占市场时，芝加哥学派在批判"结构主义"规模经济外生决定观点的同时，还引入"信息"来对企业行为问题进行研究。尽管芝加哥学派缺乏比较完整和严密的逻辑体系，所提供的仅仅是一些分析问题的方法及对某些问题的观点；但他们从企业行为的角度出发，对市场结构、市场绩效进行剖析，提出了许多独到的见解，因此也被称为"行为主义学派"。此外，芝加哥学派认为，产业组织及反垄断问题应通过价格理论的延伸来研究。由于芝加哥学派产业组织理论注重的是效率，因而还被称为"效率学派"。

（2）新产业组织理论。自20世纪70年代以来，在上述理论的基础上，产业组织理论的基础、分析手段和研究重点都发生了实质性的变化，沿着SCP范式的方向发展出了"新产业组织理论"。这一学派的主要特点体现为：

一是博弈尤其是非合作博弈成为主要研究方法；二是更注重从企业而不是产业组织政策的角度来研究问题；三是在研究方法上更强调理论与实证的结合，从而取得理论上的突破。新产业组织理论不再强调整体的一致性，但还是遵循新古典经济理论的一般假定前提，并大大扩充了理性解释的维度。新产业组织理论更加注重市场环境与企业行为的互动关系，并体现在逻辑上的循环和反馈链中。在方法和工具选择上，新产业组织理论运用了大量现代数学的分析工具，特别是多变量分析工具，从而使传统产业组织理论主要来源于经验研究、缺乏理论基础的缺陷得到了极大弥补。

主要代表人物有考林（Cowling）、沃特森（Waterson）、威廉·杰克·鲍莫尔（William Jack Baumol）等。

①可竞争市场理论。作为对传统哈佛学派 SCP 范式的批判，鲍莫尔等人在芝加哥学派产业组织理论的基础上提出了可竞争市场理论（又称"进退无障碍理论"）。所谓可竞争市场理论，是指市场内的企业从该市场退出不用负担不可回收的沉没成本，从而企业进入、退出都是完全自由的。从长期来看，可竞争市场是一种进入和退出均为静态均衡的市场，在位的企业由于不亏损而不会退出市场，潜在进入的企业由于不存在高额利润而不会进入，因此能够实现资源和社会福利的优化配置。该理论认为良好的生产效率和技术效率等市场绩效，在传统哈佛学派的理想的市场结构之外仍然是可以实现的，而无须众多竞争性企业的存在。它可以是寡头市场，甚至是垄断市场，但只要保持市场进入的完全自由，只要不存在特别的市场进出成本，潜在的竞争压力就会使任何市场结构条件下的企业采取竞争行为。在这种环境下，包括自然垄断在内的高度集中的市场结构是可以和效率并存的。

②博弈论。新产业组织理论借助博弈论这一分析工具建立了一系列理论模型，在产业组织领域的企业策略行为的研究中，博弈论几乎改写了整个产业组织的理论框架，特别是对寡占理论和企业行为重新进行了解释。博弈论强调数学模型，通过描述局中人行为（决策）对另一个局中人预期反应的影响来反映企业之间与个人之间的冲突和合作。新产业组织理论引入了博弈论，

从而在逻辑上更为严密,争论的焦点于是转移到对模型初始条件,即战略环境的判定上。新产业组织理论强调获得有价值的信息,必须考虑并确切描述战略环境,包括价格变更的频率、时序及信息结构,博弈论提供了研究和分析产业组织理论的基本方法和理论基础。

博弈论在寡头垄断市场上得到了较好的应用。寡头市场存在两家或几家大企业(参与者);每家寡头企业都最大化自己的利润(支付函数);每家寡头企业意识到其他企业的行为将影响它的利润。所以,在寡头市场上每个厂商都意识到竞争对手的存在,所做的决策都要建立在对竞争对手策略的猜测,或对竞争对手行为做出反应的基础上。寡头厂商可能从价格、产量、广告、投资等方面,在复杂的市场环境下进行激烈的竞争和博弈。博弈论为分析寡头市场中的企业竞争行为提供了极为有效的手段。博弈论解决了寡头市场企业间相互竞争和决策反应的机制,是产业组织理论的重大突破。

③新奥地利学派的产业组织理论。新奥地利学派是20世纪70—80年代美英等国兴起的产业经济学流派之一。其核心思想在于注重市场竞争的行为性、过程性,这与哈佛学派的市场结构取向、芝加哥学派的市场绩效取向截然不同,它事实上是产业组织学中的行为学派。新奥地利学派注重个体行为的逻辑分析,在理解市场时重视过程分析,而不是新古典经济学的市场均衡分析,其研究目标是从个人效用和行为到价格的非线性因果传递,而不是新古典经济学的数学函数的相互决定,与哈佛学派、芝加哥学派在基础理论上的区别构成了新奥地利学派的最主要特征。

新奥地利学派从主观主义立场出发,把经济学看作不同于自然科学的"人类行为科学"的一个领域,认为经济规律是用不言而喻的公理进行逻辑推论而发现的,并且经济现象是无法重复的,因而经济理论无法进行检验和验证。

新奥地利学派认为社会福利的提高源于生产效率而非哈佛学派的配置效率,只要不依赖于行政干预,生存下来的垄断企业就是最有效率的企业。该学派主张市场完全自由,全面否定反垄断、规制政策,是一种极端自由主义理论。因此，新奥地利学派理论的适用性有很大局限性，但是其注重人类行为科学研究及产业组织的市场过程，从信息不对称性和信息不完全性角度出发，把竞争性的产业组织市场过程看作分散的知识、信息的发现和利用过程，具有很强的借鉴意义。

2.2　产业结构理论的演变与发展

2.2.1　产业结构的含义

在经济领域，产业结构的概念出现于20世纪50年代中期，当时日本经济学家在讨论经济发展战略时，用产业结构表述产业间的关系。随着产业经济学研究的发展，产业结构的概念与含义逐渐明确，产业结构是产业间的技术经济联系与联系方式，它可以从两个角度来考察：一是从质的角度动态揭示产业间技术经济联系与联系方式不断发展变化的趋势，以及经济发展过程中的国民经济各产业部门中，起主导或支配作用的产业部门不断替代的规律及相应的结构效益，从而形成狭义的产业结构理论；二是从量的角度静态地研究和分析一定时期内产业间联系与联系方式的技术经济比例关系，即产业间投入与产出的量的比例关系，从而形成产业关联理论。广义的产业结构理论包括狭义的产业结构理论和产业关联理论。一般来说，产业结构理论是指狭义的产业结构理论。

2.2.2　产业结构理论的形成与发展

1. 产业结构理论的形成

1935年，新西兰经济学家费雪（A. B. Fisher）在《安全与进步的冲突》中首次提出了三次产业的概念，指出农业为第一产业，工业为第二产业，除第一产业、第二产业之外的其他产业统称为第三产业，并指出第三产业本质上是服务业。这就是影响深远的产业结构理论的三次产业分类法。

1940年，英国著名经济学家克拉克在《经济进步的条件》中继承并发扬了费雪的三次产业分类法，通过对40多个国家和地区不同时期三次产业劳动投入和总产出的数据进行统计，总结出伴随经济发展的产业结构变化规律。克拉克发现：劳动力投入在第一、第二、第三产业中依次逐渐提高，并且人均国民收入随之提高。该规律在发展经济学中被称为"配第-克拉克命题"，有时也被称为"配第-克拉克定理"。

1941年，美国经济学家库兹涅茨出版的著作《国民收入及其构成》阐述了国民收入与产业结构间的关系。他通过大量的历史资料研究得出结论：产业结构和劳动力部门结构随着经济的增长而变化，劳动力收入在国民收入中所占的比重上升，财产收入的比重下降，政府消费所占的比重上升，个人消费所占的比重下降。库兹涅茨从统计学的角度研究和分析了产业结构理论，奠定了产业结构理论的基础。

2. 产业结构理论的发展

产业结构理论在20世纪50—60年代得到了较快发展。此时期对产业结构理论研究做出了突出贡献的人物包括里昂惕夫、库兹涅茨、刘易斯、赫希曼、罗斯托、钱纳里、霍夫曼、丁伯根、希金斯及一批日本学者等。

里昂惕夫、库兹涅茨、霍夫曼和丁伯根沿着主流经济学经济增长理论的研究思路，分析了经济增长中的产业结构问题。里昂惕夫对产业结构进行了更加深入的研究。他于1953年和1966年分别出版了《美国经济结构研究》和《投入产出经济学》，建立了投入产出分析体系，分析了美国各地区间的经济关系及各种经济政策所产生的影响，在《现代经济增长》和《各国的经济增长》两本著作中，他深入研究了经济增长与产业结构关系的问题。

丁伯根关于制定经济政策的理论包含有丰富的产业结构理论。他认为，经济结构就是要有意识地运用一些手段以达到某种目的，其中就包含了调整结构的手段。他把经济政策分为数量政策、性质政策和改革等3种。其中，性质政策就是改变产业结构（投入产出表）中的一些元素，改革就是改变经济基础中的一些元素。他在发展计划理论中所采用的大型联立方程式体系，就是凯恩斯、哈罗德、多马及里昂惕夫等人建立的多种模型的混合物；他所采用的部分投入产出法，就是一种产业关联方法，它直接从投资计划项目开始，把微观计划简单地加总成为宏观计划。

刘易斯、赫希曼、罗斯托、钱纳里和希金斯的产业结构理论则是发展经济学研究的进一步延伸。其研究存在两种思路：

（1）二元结构分析思路。刘易斯于1954年发表的《劳动无限供给条件下的经济发展》一文，提出了用以解释发展中国家经济问题的理论模型，即刘易斯理论（二元经济结构模型）。拉尼斯与费景汉把二元经济结构的演变分为3个阶段：第一阶段，农业部门存在隐性失业；第二阶段，农业部门出现了生产剩余，这些剩余可能满足非农业消费；第三阶段，农业劳动力向工业部门转移。希金斯分析了二元结构中原有部门和先进部门的生产函数的差异：原有部门的生产函数属于可替代型的，而先进部门存在固定投入系数型的生产函数，此部门采取的是资本密集型的技术。

（2）不平衡发展战略分析思路。赫希曼在1958年出版的《经济发展战略》中提出了一个不平衡增长模型，原因是早期发展经济学家们的研究局限于直接生产部门和基础设施部门发展次序的狭义讨论。书中的关联效应理论和最有效次序理论，已经成为发展经济学中重要分析工具。

罗斯托提出了著名的主导产业扩散效应理论和经济成长阶段理论。他认为：产业结构的变化对经济增长具有重大的影响；在经济发展中应重视利用主导产业的扩散效应。其主要著作有《经济成长的过程》和《经济成长的阶段》等。

钱纳里对产业结构理论的发展贡献颇多。他认为，经济发展中资本与劳动的替代弹性是不变的，从而发展了柯布-道格拉斯的生产函数学说。钱纳里指出，在经济发展中产业结构会发生变化，在对外贸易中初级产品出口将会减少，将逐步实现进口替代和出口替代的目标。

欧美学者的产业结构研究及提出的理论模型具有一般意义，成为该研究领域的主流；但作为应用经济学理论，各国在实践中会形成有各自特色的观点。例如,"二战"后,日本学者立足国情,逐步发展并形成了一套独特的产业结构理论,他们认为一国的产业结构变动与周边国家或世界的发展有关系。在日本,对产业结构理论进行深入研究的学者有筱原三代平、马场正雄、宫泽健一、小宫隆太郎、池田胜彦、佐贯利雄、筑井甚吉等人。其中,筱原三代平是日本研究经济周期理论和产业结构问题的著名专家。他的研究成果包括《日本经济的成长和循环》《收入分配和工资结构》《消费函数》《日本经济之谜——成长率和增长率》《产业构成论》《现代产业论(产业构造)》。

筱原三代平(1955)提出了"动态比较费用论",其核心思想强调:后起国的幼稚产业经过扶持,其产品的比较成本是可以转化的,原来处于劣势的产品有可能转化为优势产品,即形成动态比较优势。该理论与国际贸易理论密切相关,成为"二战"后日本产业结构理论研究的起点。但是在实践中,幼稚产业的劣势产品具体是通过何种途径转化为优势产品的?该理论无法给出令人满意的答案,于是日本学者提出了各种理论假设和模型来回答上述问题,其中最著名的是赤松要等人提出的产业发展"雁形态论"。

赤松要(1936、1957、1965)在研究日本棉纺工业史后提出了"雁形态论"的基本模型,并与小岛清(1937)等人进一步拓展和深化了该理论假说,用3个相联系的模型阐明了该理论的完整内容。

关满博(1993)提出了产业的"技术群体结构"概念并构建了一个三角形模型,同时用该模型分别对日本与东亚各国和地区的产业技术结构做了比较研究。关满博研究的核心思想是:日本应放弃从明治维新后经百余年奋斗而形成的"齐全型产业结构",必须促使东亚地区形成网络型国际分工,而日本只有在参与东亚地区国际分工和国际合作时不断对其产业进行调整,才能保持技术领先地位。

日本学者的产业结构研究,实际上触及了东亚地区产业结构循环演进的问题,他们已明确意识到一国的产业结构变动与周边国家或世界的发展相关联;但是,这些研究仍以单个国家为立足点,仅涉及国际区域的一个特例,没有上升到一般理论的高度。

第三章
基于 ESP 范式的酒店业产业结构分析

　　哈佛学派的 SCP 分析框架所依据的微观经济理论,是自马歇尔以来的古典学派的价格理论,将完全竞争和垄断作为两极,对现实的市场进行分析,由市场结构、市场行为、市场绩效这 3 个基本部分和产业组织政策组成产业组织理论,该理论的基本分析次序按市场结构—市场行为—市场绩效—产业组织政策展开。

　　我国的酒店业虽然是非垄断性行业,但我国的经济发展尚处于转型时期,许多非市场性行为使我国酒店业无法满足 SCP 框架的假设条件,因此市场绩效不能完全从市场结构理论中得到解释。司马志(2012)在对中国旅游业的产业绩效分析时采用了 ESP 范式:"在 ESP 范式中,环境(Environment)包含了影响产业绩效的一切因素,在特定时期内是给定的。结构(Structure)体现了产权结构与市场结构的组合特征,并随环境变化而调整。而二维结构空间限定了企业行为选择的可能后果,进而导致相应的产业绩效(Performance)结果。"

　　本书的研究目的是分析酒店业的产业结构优化对策,因此,对司马志的 ESP 范式进行了改进,通过改进的 ESP 范式对酒店业的经营环境、竞争结构、市场行为、市场绩效进行分析,并进一步提出产业管理、产业发展的对策和建议。

3.1 哈佛学派的 SCP 框架及我国酒店业的适用性

3.1.1 哈佛学派的 SCP 分析框架

在新古典学派的价格理论基础上,哈佛学派的产业组织理论以实证研究为主要手段把产业分解成特定的市场,从结构、行为、绩效角度对其进行分析,构造了市场结构(Structure)、市场行为(Conduct)、市场绩效(Performance)的分析框架(简称"SCP 分析框架"),也就是产业组织理论的"三分法"。通过实际测量,哈佛学派从市场结构、市场行为、市场绩效 3 个方面提出了产业组织政策(见图 3-1)。

其中,市场结构通常被定义为对市场内竞争程度及价格形成等产生战略性影响的市场组织特征。这些特征包括:产品差异化程度;市场中买卖双方的数量及相对规模(集中度);新竞争者进入市场的能力或受到的阻力;生产是否具有规模经济及作用大小;企业垂直一体化和多样化程度。另外,企业家精神、决策人的约束、交易过程中的信息不完全和不对称性,都会对企业行为和市场结构产生影响。

市场集中度是指在一个特定市场,少数几家企业控制生产的程度,即卖方集中度,它由卖方数量和规模大小分布决定。卖方集中度无论对产业间还是产业内的企业行为都有重要影响,因为消费者搜寻和获取信息的成本取决于市场中企业的数量,同时卖方集中度会影响寡头垄断企业间的相互依赖性和价格成本比。另外,卖方集中度还会影响企业间信息的获得,产业内规模相近的企业数量越多,竞争对手的价格政策、广告预算、研发费用、投资决策等信息就越难获得;相反,产业内企业数量越少,企业自己的销售数据就是研究竞争对手行为的最好信息,因此寡头间往往相互依赖。最常用的市场集中度指标是 CR_i 指标(市场中最大的 i 个企业市场份额之和)、赫芬达尔指数(产业中所有企业市场份额的平方和)、集中度曲线。

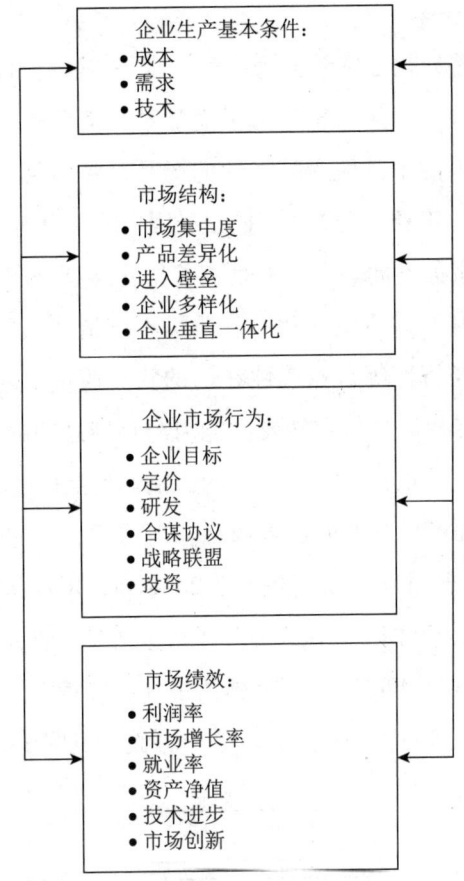

图 3-1　哈佛学派的 SCP 分析框架

在 SCP 模型中，技术和进入壁垒是影响集中度的主要因素，但其他一些经济因素也会影响集中度。一般来说，技术主要影响成本，也就是能否形成规模经济对集中度有重要影响，这是 SCP 模型的核心。进入壁垒会减缓或阻止新企业的进入，它也会导致更集中的市场结构，也是集中度的重要影响因素。政府的政策也会建立进入壁垒，直接或间接地影响市场集中度。企业的垂直一体化模式会影响竞争相互依赖的性质和程度，从而影响新企业进入市场的难易程度，进而通过进入壁垒影响产业的集中度。在位企业的管理特征、对原材料供应的控制、资本成本、专利所有权、广告等因素都会形成在位优势，从而形成进入壁垒。

产业内的产品差异化通常被分为两种：水平差异化和垂直差异化。产品的水平差异化，指某种产品的特性为了满足某类消费者的偏好而发生变化，也就是企业能提供不同于其他产品特性的产品来吸引某一类特殊消费人群，创造自己的"细分"市场。例如，不同星级酒店的客户细分市场的定位不同，因此提供的产品与服务不同。产品的垂直差异化，是指产品在质量上发生的变化，这种变化通常与成本变化相关。质量不仅指产品的适用性、耐久性、可靠性、安全性和经济性等自然属性在内的狭义质量，还包括其社会属性，如消费者的主观感受、满足特定需要的能力与预期之间的差距等，质量的社会属性对于产品的差异化具有非常重要的影响。产品的差异化会影响消费者的品牌忠诚度，从而形成行业的进入壁垒。当前酒店业的服务质量差异化程度是决定酒店品牌忠诚度的重要因素。2001年，Brady与Cronin、Rust与Oliver提出了扩展三因素模型，认为服务质量包括互动质量（服务传递过程中顾客与服务人员之间的交互感知）、实体质量（顾客对实体或环境的评价）和结果质量（表现为服务行为的结果）等3个方面（见图3-2）。

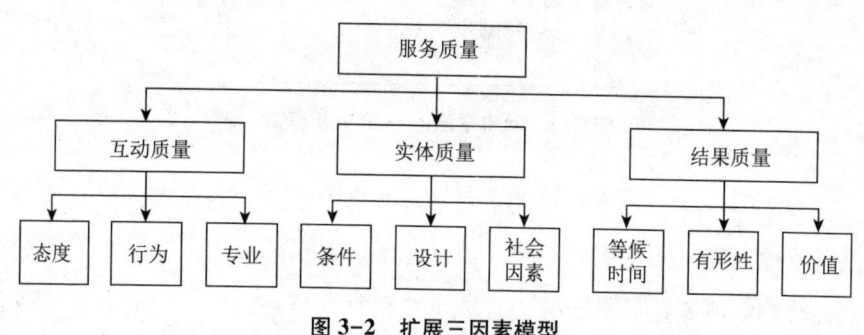

图3-2 扩展三因素模型

市场行为指企业在不同市场结构条件下所采取的不同决策和行为，包括企业目标、提供不同的产品与服务、定价、研发、合谋协议、战略联盟、多样化、垂直一体化等。传统的市场结构决定企业市场行为的观点受到很多产业经济学家的质疑，认为企业行为也同时决定着市场结构。例如，在位企业间的竞争行为决定了企业的规模，也就决定了产业的均衡与集中度，即市场结构。

市场绩效指企业在一定的市场结构和市场行为条件下运行的最终效果，衡量指标可以是利润率（产业的资源配置效率）、生产相对效率（规模经济）、市场增长率、就业率、资产净值、技术进步、X非效率（垄断低效率）、价格空间、产品服务质量、创新性等。如果衡量、评价市场绩效，就需要对市场结构进行政策管理。

市场组织政策指为了促进资源在产业内企业间的合理配置，从而获得理想的市场绩效，由政府制定用以引导和干预市场结构和企业市场行为的政策。在SCP范式中，假定完全竞争市场会带来资源的最优分配，而垄断导致资源配置无效率。这意味着市场的效率直接取决于它们的结构，特别是卖方的市场集中度。市场中的企业越多，市场越具有竞争性，企业的市场绩效就越好；而当市场中的企业越少，它们越接近垄断企业，资源分配的效率就越低。上述情况致使政府通常采取两类产业组织政策：一类是保护和鼓励大多数竞争性产业、限制市场垄断和不正当竞争行为，例如反垄断政策、反不正当竞争政策、中小企业政策等；另一类是针对自然垄断产业的政府直接规制政策。

然而，SCP范式的假定条件"竞争"，是新古典经济学理论的静态概念，它把企业看作一个"黑箱"——生产服务设备。相反，企业是在不确定和信息不对称的环境下进行竞争的，该环境决定了企业的竞争是一个动态而非静态的过程，企业的市场行为受到产业内部组织系统、产品市场外部激励、资本市场外部控制的影响。

3.1.2　我国酒店业的适用性

传统的SCP范式被广泛应用于产业市场绩效的经验研究中，其分析思路沿着市场结构—市场行为—市场绩效—产业组织政策的逻辑展开，市场结构决定企业的市场行为，企业的市场行为决定企业市场绩效，政府通过公共产业政策，调整不合理的市场结构，引导产业有序竞争，实现国家产业经济的良性运行。其中,前提条件为:市场处在较充分的自由竞争环境中,产业不存在非市场竞争性的壁垒,企业的市场绩效主要受市场结构的影响。但是,纵观我国酒店业的产业发展历程,企业行为并不只受市场结构的影响,还受到许多非市场竞争性的外界环境因素的影响,而这些非市场竞争性因素约束着企业的市场行为与经营目标,因此我们非常有必要站在历史的角度来回顾与分析我国酒店业在市场需求、产业政策、制度环境下的经济条件,见图3-3。

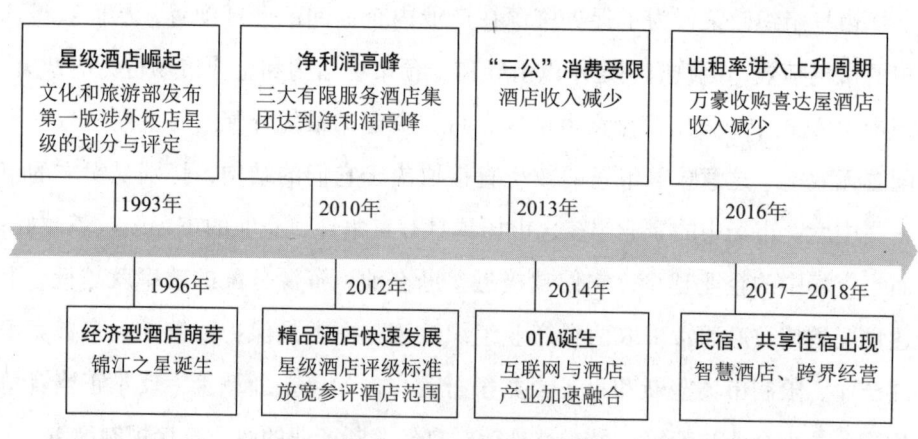

图 3-3　酒店行业发展历程

1. 起步阶段（1980—1988 年）

自 1978 年以来,随着国家改革开放政策的深化,中国的酒店业迅速发展。在此阶段,因市场需求巨大,只要有新酒店开业,马上就可以进入盈利周期。

(1) 市场需求。因海外游客认为中国充满神秘感,随着改革开放政策的实施他们大量涌入中国,国内的酒店从数量规模、硬件水平、经营管理水平、服务质量上都无法应对这种情况,市场呈供不应求之势。酒店业遂成为制约我国旅游业发展的主要因素,因此各旅游城市纷纷开始建造酒店。在国家产业政策的引导下,社会资金纷纷涌入酒店业,行业的规模得到迅速发展,除国有酒店外,一批乡村旅馆、小型宾馆也纷纷涌入市场,例如北京的回龙观宾馆、侨园宾馆、桃园宾馆等。

（2）产业政策。1979年，国务院在北戴河召开会议，决定每个省都要尽快建设一家主体酒店，例如北京的燕京饭店、哈尔滨的天鹅饭店、长春的长白山饭店、广州的白云宾馆，中央以实际行动表达了对酒店业发展的重视。1982年，北京第一家中外合资的酒店——北京建国饭店建成开业，合资方是我国引入的第一家国际酒店管理集团——香港半岛集团，该事件标志着酒店业大规模引进外资政策的开启。

（3）制度环境。1984年经国务院批准，中国旅行游览事业管理局先在全国50家，后在102家酒店中开展学习北京建国饭店的活动，学习其经营理念、企业制度、管理制度、经营方式、服务规范等，使当时处于起步阶段的酒店很快从招待所转变成企业。同年，上海锦江（集团）联营公司成立，中国酒店集团化进入探索阶段。

1987年，在世界旅游组织的专家全面系统地调查和研究了我国酒店行业的实际情况后，结合国际经验与中国实际国情，中国旅行游览事业管理局制定了我国酒店的星级标准，最后经国务院批准，于1988年正式实施，形成了一套完整的星级制度。星级制度出台后，体现出它的前瞻性、指导性与实用性，便于企业在市场竞争中定位，节约酒店的交易成本，并逐步内化为企业内部的目标与机制，实践中星级制度促进了我国酒店产业的规范和市场化运行。

2. 起飞阶段（1989—2012年）

1989—1991年市场大起大落，我国刚获发展的酒店业经历了市场大环境的洗礼。1992年后中国旅游业与酒店业开始复苏，并逐步进入起飞阶段。

（1）市场需求。1989年新兴的酒店业出现供过于求的情况，市场秩序混乱、竞争无序，企业间的恶性竞争行为频繁出现，给整个酒店行业造成了不良的影响。1992—1995年，酒店业恢复发展，供给能力开始增加，经营效益逐步上升，满足了市场不断增长的需求。1995年以后，中国酒店业的利润开始下滑，受1997年亚洲金融危机的影响，1998年酒店出现全行业亏损的现象，2003年的"非典"疫情使中国酒店业的经营雪上加霜。

这一时期，中国酒店市场主要的消费对象是官员，公款消费占据了中国星级酒店很大的市场份额，这种情况一直持续到2012年党的十八大开幕。

（2）产业政策。1996年锦江之星旅店有限公司成立，2002年如家诞生，经济型酒店的诞生代表中国酒店的连锁化经营正式开始，连锁化、集团化长期以来是中国酒店业发展的方向。上述情况也使得民营企业在中国酒店业占有越来越重要的地位。2006年12月15日，锦江酒店在中国香港上市，成为香港市场首只内地纯酒店股。

2009年上半年，中国旅游业的发展在国际金融危机的影响下停滞不前，此时各地方政府纷纷出台刺激旅游业的政策，大多数采取了发放消费券的办法，以刺激当地旅游业。广东以国民旅游休闲计划为蓝图，通过完善旅游休闲制度来支持旅游业的发展；河南提出旅游立省的战略，促进河南旅游业转型升级，提高河南旅游业核心竞争力，2009年省财政拿出1.05亿元作为旅游发展专项资金支持旅游业发展。这些政策一方面显示了政府对旅游业的支持态度，另一方面为旅游业的发展打好了基础。

（3）制度环境。1993年，星级标准经过5年的贯彻实施，正式成为国家标准，标志着酒店业的星级制度的影响力不断增强。而且，星级酒店的评定工作重心逐步转移到星级酒店的后续管理与服务等方面，同时加强了对星级的进一步复核工作，提高了酒店的内在质量标准。星级酒店对我国酒店业的行业发展起到了质量引领的作用，中国酒店业逐步由量变向质变发展。

2009年12月1日，《国务院关于加快发展旅游业的意见》印发实施，明确提出要把旅游业培育成国民经济的战略性支柱产业和人民群众更加满意的现代服务业，为我国旅游业的新一轮腾飞明确了方向，把旅游业提升到战略性产业的高度，为旅游业的加速发展创造了前所未有的机遇和环境。

2011年1月1日，新版《酒店星级的划分与评定》正式实施，其中：一星级、二星级、三星级酒店被定位为有限服务酒店，评定星级时应对酒店住宿产品进行重点评价；四星级、五星级酒店被定位为完全服务酒店，评定星级时应对酒店产品进行全面评价。

3. 开始真正意义上的市场化运作，温和增长阶段（2013—2015 年）

（1）市场需求。2013 年，随着限制"三公"消费政策的出台，高端酒店的收入大幅减少，市场趋于饱和。2013—2015 年，星级饭店连续 3 年出现亏损，尤其是高端酒店的亏损面开始扩大，它们纷纷开始摘星、弃星，调整经营方向，进行转型。由于中产消费群体的不断扩大，中档酒店在 2014 年得以迅速发展，国内外酒店集团随之重点发展中档品牌。2014 年，经济型酒店同质化经营严重，市场竞争激烈，无论酒店入住率还是客房收入与往年相比都有不同程度的下滑。经济型酒店与 OTA 发生激烈竞争，以华住为首的酒店集团开始搭建战略联盟并自建生态系统，以摆脱对 OTA 的依赖。各大酒店品牌在移动互联网领域开始技术革新，推出微信开房、APP 入住等综合服务项目。

（2）产业政策。2013 年 4 月，习近平总书记在海南考察时，就旅游业的发展做出了重要指示。2013 年 4 月 25 日，酝酿了 30 多年、历经 3 次审议的《中华人民共和国旅游法》获通过。在全民休闲旅游的需求日益旺盛的今天，酒店业要发挥优势，积极改革创新，通过资本运作等手段，提高品牌的知名度，打造具有领军地位的酒店集团，引领行业向规模化、集约化、品牌化发展。中国酒店市场也正是从 2013 年起，进入了真正意义上的市场化运作时期，传统的酒店业迎来了它的新起点。

（3）制度环境。2014 年 8 月，国务院出台《关于促进旅游业改革发展的若干意见》，文件中明确指出"鼓励发展特色餐饮、主题酒店"，为主题酒店的发展提供了良好的制度环境，从 2014 年开始国内外酒店集团开始全面布局主题酒店。

4. 酒店扩张模式改变，迅速发展阶段（2016—2018 年）

（1）市场需求。2016 年，全国星级酒店行业整体盈利回升，五星级酒店实现盈利 45.4 亿元，酒店集团发展模式从以前的重资产模式向轻资产模式转变，融资模式从债权型转变为股权型，金融资本积极介入酒店业，酒店的扩张模式也从市场思维开始向资本思维转变。

除住宿、餐饮、娱乐外，酒店业开始重新挖掘空间价值，这加速了酒店与其他产业的跨界创新融合，如零售、健康、文创、体验、艺术、教育、社交等。由北投健康管理医院、北投老爷酒店共创的台北国际医旅，在自然、人文的北投区提供健康、休闲、人文的"度假"观光医疗服务。亚朵提出"始于酒店，不止于酒店"的观点，推出人文酒店、城市旅行酒店、小型精品酒店、中长租公寓、度假空间、共享办公、城市精神空间等产品。

2017年共享住宿交易规模约145亿元，比2016年增长70.6%。我国住宿分享经济模式在全国已经迅速扩展，从最初的北上广深等一线城市开始加速向二三线城市扩张，途家网、小猪短租、爱彼迎、住百家、棠果旅居等企业的库存客房数都在10万间以上，头部企业脱颖而出，其入住流程的安全保障体系正不断完善。新的细分市场的住宿分享平台还在不断涌现，并获得资金支持，住宿分享经济将重构住宿业的发展格局。

（2）产业政策。2016年7月，为贯彻党中央、国务院关于推进特色小镇、小城镇建设的精神，落实《国民经济和社会发展第十三个五年规划纲要》关于加快发展特色镇的要求，住房和城乡建设部、国家发展改革委、财政部决定在全国范围开展特色小镇培育工作，目标是到2020年，培育1000个左右各具特色、富有活力的休闲旅游、商贸物流、现代制造、教育科技、传统文化、美丽宜居等特色小镇，这将大大丰富旅游住宿业的业态形式。

（3）制度环境。2017年8月，《旅游经营者处理投诉规范》《文化主题旅游饭店基本要求与评价》《旅游民宿基本要求与评价》《精品旅游饭店》等4项行业标准获得国家旅游局批准，并从2017年10月1日起实施。这代表旅游民宿、精品酒店的国家标准已出台，必将推动旅游新业态的规范与快速发展。

2018年11月，由国家信息中心分享经济研究中心牵头组织的行业自律标准《共享住宿服务规范》在京发布，这是我国共享住宿业的首个标准性文件，对共享住宿平台（企业）、房东、房客都提出了具体的要求。

综上所述，从历史发展的角度来看，中国酒店业的发展与国内非市场竞争的外部环境因素息息相关，因此，我们以改进的ESP范式作为分析我国酒店业产业绩效与结构优化的基本框架，并结合当前的政治、法律、制度、市场环境等因素来对其进行分析。

3.2 ESP 范式的基本框架

司马志（2012）在对制度变迁与中国旅游产业发展分析时采用了 ESP 范式，结合我国酒店业在实际发展过程中的市场特征来分析酒店业的产业绩效。司马志对产业绩效形成的 ESP 分析范式表述如下："一个产业总是受其所处环境（Environment）的影响，其中的若干关键因素构成该产业运行的主要约束条件，这些约束通过一个可选的结构（Structure）影响经济参与人的行为决策，从而最终决定了该产业的经济结果（Performance）。换言之，该范式表达的是经济环境中某些特定的变量如何决定经济结果。"本书的研究目的是分析酒店业的产业结构优化，因此，需要进一步对司马志的 ESP 范式进行改进，并通过改进的 ESP 范式对酒店业的经营环境、竞争结构、市场行为、市场绩效进行分析，从而得出产业结构优化的对策，以及提出产业管理与产业发展的建议。

在改进的 ESP 范式中，酒店业的宏观经营环境是给定的，市场竞争结构是可选择的，竞争结构反映了环境、绩效及政策之间的关系，具体情况见图 3-4。

产业经营的宏观环境，指对某一产业产生影响的社会大环境因素，包括经济环境、制度环境、技术环境、政治法律环境、社会文化环境和全球环境等；同时，由产品特征决定的产业属性和市场需求状况决定了一个产业的经营环境。

在"结构—绩效"的二维结构空间中，通过对酒店业的组织形式、市场规模、市场集中率、企业竞争行为的分析，可以了解酒店业市场绩效的表现；但是经营环境的约束直接影响了酒店业的市场经营目标与行为，从而影响了企业的市场绩效。

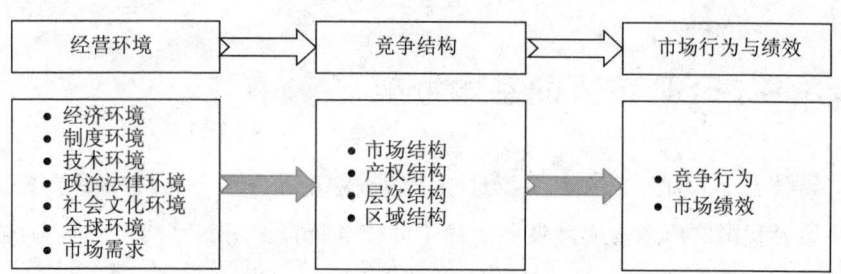

图 3-4　ESP 范式的图形化表述

因此,对产业绩效问题的研究,我们按照"经营环境—市场结构—市场绩效"的思路来展开讨论与分析,但各环节彼此之间不是绝对的单向因果传递关系,而是互为因果关系。这与传统的 SCP 范式在逻辑思路上有相同之处,两者都强调了市场结构、市场行为、市场绩效之间的重要关系;但改进的 ESP 范式更加结合了中国酒店业发展的实际情况,深入分析了酒店业的产业环境对市场结构产生的影响,也就是说,更要从历史发展的角度去考虑经营环境对酒店业的市场结构与市场行为的影响,这对于理解和把握中国酒店业的产业绩效与产业政策是非常必要的。

3.3　酒店业经营环境分析

任何行业都处在特定的经营环境中,包括经济环境、制度环境、技术环境、政治法律环境、社会文化环境和全球环境,还包括产业属性和市场需求等。通过对企业所处的外部环境进行系统分析,可以了解环境对市场结构与市场绩效的影响。

3.3.1　经济环境

经济环境由企业所在国家或地区的社会经济制度、经济发展水平、产业结构、劳动力结构、物质资源状况、消费水平、消费结构及国际经济发展动态等因素组成。

旅游业作为一个国家的重要产业，通过乘数效应对其他各行各业起到了重要的拉动作用，乘数效应包括交易或销售乘数、产出乘数、收入乘数、就业乘数、政府税收乘数等。通常而言，与旅游经济活动相关联的部门的综合性和关联性较强，因而旅游乘数要大于其他行业，它不仅解决了经济发展的资金短缺问题，还增加了就业和提高了社会消费需求。同时，由于旅游消费不是人类生存的必要消费，它属于人类发展到一定阶段才可以享受的高级消费。因此，旅游的需求弹性较大，旅游消费的数量和质量会受到很多因素的影响。国际上的政治、经济，甚至环境或气候变化等因素都会影响旅游消费的结构。作为旅游业3大支柱之一的酒店业，同样受到宏观经济环境的影响。

根据国家统计局公布的数据，2018年我国GDP达到了900309.5亿元，同比增长了9.69%，突破了90万亿元大关。从产业分布来看，第一产业增加值为64734.0亿元，同比增加了4.24%；第二产业增加值为366000.9亿元，同比增长了10.00%；第三产业增加值为469574.6亿元，同比增长了10.25%。相关内容见图3-5、图3-6和图3-7。

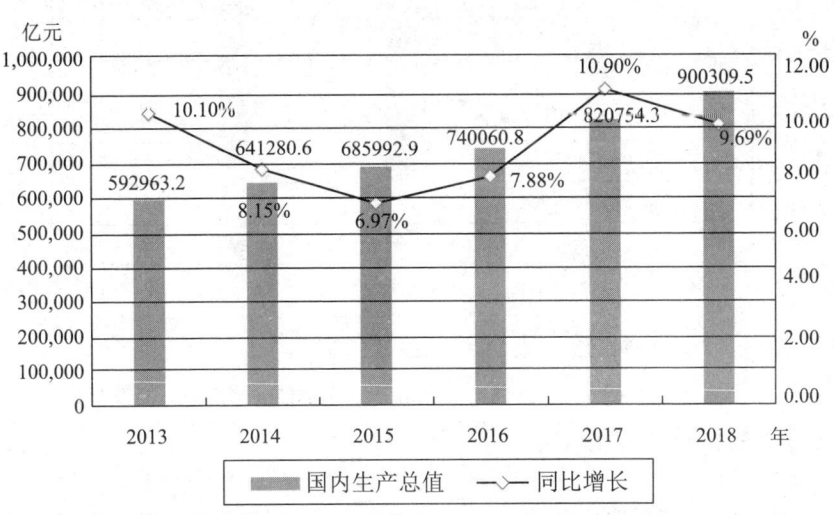

图3-5 2013—2018年国内生产总值及增长速度

资料来源：中国国家统计局。

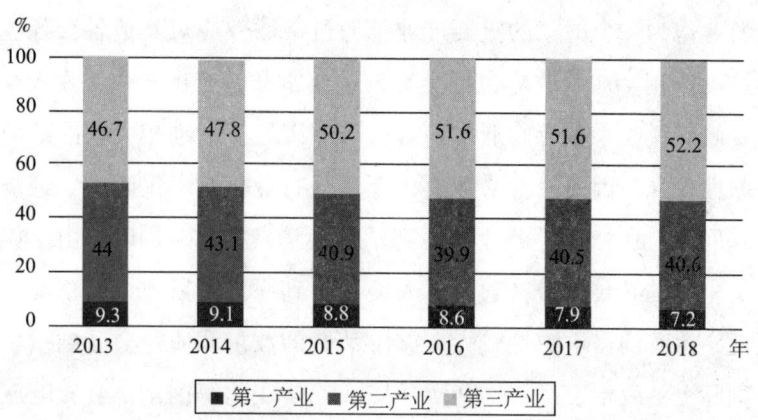

图 3-6　2013—2018 年三次产业增加值占国内生产总值的比重

资料来源：中国国家统计局。

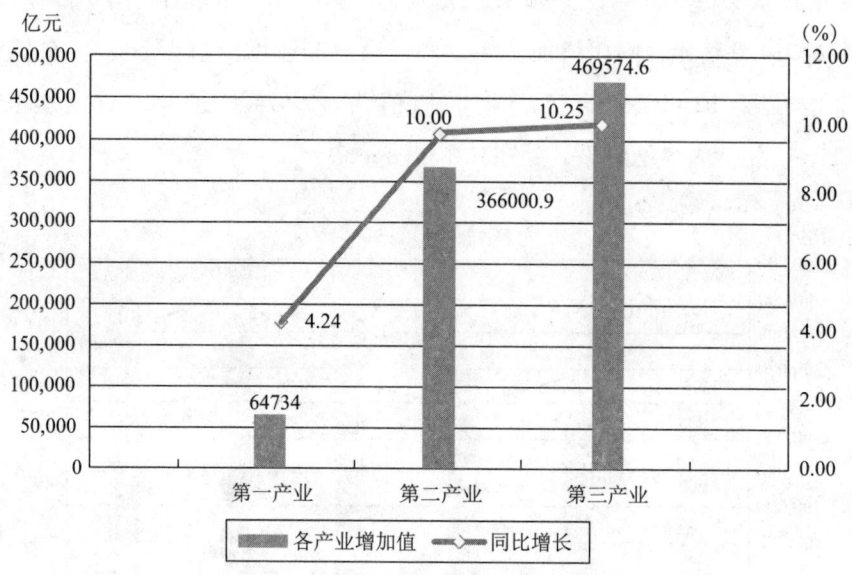

图 3-7　2018 年中国各产业增加值的情况

资料来源：中国国家统计局。

宏观经济波动是造成酒店业景气度波动的主要原因。综观海外成熟市场，酒店业需求与国内生产总值增长之间高度正相关。以美国和韩国为例，历次经济衰退都会导致酒店业的客房出租率快速下滑，而经济的复苏又会带来酒店业客房出租率的同步回升。

国内酒店业的景气度因经济周期的波动而呈周期性变化。1998年的亚洲金融危机导致我国酒店业进入波谷期；2000年后随着世界经济的回暖，酒店业的需求也开始回升，并于2007年达到波峰；2010—2011年，酒店市场需求出现反弹；2012年后，随着我国宏观经济增长的放缓与限制"三公"消费政策的执行，酒店业的需求又开始下降，客房出租率也开始下滑。

3.3.2 制度环境

制度环境是指一个国家或地区的政治制度、体制、方针政策、法律法规等方面，例如法律、产权规则和社会传统等。制度环境具有相对稳定性。酒店业制度环境主要指影响酒店业发展的政治、法律、产业政策等。从历史发展的角度看，我国酒店业一直深受制度环境的影响。

1. 政治制度

自改革开放以来，我国逐步建立了具有中国特色的社会主义所有制经济。我国的酒店业从以政治导向为主的行政事业单位逐步转型为适应社会主义市场经济的企业，并建立了现代企业制度；同时，非公有制酒店的数量也逐年增加。但是，中国的市场经济体制还在不断发展与完善过程中，酒店业的市场秩序必然存在一些问题。

目前，政府主导型的酒店占比较高，这就决定了酒店业的投资与经营在某种程度上不是出于市场的要求，而是受当地政府的政绩或地方政策等因素的影响，造成了酒店没有遵循"投资—回报"的商业模式来建立与运营。从微观角度来看，酒店的数量、建筑风格、产品设计都不是按市场需求来开发与运营的；从管理角度来看，组织结构的责、权、利不一致，制度约束与激励机制缺乏灵活性与市场适用性。

2013年是中国酒店业发展历史上的一个重要里程碑。在此期间，新一届政府在国内采取了紧缩政府财政开支和反腐败的行动。在此之前，来自政府和庞大的国有企业的消费是中国酒店业主要的收入来源；而从2013年起这一块收入基本上消失了。所以在此后的一段时间,中国酒店业都面临比较严峻的客源困难和财务困难。

2. 产业政策

2012年5月2日,北京市旅游发展委员会发布了《北京智慧酒店建设规范(试行)》的通知,在星级酒店行业推行"智慧旅游"。智慧酒店是利用物联网、云计算、移动互联网等新的信息技术,通过酒店内的信息设备对各类旅游信息的自动感知、迅速传送和挖掘分析,从而使酒店的"食、住、行、游、购、娱"6大旅游要素实现智能化、电子化、信息化,为旅客提供便捷的体验和服务。

2013年1月28日,中国旅游酒店业协会发出《关于"强化企业社会责任、厉行节约反对浪费"的倡议书》,提倡营造"珍惜食品、适量点餐,剩余打包、杜绝浪费"的文明用餐环境,适度增加"适量点餐"提示牌和提示服务,倡导消费者合理点菜、文明用餐,为消费者提供打包服务等,在全行业掀起"节俭"之风。

2013年9月17日,海南省酒店与餐饮行业协会、海南省酒店行业工会联合会正式在海南省酒店与餐饮行业工资专项集体合同书上签字,合同覆盖了近2万家酒店餐饮企业的29万多名职工。海南酒店餐饮员工2013年的最低工资上涨27%~31%。

2014年5月26日,全国旅游星级酒店评定委员会取消了浙江杭州陆羽山庄度假酒店、河北秦皇岛大酒店、广西桂林乐满地度假酒店、吉林延边国际饭店等7家酒店的五星级旅游酒店资格。之后类似的情况频频出现,被摘星的酒店越来越多。

党的十八大报告指出,建设生态文明是关系人民群众福祉、关乎民族未来的长远大计。2013年2月18日,《国民旅游休闲纲要(2013—2020年)》正式发布,进一步推动了带薪休假制度的落实,鼓励有条件的地方的居民进行旅游休闲消费,从而提升了旅游消费水平。纲要指出,到2020年,基本落实职工带薪休假制度,城乡居民旅游休闲消费水平大幅提高,提高国民休闲质量,以适应小康社会的发展,现代国民旅游休闲体系基本形成。而酒店业更要抓住发展契机,以多元化消费群体作为对象,提供符合市场需求的个性化产品。

近年来,国家非常重视旅游业的发展。《"十三五"全国旅游业发展规划》由国务院于2016年12月7日印发并实施。在党的十八届五中全会上,习近平总书记在《中共中央关于制定国民经济和社会发展第十三个五年规划的建议》中明确提出要大力发展旅游业。2016年全国两会期间,李克强总理在国务院政府工作报告中提出,要"落实带薪休假制度,加强旅游交通、景区景点、自驾车营地等设施建设,规范旅游市场秩序,迎接正在兴起的大众旅游时代"。在《中华人民共和国国民经济和社会发展第十三个五年规划纲要》中,直接涉及旅游产业发展的内容有15处,对旅游业进行了具体细致的规划。

国家"十三五"重点专项规划——《"十三五"全国旅游业发展规划》,由国家旅游局牵头,国家发展改革委、财政部、国土资源部①、环境保护部②、交通运输部、农业部③、林业局和扶贫办等部门共同参与编制,"这在我国旅游业发展历史上尚属首次,充分体现了党中央、国务院对旅游业发展的高度重视,对全国旅游行业是巨大的鼓舞和鞭策"。

《"十三五"全国旅游业发展规划》提出创新、协调、绿色、开放、共享的发展理念,改革创新、提质增效的主线,落实全域旅游战略的主题,加快推进供给侧结构性改革、转变发展方式,优化市场环境,推动改革创新,实施扶贫攻坚,为"十三五"时期全国旅游业发展提供了科学的指导依据。

《"十三五"全国旅游业发展规划》专门设计了28个专栏的旅游业发展重点任务,并将任务项目化、措施清单化。同时,对重点任务的实施路径都做了设计,它体现在空间的布局和时间的安排上。比如,规划明确提出了东部地区要重点发展休闲度假产品,按照2:1:1的比例合理布局东中西部国家

---

① 2018年3月,组建中华人民共和国自然资源部,不再保留国土资源部。
② 2018年3月,组建中华人民共和国生态环境部,不再保留环境保护部。
③ 2018年3月,组建中华人民共和国农业农村部,不再保留农业部。

级旅游度假区建设；中西部要重点建设 5A 级景区，实现中西部新增 5A 级景区占全国新增量的 70% 的目标。

2017 年国家旅游局相继配套并实施了《"十三五"旅游基础设施和公共服务设施专项建设规划》《"十三五"旅游人才发展规划》《"十三五"旅游公共服务发展规划》《"十三五"旅游信息化发展规划》等专项规划。

由此可见，作为旅游产业 3 大支柱之一的酒店业，在政策支持下，应抓紧练好内功，根据区域位置的不同，找准行业发展的定位，提高特色服务与管理水平，培育出具有竞争力的品牌。

3. 法律制度

2013 年 10 月 1 日，《中华人民共和国旅游法》（以下简称《旅游法》）正式实施。以前很多酒店的商场都租赁给外来企业经营，致使顾客在酒店购买了"三无"、假冒伪劣产品并产生纠纷后，其在投诉时通常无法可依，而且涉及知识产权问题。《旅游法》对酒店行业的经营进行了规范，要求确保酒店诚信和服务质量，其中包括对外租赁项目的条款。

国内的酒店业由多个相关部门管理，缺乏统一的归口管理。对此，《旅游法》第五十条规定，"旅游经营者取得相关质量标准等级的，其设施和服务不得低于相应标准；未取得质量标准等级的，不得使用相关质量等级的称谓和标识"。

现实中，酒店自称"七星级""六星级""超五星级""白金五星级""精品酒店"的现象普遍存在。针对上述问题，酒店的等级评定要市场化、公众化与公益化，评级主体也应该逐渐从官方、半官方转向行业协会。而《旅游法》的实施，则有利于酒店行业统一标准、规范发展。

《旅游法》保证了中国公民的休闲旅游权利，并且切实保障了旅游者的合法利益。因此，总的来说，《旅游法》对规范酒店业的标准等级评定、统一酒店行业的服务标准起到了积极作用，对酒店业的市场结构、档次分类、市场绩效都产生了重要影响。

3.3.3 技术环境

随着智能手机在中国迅速普及，由此产生了一批与酒店业密切相关联的互联网企业，其中比较有代表性的就是携程。互联网市场的扩大刺激了酒店业与互联网的融合。在酒店行业，传统的经营模式已经不能满足新零售时代消费者的需求，市场正在呼唤更加具有创造性的品牌，行业的互联网时代已经到来。优胜劣汰是商业世界永恒不变的法则，而住宿需求是刚性需求，酒店业在经历十几年的野蛮增长之后，其互联网化也日趋明显。

1. 酒店业的新产品、新业态

为了适应互联网市场的需求，中国酒店业也在不断进行调整与创新，出现了许多新的产品模式、新的业态。

（1）民宿。随着中国乡村旅游的蓬勃发展，各地出现了大量的民宿业态。随着旅游消费升级，用户消费水平和消费观念的转变，民宿行业持续走热。民宿，作为一种新兴的非标准化住宿产品，主要是指根据当地旅游发展情况自建、租赁改造或拿地开发的小规模旅游住宿功能产品；同时也是结合了地域文化特色与市场需要，提供全方位、个性化体验服务的非标准化住宿产品。我国旅游行业是民宿行业发展的奠基石，依托现阶段旅游业的飞速发展，我国民宿行业也迈入了高速发展阶段。

（2）房车营地。随着自驾游、房车旅行、露营地旅行等旅行方式越来越受欢迎，如今传统的乘坐旅行车旅游的观念正在淡化，汽车旅游领域发展最快、最成熟的当属以自驾游为主的中档旅游市场，而房车旅游正是中档旅游市场最令人瞩目的部分。中国的房车产业正形成完整的产业链，以照顾不同消费者的需求，再加上国家及政府对旅游业发展的重视，以及不断出台的细分和深化行业发展政策的支持，房车市场正由高端消费向大众消费过渡。

（3）跨界酒店。过去酒店业的发展是规模标准化的，但未来的发展趋势是标准个性化的，类似于"生活体验空间"的酒店形态将会不断涌现。业内人士认为，未来5年酒店将进入2.0时代，原因为：一方面酒店业将向共享经济领域发展；另一方面将向各个领域扩张，比如书店酒店、生活方式酒店、零售业酒店等。住宿不再是酒店的单一功能，酒店正向多功能形态发展，从而形成新型业态。在这种情况下，跨界酒店必将在酒店领域占有一席之地。因此，打造线上线下新空间、多元化新业态是住宿领域的未来。而零售业跨界酒店，恰恰是新住宿业态的最佳实验场。

（4）短租平台。在分享经济的背景下，短租将成为未来旅游住宿业的重要组成部分。目前，国内短租平台的商业模式大抵分为两类：一类是爱彼迎、小猪短租、木鸟短租这类C2C模式，企业提供平台撮合房主和房客之间的交易，并从每笔交易中收取固定比例的佣金；另一类则是与开发商合作，以托管、控制房源为主，提供酒店式住宿服务的B2C平台，途家是这类模式的代表，企业对线下房源的集中发掘、统一管理，按一定比例与房东分成。

2. 酒店互联网新技术应用

互联网技术在酒店行业的应用呈现许多新的特点。各大酒店品牌在移动互联网领域发挥各自的优势。街町2015年打出"微信开房门"的卖点；华住的工作重点是APP的应用，将自身定位为综合酒店和旅行消费的服务平台；尚优客提出打造本地化生活服务营销平台；铂涛旗下新增IU互联网酒店。随着"互联网+"时代的到来，游客更多地参与到酒店的选择与建设过程中，对于用户来说，他们可以通过平台实现更多的核心诉求。客户通过手机APP可以完成预订、入住和退房等服务；通过微信平台可以完成支付、在线客服咨询、点评、互动交流等功能；酒店通过智能化控制系统可以实现客房内灯光、空调、电视等设备的无线智能化控制。此外，酒店在APP或其网站上可以与周边商圈、第三服务公司或旅游景点合作，构建起互相合作的平台，完善客户的服务项目与个性化需求体验。

3. 其他高新技术的应用

除了互联网和移动互联网的应用，酒店业对人工智能、生物识别、虚拟现实、大数据、物联网、3D打印、低碳环保及区块链等技术也开始涉足，例如大数据被广泛应用于酒店的选址、消费者行为分析、市场定位、产品设计、市场营销、收益管理、供应链金融等领域,为企业投融资和运营管理决策提供重要支撑。高新技术的应用正在变革和优化酒店产业链的各个环节,它能提升企业效率、降低成本、挖掘需求、精准营销、提升客户体验,并构建酒店的核心竞争力。

3.3.4 社会文化环境

社会文化环境一般指在一种社会形态下已经形成的信息、价值、观念、宗教信仰、道德规范、审美观念,以及世代相传的风俗习惯等为社会所公认的各种行为规范。社会文化环境是无形的,具有很强的持续性。

1. 教育状况

教育水平的高低反映人们的文化素养,影响他们的消费结构、购买行为等。受教育水平高的消费者,对产品和服务的要求高,要求酒店产品除保证质量外,还要将文化背景与特色纳入其中,对附加服务功能也有一定要求。另外,消费者教育水平的高低对酒店的营销调研和营销方式也有一定的影响。

2. 价值观念

对于价值观念的理解,可以从宏观和微观两个角度进行。从个体微观角度来看,价值观是个人的人生观,对生活的态度和观念的不同,制约着人们各方面的选择,对个人的发展有重要影响;从社会宏观角度来看,价值观是整个社会文化诉求的体现,代表社会应该提倡什么、反对什么、什么是美、什么是丑的规范性判断。影响酒店营销行为的往往是宏观的价值观念。价值观念是由不同的文化因素决定的,具有相近文化背景的人们,价值观念往往也比较接近。同样,不同价值观念的消费者会产生不同的市场需求,因此形成不同的酒店产品需求,如不同星级酒店的服务需求、概念酒店的不同主题、民宿的不同文化体现、房车营地的不同建设方式、短租平台的不同服务体验等。

3. 风俗习惯

风俗习惯是长期以来在一定的社会文化区域人们共同遵守的行为模式或规范。风俗习惯是影响旅游者购买行为的主要文化环境因素之一,风俗习惯涉及社会生活的方方面面，包括居住习俗、饮食习俗、出行习俗、商业习俗、交往习俗等。不同的民族其风俗习惯有很大的差异。正是由于文化传统不同，人们对颜色、图案、数字、动植物、交往等方面也有不同的理解和禁忌。酒店经营者应考虑不同国家和民族的传统，尊重他们的习俗，这是做好市场营销的重要前提，同时可以深入结合当地的风俗习惯来突出酒店的特色。

4. 文化素养

文化素养通常指人们的语言文字和受教育水平，它反映了一个国家或地区的文明程度。语言文字是人们进行沟通交流的重要手段。对于酒店营销人员来说，应具有一定的语言文字功底，这样才能排除沟通障碍，获得营销的成功。受教育程度的高低，关系到个人的修养、思想素质和购买行为。酒店产品应该有不同的层次和系列，酒店人应该有一定的知识积累，尽可能根据消费者的文化素养判断其产品爱好，及时提供相应的服务。

5. 宗教信仰

世界上有很多宗教，如基督教、伊斯兰教、佛教等。各种教派都有其教义教规、典章制度，在不同的宗教里，人们形成了不同的喜好、禁忌。酒店人要了解各派宗教的基本特点，尊重他人的宗教信仰，以便区别服务。

旅游者的收入水平、年龄、性别、职业和受教育程度，以及风俗习惯、兴趣爱好等，都是影响旅游消费结构的因素。近年来，经济的高速发展使得我国中产阶层的群体逐步壮大，这个群体的收入水平较高且预期相对稳定，在衣、食、住、行等各方面注重品质，在消费升级的大背景下，他们对住宿服务提出了更高的要求。中端酒店能提供更优质与个性化的住宿体验，但现阶段市场的供给能力不足，中端酒店无疑是未来市场的较大风口。

3.3.5 全球环境

根据世界旅游城市联合会（WTCF）发布的《世界旅游经济趋势报告（2019）》，2018年全年全球旅游总人次达121.0亿，较上年增加5.8亿人次，增速为5.0%，与2017年相比，增速下降0.7个百分点；全球旅游总收入达

5.34万亿美元，相当于全球GDP的6.1%，较2017年下降0.4%。从全球旅游格局看，欧洲、美洲、亚太3大板块在全球旅游市场继续占据绝对主体地位。欧洲板块和美洲板块比例持续下降，亚太板块比例显著上升。从旅游总收入占全球比例来看，排名前20的国家和地区所占份额接近或超过80%，报告中首次称之为T20国家，从2012年到2018年，美国、中国、德国一直占据旅游总收入前三位。

全球OTA行业的头部效应显著，并购成就了行业巨头，Booking、Expedia、携程等行业巨头因出色的运营管理表现及兼并收购手段成为领先者。知名OTA之间通过投资、重组、并购、战略合作等方式实现资源整合，提升了运营效率。同时，OTA行业向移动端转移，向智能化转变。

根据文化和旅游部的统计，2018年我国国内旅游人数达55.39亿人次，同比增长10.8%；入出境旅游总人数达2.91亿人次，同比增长7.8%；全年实现旅游总收入达5.97万亿元，同比增长10.5%。2018年旅游业对我国国内生产总值的综合贡献为9.94万亿元，占国内生产总值的11.04%。旅游直接和间接就业人数达7991万人，占全国就业总人口的10.29%，其中旅游直接就业人数达2826万人。2018年，我国入境旅游人数为14120万人次，同比增长1.2%。入境外国游客中，亚洲游客占76.3%，以观光休闲为目的游客占33.5%。

根据中国旅游研究院、携程旅游大数据联合实验室联合发布的《2018年中国游客出境游大数据报告》，2018年，我国公民出境旅游人数为14972万人次，同比增长14.7%，稳居世界第一位。2002—2017年，我国公民普通护照签发量达1.73亿本，持有护照的人口超过10%。然而，除去前往港澳台地区的内地游客，2018年仅有7125万左右的人次去海外旅游，这意味着100个内地居民中，出国旅游的不到5个人，海外旅游市场的开发潜力依然很大。随着"一带一路"建设的不断实施与推进，我国公民出境旅游目的地国家不断增多。数据显示，2018年，有来自200多个国内主要城市的数百万旅游者，预订了携程跟团游、自由行、定制游、邮轮、当地向导、当地玩乐等度假产品与业务，到达了全球157个旅游目的地国家和地区。

3.3.6 市场需求状况

1. 人均 GDP 持续上升刺激旅游需求及旅游消费升级

旅游行业按照游客的旅游经历深度可以分为观光游、休闲游、度假游 3 个发展阶段。世界旅游组织研究表明,当人均 GDP 达到 1000 美元时,游客会以观光游为主;当人均 GDP 达到 2000~3000 美元,游客会大大增加旅游的需求,旅游形态以休闲游为主;当人均 GDP 达到 5000 美元时,游客就会选择度假旅游。居民收入、消费水平提升刺激旅游需求(出游率)及旅游消费升级(内容、客单价)。酒店业作为旅游产业的支柱产业,以旅游消费为依托,不断满足旅游城市对休闲、度假酒店市场的需求。相关内容见图 3-8 和图 3-9。

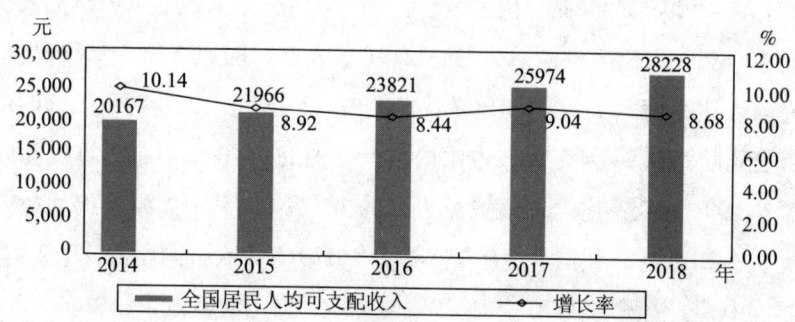

图 3-8 2014—2018 年全国居民人均可支配收入及其增长速度

资料来源:中国国家统计局。

2. 新时期新的消费需求

从 2016 年开始酒店市场开始回暖,但这次拉动酒店需求的消费者与以往不同,年轻一代的消费者成为消费主体,同时传统的商务活动需求也在稳中增长,以上需求成为拉动酒店业回暖与发展的重要力量,成为新时期酒店市场消费的主力军。据《中国旅游住宿业发展报告 2018》,"千禧一代"已经成为酒店消费的主体,探索、交互、情绪体验是他们的诉求,他们也是酒店业增速最快的客户群体。随着"千禧一代"消费者群体的扩大,酒店业应更加注重高科技的应用,更加关注与客户的情感交流和对客户关系的维护。科技在"千禧一代"的生活中扮演了重要角色,他们偏好个性化住宿产品,期望运用高科技手段来选择酒店、安排行程、办理入住、进行支付、选择特色饮食、购物、娱乐。此外,他们还会积极参与网上社交,如在Twitter、Yelp、Facebook 和 TripAdvisor 上评价酒店的服务。"千禧一代"希望能够在旅游服务商和个人的日程安排之间密切沟通,建立起更深层次、长期的交流与探讨。

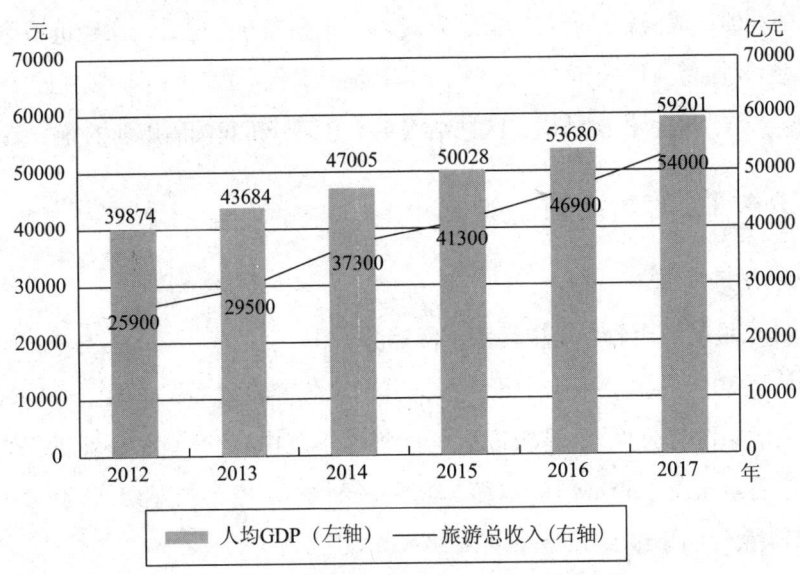

图 3-9 2012—2017 年人均 GDP 持续上升刺激旅游总收入扩大

资料来源:中国国家统计局。

与此同时,旅游的内容也与以往不同,仅有功能性产品是不够的,客户还要求有内容的体验性产品。功能性产品可以通过策划包装设计和生产出来,而体验性产品的内容是要考验经营者的经营、人文关怀能力的。主题展示、历史文化、人物故事、社交社区、休闲活动、餐饮特色、流行趋势、健身运动、养生与文化……客户成长的新需求就是酒店经营的新内容,酒店类生活体、郊区生活体、历史文化生活体、目的地旅游生活体都是新时代的新需求,也是酒店业的新机遇。

3.4 酒店业竞争结构分析

随着供给侧结构性改革不断深入中国旅游业，改革节奏不断加快的同时，旅游业的产品供给结构也日益完善。星级酒店作为近年来推动全国各地住宿业发展的利器，成为旅游产业优质服务的学习样板之一。但是，在经济增速放缓、"八规六禁"等方面的压力下，中国的酒店业市场也逐步走向理性，下面从市场结构、产权结构、档次结构、区域结构4个方面分析我国酒店业的竞争结构。

3.4.1 市场结构

1. 市场规模

（1）星级酒店数量呈现逐年下降趋势。

截至2017年底，根据中华人民共和国文化和旅游部发布的《2017年度全国星级酒店统计公报》，星级饭店统计管理系统中有9566家企业的经营数据通过了省级旅游主管部门的审核，其中一星级64家，二星级1660家，三星级4614家，四星级2412家，五星级816家。

2008—2017年，从我国星级酒店的数量变化情况来看，在2009年达到最大值14237家之后，我国星级酒店数量呈现逐年下降的趋势，从2008年的14099家下降到2017年的9566家。出现这种情况的原因有两方面：一方面，由于星级酒店的审查和评判越发标准化和严格化；另一方面，民宿等类型酒店不断兴起而导致星级酒店数量减少。2008—2017年中国星级酒店数及增速见图3-10。

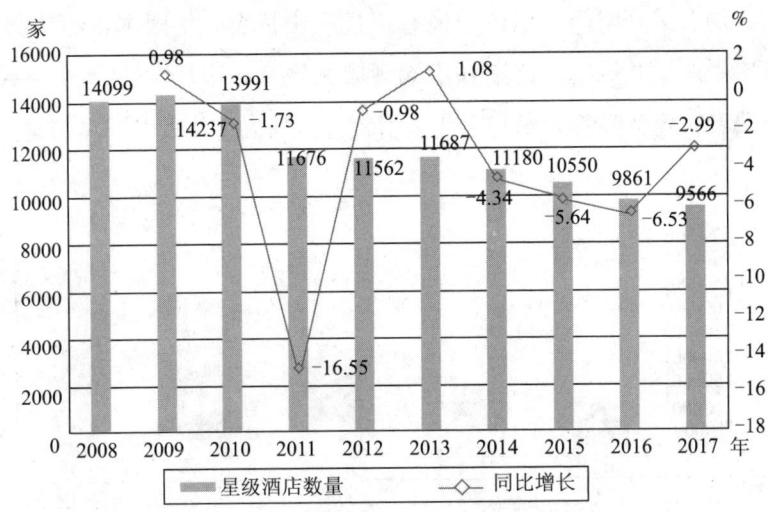

图 3-10　2008—2017 年中国星级酒店数及增速

资料来源：国家旅游局。

（2）星级酒店管理趋严。近年来，我国星级酒店扩容速度趋缓，供求关系得到改善，管理得到进一步加强，从五星级酒店 5 年来的公示、批准、取消情况可见一斑（见表 3-1）。

表 3-1　五星级酒店公示、批准、取消情况　　　　　　　　　　单位：家

	2013 年	2014 年	2015 年	2016 年	2017 年
公示数量	88	25	14	11	15
批准数量	59	16	13	9	11
取消数量		23	15	29	8

资料来源：国家旅游局。

（3）中端酒店数量不断扩大。截至 2018 年 1 月 1 日，根据上市公司、酒店网站和盈蝶咨询的数据，2017 年我国中端酒店数为 3519 家；客房数有 403337 间，客房数同比增长 31.38%，2013—2017 年中端连锁酒店规模增长情况见图3-11。随着我国中产阶层的比例不断提高，消费实现升级，同时高端客户群受政策影响也向中端消费市场融入，中端酒店市场的品牌得以扩充，与海外酒店（指欧美）高：中：低比值稳定在 2∶5∶3 的格局相比，我国中

端酒店数仍有提升空间,整体规模有望进一步扩大。中国本土酒店集团从经济型酒店中产生并崛起,逐渐在中端酒店领域开拓市场,通过各种手段吸引中端消费者,经营品牌内涵与文化,引领行业潮流,并吸引资本参与。

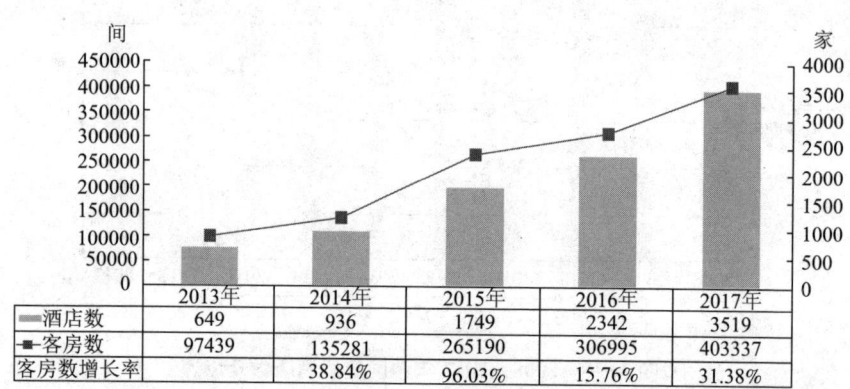

图 3-11　2013—2017 年中端连锁酒店规模增长情况

资料来源:根据上市公司、酒店网站和盈蝶咨询的数据整理,统一以 2018 年 1 月 1 日已开业酒店的客房数为标准,不含筹建数。

(4) 经济型酒店加速整合。截至 2018 年 1 月 1 日,根据上市公司、酒店网站和盈蝶咨询的数据,2017 年我国经济型酒店数为 32444 家;客房数有 2009738 间,客房同比增长 9.95%,2013—2017 年经济型连锁酒店规模增长情况见图 3-12。与此同时,我国经济型酒店开始加速整合。自第一家——锦江之星开始,经济型酒店在我国得到快速发展,曾经历过如家、7 天、汉庭 3 家公司在美国股市上市的辉煌。而近几年,随着供给逐渐过剩,经济型酒店市场的增速放缓且竞争愈加激烈。

一方面,同质化竞争下收入端平均日间价格(Average Daily Rate, ADR)难以升高;但在成本端,租金、人工成本却一直上涨,导致行业利润率下滑。另一方面,随着消费者对酒店品牌和服务的要求不断提高,新进入者门槛明显提升。

整体来说,经济型酒店这一细分领域供给增速大幅下滑,市场处于逐步出清的状态。当然,众多经济型酒店集团也在不断谋求突破,如进行服务升级、市场进一步细分等,试图利用酒店共享资源,延伸服务链。同时,经济型酒店希望抓住中国城镇化建设推进的机会,实现品牌连锁化向三线以下城市延伸下沉。

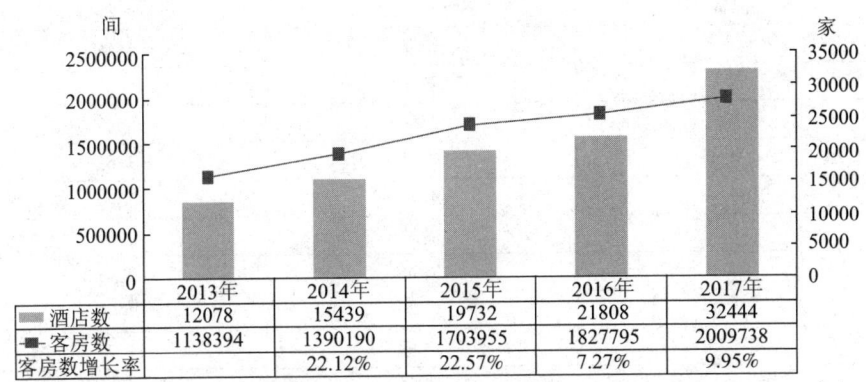

图 3-12 2013—2017 年经济型连锁酒店规模增长情况

资料来源:根据上市公司、酒店网站和盈蝶咨询的数据整理,统一以 2018 年 1 月 1 日已开业酒店的客房数为标准,不含筹建数。

并购或收购小型地方性连锁品牌是经济型酒店扩张的重要方式,龙头品牌借助并购实现区域互补目标,切入新的区域或细分市场。以如家为例,2007 年并购都市阳光酒店(北京),2011 年收购莫泰酒店(上海和华东),2012 年收购 e 家快捷(安徽),2014 年收购民宿品牌云上四季(云南)。上述并购行为帮助如家快速切入新的区域市场和细分领域,但在行业整体发展趋于萎靡的情况下,2015 年如家营业收入出现下降,最终被首旅集团收购并从美股退市。2010—2015 年,锦江、华住、铂涛和首旅都采用收购模式快速切入区域市场。

(5)客栈民宿蓬勃发展。

①中国 31 个省(区、市)的民宿数量。中商产业研究院统计数据发现,截至 2018 年,我国大陆客栈民宿总计达 42658 家,其中有 11 个省(区、市)的民宿客栈数量达到 1000 家以上。其中云南位居全国第一,总计有 6466 家客栈民宿;浙江和北京分别为第二位、第三位,有 5669 家和 3587 家民宿。我国各省(区、市)客栈民宿数量前 10 名分别为:云南、浙江、北京、四

川、山东、福建、河北、广东、广西、湖南（见表3-2）。

图3-2 2018年中国各省（区、市）民宿客栈数量　　　　单位：家

排名	省（区、市）	民宿客栈数量
1	云南	6466
2	浙江	5669
3	北京	3587
4	四川	3361
5	山东	2829
6	福建	2767
7	河北	2298
8	广东	2009
9	广西	1778
10	湖南	1615
11	江西	1103
12	江苏	996
13	安徽	900
14	海南	852
15	西藏	761
16	陕西	681
17	山西	593
18	上海	588
19	贵州	531
20	重庆	443
21	辽宁	428
22	天津	427
23	黑龙江	370
24	青海	358
25	河南	292
26	甘肃	282
27	内蒙古	277
28	湖北	186
29	吉林	137
30	新疆	42
31	宁夏	32

资料来源：民宿招商与投资、中商产业研究院。

②中国重点城市民宿数量。数据显示，截至2018年，我国重点城市民宿数量排行榜上共有11个城市超1000家，有5个地区的数量在2000家以上，北京和丽江两地民宿数量超3000家。其中：北京市客栈民宿数量居全国首位，民宿数量为3587家；丽江市以3002家民宿全国排名第二，紧随北京；厦门市民宿数量为2269家，排名第三。我国各地客栈民宿数量的前10名分别为：北京、丽江、厦门、大理、嘉兴、秦皇岛、成都、舟山、杭州、日照（见表3-3）。当然也仍然有近3成地区还没有发展客栈民宿类业态。

图3-3 中国重点城市2018年民宿客栈数量　　　　　　　　单位：家

排名	城市	民宿客栈数量
1	北京	3587
2	丽江	3002
3	厦门	2269
4	大理	2261
5	嘉兴	2082
6	秦皇岛	1776
7	成都	1613
8	舟山	1321
9	杭州	1259
10	日照	1132
11	深圳	1004
12	桂林	964
13	上饶	819
14	烟台	809
15	三亚	799
16	黄山	791
17	湘西	763
18	阿坝	749
19	广州	746
20	苏州	715

资料来源：民宿招商与投资、中商产业研究院。

③中国民宿线上交易市场活跃。在各种鼓励民宿发展的政策支持下，中国民宿市场将越来越繁荣。目前，民宿行业顺应时代潮流，开始将业务与互

联网相结合。通过中商产业研究院整理的数据可以看出，2015年、2016年在线民宿发展迅速，2015年在线民宿预订市场交易规模达37亿元，同比增长146.67%，2016年在线民宿预订市场交易规模达78亿元，同比增长110.81%，2017年在线民宿预订市场交易规模达126亿元，同比增长61.54%（见图3-13）。从上述数据可以看出，在线民宿的规模一直持续增长，但是整个行业的增速有所回落，因为有越来越多的企业仓促进入民宿市场，导致这些企业的民宿业务范围重合，同质性强，故未来民宿市场还需要进一步细分、整合，需要制定完善的管理机制来规范整个行业的发展。截至2016年底，客栈民宿的线上注册量总数已达50200家，比2015年增加近8000家。

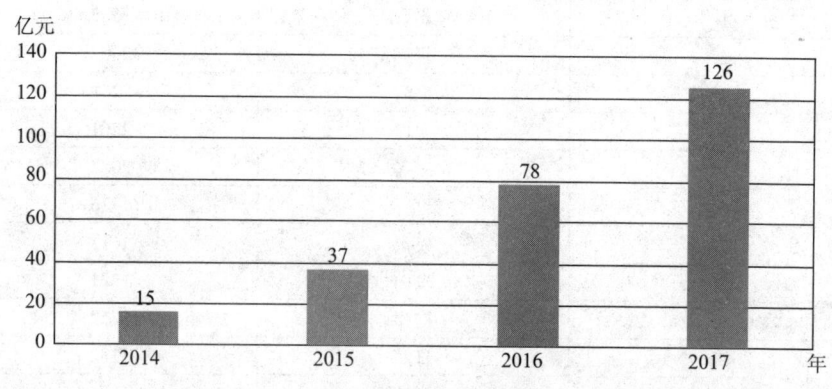

图3-13 2014—2017年中国在线民宿预订市场交易规模

资料来源：中商产业研究院。

④民宿地区分布特征：华东、华南、东南及西南地区偏多。目前，国内民宿业态主要集中在华东、华南地区（例如北京、浙江等地），东南部地区（例如福建、广东等地），还有西南部地区（例如云南、四川等地）。而西北地区、东北地区相对数量偏少，这一分布性也体现出我国的客栈民宿分布于我国旅游业较发达的地区，今后在线民宿可以抓住机会，增加西北、东北地区的房源布局，进一步扩大市场空间，提升运营绩效。

⑤古城古镇民宿旅游区较多。经中商产业研究院统计发现，民宿客栈数量在大理、丽江、嘉兴等古城古镇相对较多。这与民宿旅游的探寻历史文化、

民俗生活深度体验的客户需求一拍即合,古城古镇本身拥有深厚的文化底蕴与文艺气息,展现民俗生活的情怀与人文价值。因此,古城古镇越来越受到大多数民宿消费者的欢迎,成为民宿选址的热门地区,并且由此推动了古城古镇的经济发展,以及当地民宿业的迅速建立与蓬勃发展。

(6)我国房车露营市场潜力巨大。

①房车保有量持续增加。中商产业研究院的数据显示,2017 年全国汽车保有量达到 2.17 亿辆,同比增长 11.85%。汽车占机动车的比例提高至 70.17%,已成为机动车的主体。从车辆类型看,载客汽车保有量达 1.85 亿辆,其中以个人名义登记的小型和微型载客汽车(私家车)达 1.70 亿辆,占载客汽车总量的 91.89%。从汽车保有量的城市分布情况看,全国有 53 个城市的汽车保有量超过百万辆;24 个城市超过 200 万辆;7 个城市超过 300 万辆,它们分别是北京、成都、重庆、上海、苏州、深圳、郑州(见图 3-14)。

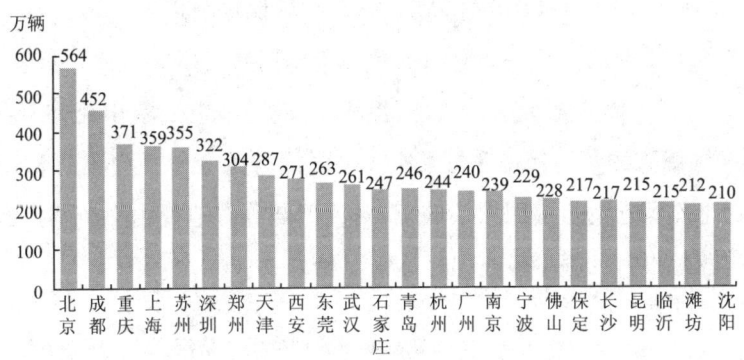

图 3-14　2017 年我国汽车保有量超 200 万辆的城市

资料来源:中商产业研究院。

中国房车产业和房车旅游业还处于起步阶段,但是发展潜力巨大。如图 3-15 所示,2016—2017 年,我国房车保有量从 48600 辆很快升至 69432 辆,房车销售量从 18600 辆直逼 20832 辆。预计 2021 年中国房车产量和销量将迎来大突破。

图3-15 2016—2021年中国房车产销量数据

资料来源：中商产业研究院。

②中国露营地投资回报率有待提高。中商产业研究院的研究数据显示，2017年露营地平均占地面积为221亩，与2016年相比稍有增加。大部分营地规模在300亩以内，与2016年相比，露营地规模逐渐扩大，其中100~300亩的营地占比大幅提高，300~500亩的营地占比稍有提高。

2017年中国优秀露营地平均出租率为37%，淡旺季出租率相差悬殊。2017年中国优秀露营地接待3万人次，中国优秀露营地平均年营业额为1068万元，近半露营地的投资回报率低于3%，但部分占地规模小、总投资额低的城市型露营地投资回报率较高。具体情况见表3-4。

表3-4 中国露营地主要指标统计情况

指标	2017年	2016年
平均占地面积（亩）	221	186
平均营位数（个）	215	203
平均投资额（万元）	4139	6558
平均投资强度（万元/亩）	20	34
平均出租率	37%	48%
营位出租占总收入比例	57%	60%
优秀露营地平均净利润率	8%	

续表

指标	2017 年	2016 年
平均占地面积（亩）	221	186
优秀露营地平均投资回报率	4%	
优秀露营地平均年营业额（万元）	1068	
优秀露营地年接待游客人次（万）	3	

资料来源：露营天下、中商产业研究院。

2017年越来越多的房车露营地已正式投入运营，并且越来越多的房车露营地从以前的目的地型房车露营地转变为驿站型房车露营地。2017年全国共有1273个露营地，其中已建成露营地825个，在建营地448个（见图3-16）。数据显示，近3年来我国露营地数量增长迅速。2017年中国房车露营地已拥有825个已建成营地，同比增加了300多个营地。

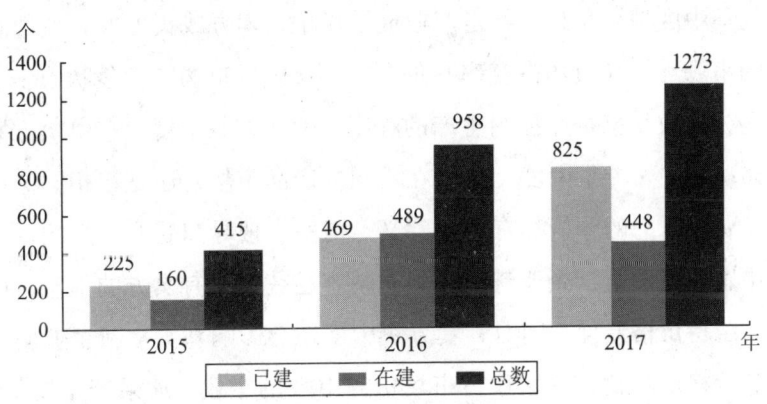

图 3-16　2015—2017 年我国露营地数量变化情况

资料来源：中商产业研究院。

从我国露营地分布情况来看，华东、华北沿海地区仍为露营地发展的领头羊地区，在2017年已建成露营地数量排名中位列前茅，华东和华北地区露营地数量约占全国总量的50%。其中华东地区共有营地309个，已建成露营地总数243个，与2016年相比翻了一番；华北地区有304个露营地；而中南、西南地区分别有242和180个露营地；西北和东北地区的露营地数量分别为

162个和76个（见图3-17）。

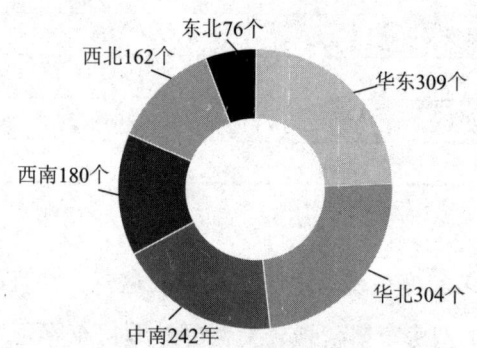

图3-17　2017年全国露营地数量分布情况

资料来源：露营天下、中商产业研究院。

2. 市场集中度

市场集中度是指在某个特定产业或市场中，卖方或买方的企业数目及企业相对的市场规模（市场占有率）的分布，反映了市场的竞争状态。在一个特定市场，少数几家企业控制生产的程度，即卖方集中度，它由卖方数量和大小分布决定。卖方集中度无论是在不同的产品市场，还是在相同的产品市场，对于企业行为的分析都有重要意义。消费者搜寻和获取信息的成本取决于市场中企业的数量，企业越少，买方越容易获得所有卖方的信息，而同时卖方越难维持价格差异。同时，卖方集中度还会影响寡头垄断企业间的相互依赖性和价格成本比，一家仅占市场份额10%的企业，如果产量增加20%，对价格和市场份额的影响不大；但如果一家占市场份额50%的企业也这样做，那么会给整个市场带来巨大冲击。在市场大小给定的条件下，当市场份额相同时，企业越少，每家企业的市场份额就越大，价格成本比也就越大。集中度影响企业间的知识交流，通常，竞争对手的价格政策、广告、研发和生产性投资等信息很难获得。信息搜寻成本随着生产类似产品企业家数的增多而增加，当企业规模存在很大差异时，我们可能只需考察优势企业的行为即可。如果行业中企业数目较少，企业销售数据的下降就是竞争对手的最好信息，因为一家企业的销售量下降或市场份额减少意味着竞争对手的壮大。市场集中度越高,销售量波动的可能性越小,企业将越容易操纵价格。

市场集中度的计量指标有市场集中率(CR_n)、集中曲线、赫尔芬达尔—赫希曼指数(Herfindahl-Hirschman Index,HHI)、基尼系数等,其中市场集中率(CR_n)被经常用以测试市场集中度。

市场集中率指数(CR_n)指市场中最大的前 n 家企业市场份额之和。n 是一个较小的数字,一般取 3、4、5。比如 $n=5$ 时,$CR_5=0.90$,就意味着市场中最大的 5 家企业控制着 90% 的产业规模。市场集中率指数的具体计算公式为:

$$CR_n = \frac{\sum_{i=1}^{n} X_i}{\sum_{i=1}^{N} X_i}$$

其中,CR_n 表示行业中规模最大的前 n 位企业所占市场份额,X_i 表示第 i 位企业的产品规模或销售额、资产额、职工人数等,N 为该行业的全部企业数。

按照美国经济学家贝恩和日本通产省对产业集中度的划分标准,可以将产业市场结构粗分为寡占型($CR_8 \geq 40\%$)和竞争型($CR_8<40\%$)两类。其中,寡占型又细分为极高寡占型($CR_8 \geq 70\%$)和低集中寡占型($40\% \leq CR_8<70\%$);竞争型又细分为低集中竞争型($20\% \leq CR_8<40\%$)和分散竞争型($CR_8<20\%$)。

CR_n 提供了某时刻的某一市场集中度或总集中度程度及相关趋势方面的信息。与其他指标相比较而言,CR_n 更容易建立,并且解释起来也很方便。但是,这种简单与方便的优点是有代价的。由于 CR_n 只是集中讨论了几家企业而不是整个产业的状况,它只能提供相当有限的信息。即 CR_n 强调少数几家最大企业的市场份额,却忽视了相对份额的重要性及小企业对整个产业的影响。

上海盈蝶企业管理咨询有限公司和北京第二外国语学院酒店管理学院联合发布的《2018 中国大住宿业发展报告》,将大住宿业界定为:"本报告中的大住宿业主要包含酒店类住宿业和其他住宿业。在国家旅游局的星级评定标准中，将纳入星级酒店评定体系的住宿设施的最小客房数规定为 15 间。参考这一标准，本报告也以 15 间客房为限，将我国住宿业市场分为两个部分。15 间（含）以上规模的设施，称为酒店类住宿业；15 间以下的，称为其他住宿业。"截至 2017 年底，全国住宿业的设施总数为 457834 家，客房总规模为 16770394 间。其中，酒店类住宿业设施有 317476 家，客房总数达 15480813 间，平均客房规模约 49 间，酒店类住宿业设施和客房数分别占我国住宿业总数的 69%和 92%；其他住宿业设施有 140358 家，客房总数达 1289581 间，平均客房规模约为 9 间，其他住宿业设施和客房数分别占我国住宿业总数的 31%和 8%。

从全国酒店类住宿业的档次分布的总体情况来看，经济型（二星级及以下）、中档（三星级）、高档（四星级）、豪华（五星级）这 4 个档次的设施数大体分别是 27.7 万家、2.3 万家、1.2 万家和 0.4 万家，所占比重分别约是 87.7%、7.2%、3.8%和 1.3%。

从客房数来看，经济型（二星级及以下）的客房数约为 1039 万间，占 67%；中档（三星级）的客房数约为 214 万间，占 14%；高档（四星级）的客房数约为 181 万间，占 12%；豪华（五星级）的客房数约为 114 万间，占 7%。由此可见，大部分的酒店类住宿设施都是低端设施。相关内容见图 3-18。

全国酒店类住宿业客房规模在 29 间及以下的设施数为 154191 家，客房规模在 30~69 间的设施数为 100512 家，客房规模在 70~149 间的设施数为 49048，客房规模在 150 及以上的设施数为 13725 家，上述 4 类规模的设施在总量中所占比重分别为 49%、32%、15%和 4%。

从这些设施所占房量的分布来看，15~29 间的占比为 20%，30~69 间的占比为 28%，70~149 间的占比为 31%，150 间以上规模的占比为 21%。总体来看，占房量 48%的酒店类住宿业的设施都是 70 间以下的中小型设施，占房量 52%的酒店类住宿业的设施规模在 70 间客房以上。相关内容见图 3-19。

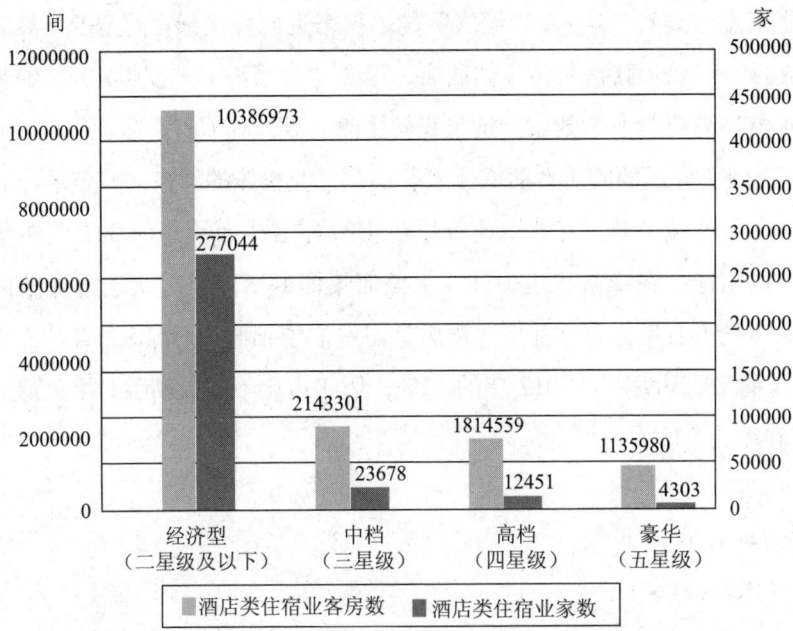

图 3-18 全国酒店类住宿业设施（档次）（统计时间为 2018 年 1 月 1 日）

资料来源：盈蝶咨询。

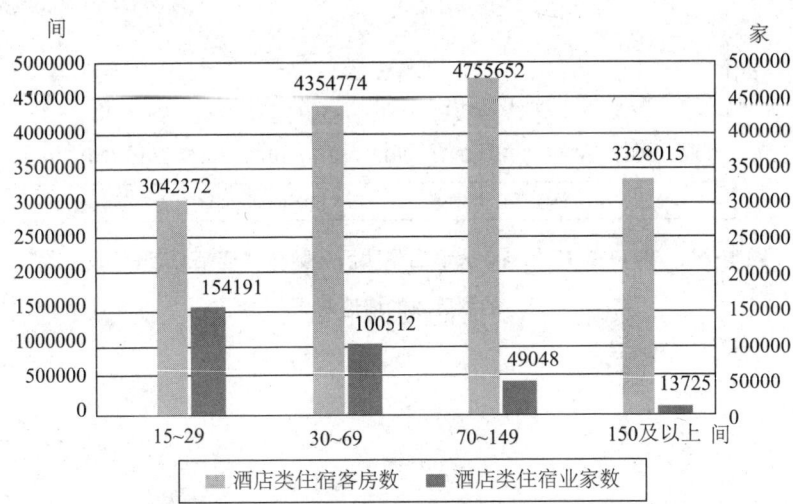

图 3-19 全国酒店类住宿业设施（规模）（统计时间为 2018 年 1 月 1 日）

资料来源：盈蝶咨询。

本书用"连锁酒店+星级酒店"的数据来近似替代行业的情况。酒店总数=连锁酒店+星级酒店+其他单体酒店,因此"星级酒店+连锁酒店"的数据应该优于整体酒店行业的数据。这里我们用酒店数计算 CR_3 指标。

3 大酒店集团的酒店数的增速显著快于行业整体的增速,其市场占有率不断提高。从增速上看,行业增速每年在 10% 左右,而历年前 3 大酒店集团的酒店数的增速都在 20% 以上,前 3 大酒店集团的增速显著快于行业整体的增速。从市场占有率来看,前 3 大酒店集团占"连锁酒店+星级酒店"的比重从 2006 年的 2% 提高到了 2017 年的 31%,历年占比不断提高①。相关情况见图 3-20 和图 3-21。

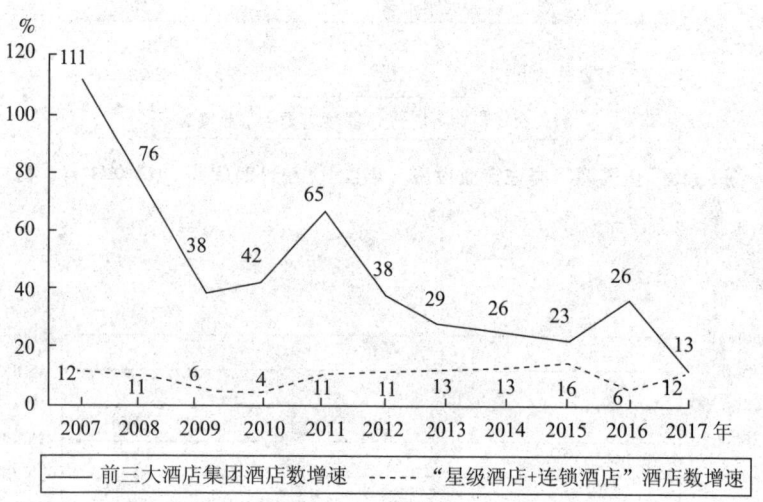

图 3-20　2007—2017 年前 3 大酒店集团酒店数与"连锁酒店+星级酒店"的酒店数的增速对比

资料来源:观研天下。

---

① 连锁酒店的数据来自中国酒店协会及盈蝶咨询,2017 年样本量的范围有所扩大,因此实际增速应低于 13%,但 CR_3 的提升速度应该更快。

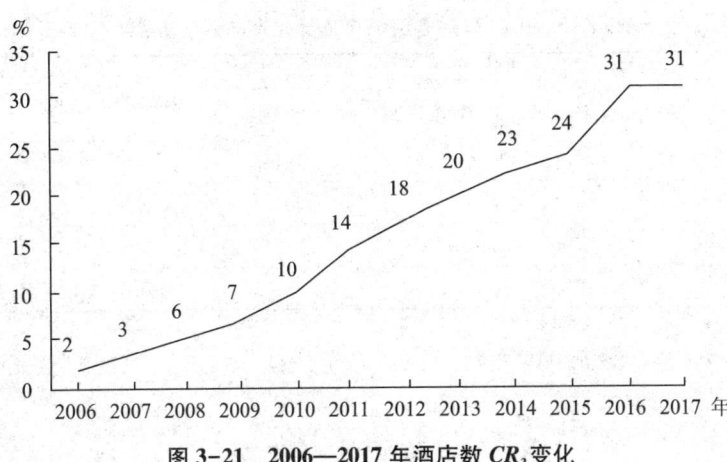

图 3-21　2006—2017 年酒店数 CR_3 变化

资料来源：观研天下。

目前，以 CR_3 为代表的行业集中度水平较低，仍有较大提升空间，未来连锁酒店集团仍将持续整合单体酒店。2017 年全国规模以上酒店连锁化率为 40%，但代表酒店真实行业集中度的 CR_3 只有 26%，仍然较低。分地域来看，一二线城市的连锁化率虽然较高，但是 CR_3 的值相对较小，整合空间仍在。我国一二线城市的 CR_3 低于三四线城市的主要原因是：一二线城市酒店需求相对旺盛，致使各类酒店集团优先布局；而三四线城市酒店需求相对较弱，酒店集团的开店数相对较少，竞争程度低。

对比美国，美国已形成以 6 大酒店争雄的格局（6 大酒店的酒店数都在 4000 家以上，第七大的酒店数只有 1000 家），因此以 CR_6 来对比美国酒店的行业集中度更有效。我国 2017 年规模以上酒店数 CR_6 为 35%，美国为 44%，相比美国而言，我国酒店业的市场集中度还有近 10% 的提升空间。这里的 CR_n 指标以酒店数计算，实际上还存在低估可能。因为国外的酒店集团多为高端品牌，单个酒店的房间数、收入规模都远大于我国。因此，若以产值计算，则对应的我国酒店集团的发展空间将更大。相关内容见表 3-5 和表 3-6。

表 3-5　2017 年底各线城市连锁化率与酒店数 CR_3　　　单位：家

各线城市及合计	三家集团合计酒店数	规模以上连锁酒店数	规模以上酒店数	酒店数 CR_3	连锁化率
一线城市	2590	9586	19172	14%	50%
二线城市	5018	9644	22962	22%	42%
三四线城市	5075	6353	21178	24%	30%
合计	12683	25583	63312	20%	40%

资料来源：观研天下。

注：2017 年底各线城市规模以上酒店数、连锁化率为盈蝶咨询数据、酒店集团合计城市酒店数为公司网站统计值。

表 3-6　中美酒店行业集中度对比

CR_n 指标	国家	
	中国	美国
CR_3	26%	26%
CR_4	31%	33%
CR_5	33%	40%
CR_6	35%	44%

3. 行业壁垒

在影响市场结构的诸多因素中，行业壁垒是很重要的一个因素，它主要是从新企业进入市场的角度来考察产业内原有企业和准备进入的新企业之间的竞争关系，以及最终反映的市场结构的调整和变化。行业壁垒包括进入壁垒和退出壁垒。

（1）进入壁垒。在产业组织学中，进入壁垒有两个定义。第一个定义由贝恩在《对新竞争者的壁垒》一书中指出，进入壁垒是"和潜在的进入者相比，市场中现有企业所享有的优势。这些优势是通过现有企业可以持久地维持高于竞争水平的价格而没有导致新企业的进入反映出来的"。从另一个角度讲，进入壁垒也是指"潜在企业"或新企业在同原有企业竞争中所遇到的不利性障碍因素。第二个定义由施蒂格勒在他的著作《进入壁垒、规模经济和厂商规模》中提出，他认为进入壁垒是新企业比老企业多承担的成本。

根据贝恩的定义，形成壁垒的原因很多，主要有规模经济、产品差异化、政策法律规制、战略阻止、技术壁垒。

①规模经济。根据规模经济的规律，新进入市场的企业只有在取得一定的市场份额后才能获得生产和销售的规模效益，在这之前，新企业的生产和销售成本一定高于原有企业，从而处于竞争劣势。当然，为了获得生产的规模经济效益，新企业也试图以最低经济规模进入市场，但是会引起行业总供给量的大大增加，从而导致产品的市场价格大幅下跌，甚至降到单位成本以下，结果也许是得不偿失。

测量进入壁垒有两种基本方法。第一种方法是利润率水平指标，即根据进入阻止价格的水平来确定产业进入壁垒的高低程度。美国学者贝恩曾根据该标准对产业的进入壁垒做如下划分：

高度进入壁垒产业：当销售价格比平均费用（包括平均利润）高10%时，新厂商难以进入的产业；

较高进入壁垒产业：当销售价格比平均费用（包括平均利润）高6%~8%时，新厂商仍难以进入的产业；

中等进入壁垒产业：当销售价格比平均费用（包括平均利润）高4%左右时，新厂商仍难以进入的产业；

低等进入壁垒产业：当销售价格比平均费用（包括平均利润）高2%以内时，新厂商较容易进入的产业。

第二种方法是规模性指标，即根据规模经济壁垒的高低来说明产业进入壁垒的水平。计算公式为：

$$规模障碍系数\ d = （最优规模/市场容量）\times 100\%$$

日本著名经济学家植草益利用该办法对产业进入壁垒程度作了测算，提出的测量标准是：

当 $d = 10\% \sim 25\%$ 时，该产业具有高度规模经济障碍；

当 $d = 5\% \sim 9\%$ 时，该产业具有较高规模经济障碍；

当 $d < 5\%$ 时，该产业具有中等或较低程度规模经济障碍。

根据公式，测算中国星级酒店业2007—2017年的规模障碍系数为0.0075~

0.0161，见表3-7。

表3-7 2007—2017年中国星级酒店业进入壁垒情况

年度	酒店数量（家）	客房数（间）	平均规模（间/家）	规模障碍系数 d
2007	13583	1573800	115.87	0.0085
2008	14099	1591400	112.87	0.0080
2009	14237	1673500	117.55	0.0083
2010	13991	1476400	105.52	0.0075
2011	13513	1474900	109.15	0.0081
2012	12807	1497200	116.9	0.0091
2013	11678	1539100	131.79	0.0113
2014	11180	1497900	133.98	0.0120
2015	10550	1462500	138.63	0.0131
2016	9861	1420500	144.05	0.0146
2017	9566	1470600	153.73	0.0161

根据公式，测算中国有限服务连锁酒店业2007—2017年的规模障碍系数，详见表3-8。

表3-8 2007—2017年中国有限服务连锁酒店业进入壁垒情况

年度	酒店数量（家）	客房数（间）	平均规模（间/家）	规模障碍系数 d
2007	1698	188788	111.18	0.0655
2008	2805	312930	111.56	0.0398
2009	3757	412840	109.89	0.0292
2010	5120	544210	106.29	0.0208
2011	7314	747045	102.14	0.0140
2012	9924	981712	98.92	0.0100
2013	12727	1235833	97.10	0.0076
2014	16375	1525471	93.16	0.0057
2015	21481	1969145	91.67	0.0043
2016	24150	2134690	88.39	0.0037
2017	35963	2413075	67.10	0.0019

根据植草益提出的测量标准，当 $d<5\%$ 时，该产业存在中等或较低程度

的规模经济障碍，中国星级酒店和连锁酒店在2008—2017年这9年的d值都小于5%，因此，中国酒店业一直具有较低程度的规模经济障碍，也就是处于高度竞争的市场。事实上，中国酒店业作为最早实行改革开放的行业之一，政策上一直是"积极推动，重点扶持"。过去由于星级酒店供给的非市场化导致供给过剩；同时行业集中度低，品牌渗透率低，行业无法形成提价合力，致使中国酒店业的平均房价一直无法实现有效增长。中国星级酒店的进入壁垒在2007—2017年先降后升，2010年达到最低点，仅为0.0075，自此逐年升高，到2017年已达到最高点0.0161。

中国连锁酒店在2007年的规模障碍系数$d=0.0655$，以后逐年递减，到2017年达到最低点0.0019。中国连锁酒店业越来越倾向于具有高度竞争的市场结构。2006—2016年，我国酒店行业在全国范围迅速跑马圈地，规模化发展初见成效。2016年以来，中国酒店行业延续品牌化、连锁化、多元化态势。截至2017年底，我国有限服务酒店总数已经达到35963家，同比增长48.92%，客房总数2413075间，同比增长13.04%。虽然增长速度较快，但总体连锁化占比仍有待提升——中国酒店连锁化率为23%，法国与美国分别高达56%和76%，我国经济型酒店的品牌化程度远不如欧美国家，品牌酒店的市场占有率仅为10%。这说明我国连锁酒店仍具备很大发展空间。

规模经济壁垒在品牌连锁酒店之间已是相当明显，在经历了2006—2016年的迅猛扩张后，面对物业成本上涨、入住率下滑、盈利减少的困境，连锁酒店的品牌升级迫在眉睫。利用新科技、增强用户体验和重塑品牌才是连锁酒店的未来发展之道。

这几年，我国中端酒店连锁化迎来了发展高潮，国内酒店集团推出了近60个品牌，其中的维也纳、全季、亚朵等几个代表性品牌的拓展速度很快。2015年，美国连锁酒店集团旗下的中端酒店数量约占全部酒店数量的30%，客房供应量占连锁酒店客房量的40%，占全部酒店客房供应量的27.5%。以此作为对比，按照我国2016年规模以上住宿设施8.8万家计算，连锁酒店集团旗下的中档酒店规模在理想状态下应该达到2.64万家左右，还有很大的提升空间，这表明未来我国中端酒店市场的发展潜力巨大。

②产品差异化。产品差异化指在同类产品的生产中，不同厂商所提供的产品具有不同的特点，厂商制造差异化产品的目的是引起购买者对该厂商产品的特殊偏好，从而在市场竞争中占据有利地位。因此，对厂商来说，产品差异化是一种非价格竞争手段。但是，对于新进入的企业而言，为了寻找新顾客或争取原有企业的老顾客，通常会制定更低的价格，或者举办更多的促销活动。无论采用哪一种方式，新进入企业的成本都会提高，这种成本越高，原有企业的产品差异化所造成的进入壁垒就越高。当然，也有例外，例如，有些新进入市场的企业掌握能够淘汰原有企业的新技术，对于新企业而言，进入壁垒就大大降低了。

从酒店的角度讲，酒店产品是酒店有形设施和无形服务的综合体。只有优质的产品、服务和运行良好的设施设备的有机结合，才能使酒店产品的品质得以体现。

酒店产品的构成主要有：

- 酒店的地理位置。它包括与机场、车站的距离，周围的风景，距游览景点和商业中心的远近等。这些都是顾客选择酒店的重要因素。酒店位置的好坏还与经营成本密切相关。

- 酒店的设施。酒店设施指酒店的建筑规模，即酒店的各类客房，各类别具特点的餐厅、康乐中心和商务中心等；酒店的设施还包括酒店提供服务与管理所必要的其他设施设备，如电梯、扶梯、自动消防系统、自动报警系统、备用发电机、闭路监控系统、必要的停车场等。设施是酒店提供服务、提高顾客满意度的基础保证。

- 酒店的服务。服务是酒店产品中最重要的组成部分之一，是顾客选择酒店的主要依据之一。酒店服务通常包括服务项目、服务内容、服务方式、服务速度、服务效率、服务态度等方面。

- 酒店的形象。酒店形象是社会及大众对酒店的一种评价或看法。酒店通过销售与公关活动取得在公众中的良好形象。它包含酒店的历史、知名度，酒店的星级、经营思想、经营作风、服务质量与信誉度等诸多因素，是最有影响的活广告。

• 酒店的价格。酒店的价格不仅体现酒店产品的价值，还是酒店形象与产品质量的客观反映，是顾客选择酒店的重要标准之一。

• 酒店的气氛。气氛是顾客对酒店的一种感受。气氛取决于酒店设施的条件，取决于酒店的空间与距离感，更取决于员工的服务态度与行为。合理的布局结构、优美的环境、舒畅的音乐、热情的服务等都会使顾客形成对酒店气氛的最佳感受。

酒店产品不仅不同于一般商品，而且与其他服务业的产品也有较大不同。酒店产品的特点主要表现为：

• 既有综合性，又具有明显的季节性。为了满足顾客吃、住、行、购、娱等多种需要，酒店产品往往同时具有生存、享受和发展3种功能。因此，酒店产品必须是能够满足顾客多层次需求的综合性商品。此外，因旅游受季节、气候等自然条件和各国休假制度的影响，酒店产品的消费又具有明显的季节性。

• 价值不能储存。一般商品的买卖活动会发生商品所有权的转移，而酒店出租客房、会议室和其他综合服务设施，同时提供服务，并不会出现实物转让的现象。顾客买到的只是某一段时间的使用权，而不是所有权。

• 生产与消费同步。一般商品由生产到消费要经过商业流通环节才能到达消费者手中。商品的生产过程与顾客的消费过程是分离的，一般商品是先生产后消费。酒店产品却不存在这样"独立"的生产过程，其生产过程和消费过程几乎是同步进行的。只有当顾客购买并在现场消费时，酒店的服务和设施相结合才能成为酒店产品。

• 受人的因素影响很大，具有不可预见性。首先，酒店服务是无形的，即消费者所获得的是生理、心理、感官上的感受；而顾客对酒店服务的满意程度是评价服务质量高低的客观依据，因而带有很强的主观性，不同的顾客所处的社会经济环境不同，风俗习惯、成长经历、消费偏好、交流方式不同，对服务的要求与主观评价就会不同，因此带有较浓厚的个人色彩。酒店的服务人员和管理人员不能忽视这一点，不能以自己的想象或自己的标准来对待各国旅游者。其次，一般的商品可以摆在柜台里，让顾客自由选择购买，而酒店产品却具有不可捉摸性。旅游者在购买前对酒店产品看不见、摸不着，通常不可能对这一产品的质量和价值做出准确的判断，往往会产生"担风险"的心理，因而不利于酒店产品的销售。酒店服务也不像其他产品那样，做得不好可以返工，酒店的任何一个环节和服务人员出了问题，对酒店所造成的损失常常是难以弥补的。

- 无专利性。通常情况下，酒店无法为所创新的客房、餐饮及服务方式申请专利，唯一能申请专利的是酒店的名称及标志。其结果是新产品或服务方式被竞相模仿，使创新者失去优势，各酒店的产品趋于雷同。这样，一般顾客就会缺乏固定在一家酒店消费的动力。而且，由于顾客具有追新求异的消费心理，换一家新酒店，可能会为顾客带来满足感。因此，大多数酒店品牌的顾客忠诚度较低。这种情况就要求酒店管理者应充分理解顾客需求，在酒店管理过程中能够不断创新，以保持酒店产品的竞争优势，提高顾客的品牌忠诚度。

- 对信息的依赖性强。许多酒店的客源主要来自外地，甚至国外，因此要事先向宾客提供各种准确、及时的酒店产品信息，才有可能促进产品销售。这就要求酒店从业人员能够及时了解各种酒店信息，并给宾客用适当的方式介绍和推荐，从而使更多的宾客了解并购买酒店产品。酒店还应加强宣传，通过提高自己的形象和声誉，给每位宾客留下美好的回忆，给酒店创造良好的口碑。

- 质量不稳定。相对于一般产品，酒店产品的质量具有不稳定性。酒店产品的质量在很大程度上取决于服务人员为宾客提供的面对面服务的优劣，而人的个体差别很大，同一项服务，由不同的人提供就会有不同的服务质量。酒店管理者应制定并执行严格的质量标准，对员工进行职业培训，推行以人为中心的管理方式，培养良好的企业精神和激励员工士气等，并通过这些途径来提高和稳定酒店的服务质量。

另外，美国学者还提出了整体产品的观念。整体产品观念率先由美国哈佛大学教授西奥多·莱维特提出，后来美国西北大学的菲利浦·科特勒教授等学者将其发展成5个层次的整体产品观。若把这一观念应用于酒店业，则一项完整的酒店产品应由核心产品、形式产品、期望产品、延伸产品和潜在产品等5个层面构成。

● 核心产品。它是指消费者购买一种酒店产品时所获得的利益或基本效用。这是酒店整体产品概念中最基本、最主要的部分。例如，顾客在一家酒店下榻，租住客房是为了得到休息，购买餐饮产品是为了满足其饥、渴需求。

● 形式产品。它是核心产品借以实现的形式，即产品实体和服务的形象。例如，酒店的建筑特色、地点位置、客房、餐厅、会议室、各种服务项目及其服务质量等。酒店产品的基本效用必须通过某些具体的形式才得以实现，酒店形式产品的设计必须以酒店核心产品为指向。

● 期望产品。它是指顾客在购买某一酒店产品时随之产生的种种期望。例如，干净的客房和床上用品、安静的环境、安全感、得到关心、受人尊重和优质服务等。

● 延伸产品。它是指顾客购买酒店产品时所获得的全部附加服务和利益。延伸产品是一家酒店能同其他酒店区别开来，形成特色，保持竞争优势的重心所在。酒店的商务中心、娱乐设施、免费停车场、质量保证、配有宽带接口的客房等均属于此范畴。

● 潜在产品。它是指现有酒店产品的处于所有延伸和演进部分，可能发展成为未来产品的处于潜在状态的产品，也可指为个别顾客提供的个性化服务。

酒店产品的上述5个层面相互独立，但又互相联系，紧密构成了酒店的整体产品。其中，保证核心产品、形式产品和期望产品的质量是让宾客满意的前提条件。同时，提高延伸产品和潜在产品的灵活性与多样性，可以增加酒店整体产品的价值，提高宾客的满意度。酒店整体产品的5个层面，体现了宾客至上的现代酒店营销观念，它说明没有顾客的需求就没有酒店的产品，酒店产品就是顾客需求的载体。

酒店产品只有在 5 个层面进行最佳组合，才能形成产品的竞争优势，才能确立本酒店产品的差异化壁垒。

围绕核心产品，酒店可以在其他 4 个层面强化产品的差异化，以创造酒店的产品特色与建立市场的进入壁垒。随着现代市场经济的发展和酒店市场竞争的加剧，酒店为顾客提供的延伸产品和潜在产品在市场竞争中显得越来越重要。

综上所述，完整的酒店实体产品主要包括以下 5 个方面：一是酒店外围景观，这既为酒店提供了一个舒适的环境，又提供了户外活动的场地，从而提升了酒店的吸引力；二是酒店建筑，随着现代建筑艺术的发展、建筑形式及功能的创新，融入当地人文特色、文化符号，彰显当地社会环境和人文文化的酒店建筑将会提升酒店品质；三是酒店内装饰，这不仅可以提高消费环境质量和酒店舒适度，还可以提高酒店品位；四是酒店功能及服务，这构成酒店产品的基本形式，酒店品牌的打造就取决于酒店的功能及使用状况和服务水平；五是酒店设施设备，这是影响酒店功能和服务水平及状况的重要因素，也反映了目前酒店设施设备相关行业的发展水平。

对我国星级酒店来说，无论是酒店内装饰和设施设备，还是酒店功能及服务方面，均体现趋同化。这一方面，是因为我国酒店在申请星级时，在硬件和软件建设上必须达到国家旅游局颁布的《旅游酒店星级的划分与评定》（GB/T 14308—2010）所规定的基本标准，使得同星级酒店间产品的同质化程度高；另一方面，由于酒店管理者对酒店产品差异化的误解，如"只要质量好不怕没生意""差异化会缩小或减少市场份额"等，使得现实中酒店管理者更多注重酒店服务质量的提高，而忽视了所提供服务的个性化与特色，以致众多酒店的内部布局、设施设备、营销渠道、宣传资料、网站建设、康体娱乐、菜品设计等均大同小异，几乎毫无差别。

目前，我国经济型酒店经历高速发展，存量很大，一二线城市品牌连锁化率高，但平均客房收益率增速逐渐放缓，投资回报率偏低，行业需要寻找新的差异化发展路径,从发展模式上进行变革创新。随着我国酒店行业竞争的逐渐加剧,酒店行业出现集团化、巨头化、资本化、品牌化、连锁化竞争格局,优质酒店的物业日益稀缺,人工租金能耗成本日趋上涨,产品老化,使经济型酒店行业也面临不断洗牌和新一轮转型突破的困局。

因此,差异化壁垒是酒店巩固市场的重要进入壁垒,酒店要根据自身条件,选定最适合酒店自身发展的目标市场,采取产品差异化的经营手段,丰富不同层次的酒店产品,充分发挥酒店的经营特色与个性,从而获得市场竞争力。

③政策法律规制。德姆塞茨等学者认为,在某些产业,企业经营需要获得批准和执照,企业进出口需要获得有关的许可证,资金筹措也要受到政府的限制,还有差别性税收壁垒、专利制度等,这些都形成了新壁垒,并且这种壁垒是很难用降低成本或增加广告费用等手段来克服的。

在《"十三五"旅游业发展规划》中,政府制定了详细的扶持政策,相关内容如下:

一、落实职工带薪休假制度

将落实职工带薪休假制度纳入各地政府议事日程,制定带薪休假制度实施细则或实施计划,加强监督检查。……

二、加大投入力度

编制旅游基础设施和公共服务设施建设规划。中央预算内投资加大对革命老区、民族地区、边疆地区和贫困地区等旅游公共服务设施建设的支持力度。落实地方政府对旅游基础设施投入的主体责任。将符合条件的旅游项目纳入新农村建设、扶贫开发等专项资金支持范围。

三、完善土地供给政策

在土地利用总体规划和城乡规划中统筹考虑旅游产业发展需求,合理安排旅游用地布局。在年度土地供应中合理安排旅游业发展用地。优先保障纳入国家规划和建设计划的重点旅游项目用地和旅游扶贫用地。对使用荒山、荒坡、荒滩及石漠化、边远海岛土地建设的旅游项目，优先安排新增建设用地计划指标。农村集体经济组织可以依法使用建设用地自办或以土地使用权入股、联营等方式开办旅游企业。城乡居民可以利用自有住宅依法从事旅游经营，农村集体经济组织以外的单位和个人可依法通过承包经营流转的方式，使用农民集体所有的农用地、未利用地，从事与旅游相关的种植业、养殖业。

四、创新金融支持政策

积极推进权属明确、能够产生可预期现金流的旅游相关资产证券化。支持旅游资源丰富、管理体制清晰、符合国家旅游发展战略和发行上市条件的大型旅游企业上市融资。加大债券市场对旅游企业的支持力度。支持和改进旅游消费信贷，探索开发满足旅游消费需要的金融产品。

五、完善旅游财税政策

乡村旅游经营户可以按规定享受小微企业增值税优惠政策。乡村旅游企业在用水、用电、用气价格方面享受一般工业企业同等政策。结合出境旅游消费增长，统筹研究旅游发展基金征收方式。推广实施境外旅客购物离境退税政策。在切实落实进出境游客行李物品监管的前提下，研究进一步增设口岸进境免税店，引导消费回流。

一系列政策法规的出台表明我国对旅游业进入的限制逐渐降低，支持政策越来越具体细致，其中酒店业作为旅游业的重要组成部分，在未来的发展过程中一定会得到更多政策的支持。

④战略阻止。在寡头垄断行业，现有企业通过相互协调，实施控制产业利润率、形成过剩供给、针对新企业的歧视性价格等一些阻止新企业进入的策略，由此形成阻碍新企业进入的壁垒。

随着酒店行业的市场化程度越来越高，竞争日益激烈，集团化、资本化、品牌化、连锁化格局日益形成，高端、中端、经济型酒店都会有针对性地采取一系列战略阻止行动，以巩固自己的市场地位，阻止新企业的进入。

⑤技术壁垒。技术壁垒是指国家或地区政府在科学技术范畴内，对产品

制定一系列复杂严格的技术标准，如产品的技术指标、规格、质量等。

酒店是劳动密集型产业，但随着科技的飞速发展，在技术方面，网络营销模式、系统管理软件一般只有实力雄厚的酒店才采用，这就对新企业的进入构成了一定阻碍。

酒店业是一个提供休息功能的服务性行业，可随着移动终端、智能设备逐渐融入我们生活的每一个领域，身边的一切都具有互联网元素的时候，传统的酒店服务已经满足不了当今消费者的多样化需求。因此，传统酒店在互联网和智能移动终端的时代，正在发生变革，它与互联网、智能终端的联系越来越紧密，而传统的硬件和服务模式将不再是评判酒店优劣的主要标准。

在酒店场景中注入科技元素并不是一件新鲜事，从几年前机器人变身酒店大堂礼宾员，到以 BAT 为代表的 Raven H、天猫精灵及 QQ 精灵跨界酒店，酒店利用前沿科技来提升用户体验、下沉数据将势在必行。运用高科技来提升酒店业的经营与管理水平，将成为当代酒店业发展的必然趋势，桔子酒店 CEO 吴海甚至给出了"独特设计和高科技相结合是酒店发展核心竞争力"的大胆论断。因此，技术手段的运用越来越会成为酒店发展与品牌建立的进入壁垒。

综上所述，进入壁垒由多种因素综合而成。但是，即使某行业的进入壁垒很高，如果在相当长的时间，该行业的利润率和消费需求都很高，那么新企业也会想方设法进入。

（2）退出壁垒。退出壁垒，也叫"退出障碍"，退出包括破产和转产两种情况。从理论上讲，某个厂商长期亏损、资不抵债，不能正常进行生产经营，就应该退出该产业、转产或破产；但实际上这样的厂商由于受到种种限制很难从该产业退出，那些对退出的限制就是该厂商在退出该产业时所遇到的障碍，即退出壁垒。退出壁垒包括以下几种：

①沉没费用壁垒。厂商投资形成的固定资产（设备、厂房及其他建筑物等），由于用于特定产品的生产及销售而变得特殊，在很多情况下不容易将其转用或转卖给生产和销售其他产品的厂商。当厂商退出一个产业并向其他产业转移时，由于部分设备的专用性强，厂商在转产时不得不放弃这些设备，

这种不能收回的费用就叫沉没费用,它构成了厂商退出时的壁垒。

②解雇费用壁垒。在大多数情况下,厂商退出某个产业时需要解雇工人。解雇工人要支付退职金、解雇工资,有时还需支付培训费用和转移费用。这些费用就是厂商在退出某产业时要付出的代价,也构成了厂商退出时的壁垒。

③结合生产壁垒。在结合生产的一系列相关产品中,即使某一产品市场上的需求显著下降,但产量的降低有限,其中的部分生产要素想单独退出会比较困难。

④政策和法规壁垒。政府为了达到一定目的,往往通过制定政策和法规来限制生产某些产品的厂商从产业退出。

酒店的实物资产主要是物业和房间内的设施,物业的专用性较强,虽然很难处理,但是可以由其他商家进行经营改造。房间内的各种设施如果专用性不强,也可以出售。在解雇成本方面,经济型酒店属于劳动力密集型产业,重新安置员工的成本比较高。另外,酒店的无形资产,比如品牌,一旦退出该行业,其综合效应将完全消失。在政策法律方面,国家没有相关政策制度限制企业退出。

根据以上分析,酒店行业的退出壁垒比较高,很多企业即使效益不好也要继续经营。

3.4.2 产权结构

产权结构是指不同类型的产权主体之间及同一类型产权内部的相互关系或者称相互连接、耦合的格局。现在国际上把产权结构分为两大类:第一大类是一元化产权结构,也叫股权高度集中型,即企业的投资主体只有一个,是一元的,政府一般为大股东,处于相对甚至绝对控股地位;第二大类是多元化产权结构,这里所说的产权结构多元化是指投资主体的多元化,亦即出资人的多元化,或叫狭义所有权的多元化。多元化又分为股权相对集中型和股权高度分散型。股权相对集中型一般由少数法人组织集中持股,法人之间相互持股现象普遍;股权高度分散型依托发达的资本市场,股权几乎都是由机构投资者或个人投资者持有。

除了服务和产品运作层面、功能管理层面以外，从发展战略和投资管理的角度来看，酒店也可以当作资本市场交易的项目，在国际酒店市场上，酒店更多是被看作房地产项目和投资交易品种。

加入世贸组织以后，国际酒店集团进入我国一方面通过新建或并购的方式，另一方面也通过管理合同、特许经营、顾问管理、网络预订等非产权交易的方式。国际酒店管理发展到今天，已经出现了财产权、经营权、管理权、营销权、无形资产运作权等多种权利分离的局面。而从其发展过程和现状来看，国际酒店集团主要通过渗透的方式进入中国市场，即重点市场通过产权交易，非重点市场通过管理交易获取管理权、营销权和无形资产运作权来实现扩张。

根据酒店产权网的统计，从酒店资产交易的角度来看，2017年国内的交易总量破历史纪录，成交总额超过350亿元。其中，仅万达酒店资产交易总额就达190亿元左右。从资产拍卖情况来看，2017年国内挂牌拍卖总额超过300亿元，数量超过400家，比2016年挂牌酒店资产总额增长近7倍。预计，非常态酒店资产（包含债务逾期、资不抵债、待诉讼、破产、歇业等）超过3000家，金额涉及超过5000亿元人民币。相关内容见图3-22至图3-28。

资金实力强大的企业集团以资本要素为核心介入酒店的投资和资本运作过程，进而形成大型酒店集团。例如，美国HOST饭店集团、Sunstone饭店投资公司等采取了饭店不动产信托投资基金（RETs）模式；国内以万达集团、保利地产和绿地集团为代表的房地产商，凭借资金实力建设了不少酒店，都是委托国际或国内酒店集团进行管理的。随着酒店数量的增多，部分地产商开始筹建自己的酒店管理公司，也有部分集团将自己的酒店打包并通过RETs模式上市，如开元酒店集团、绿地酒店集团等。金茂酒店集团的酒店采用的是商业信托模式（BT）上市。

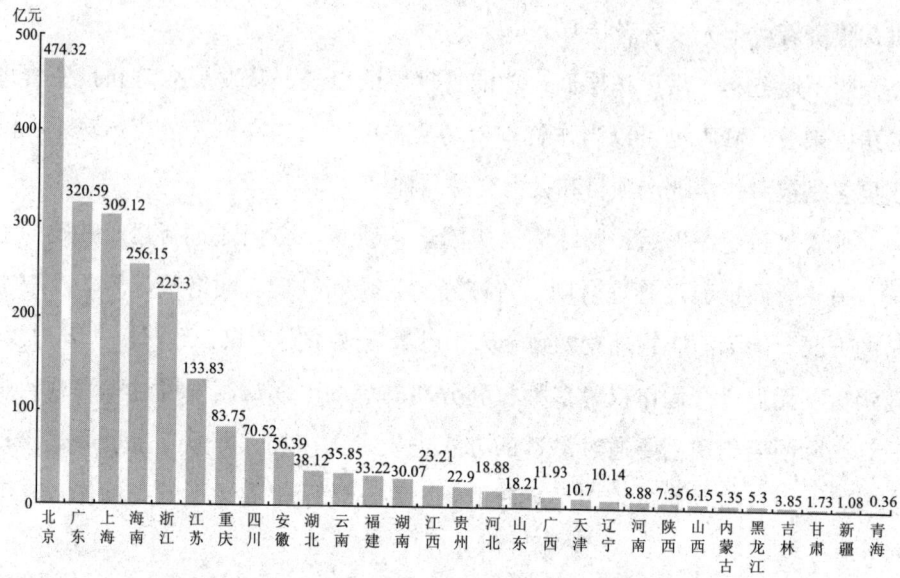

图 3-22　2017 年国内酒店资产出售总额统计

资料来源：酒店产权网。

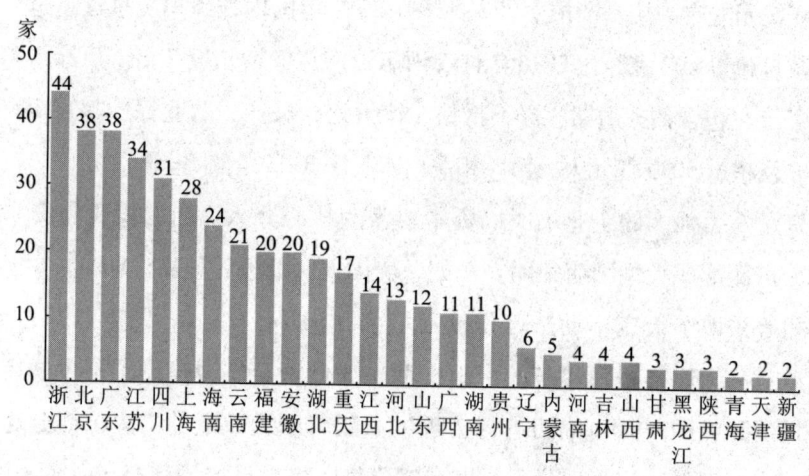

图 3-23　2017 年国内酒店资产出售数量统计

资料来源：酒店产权网。

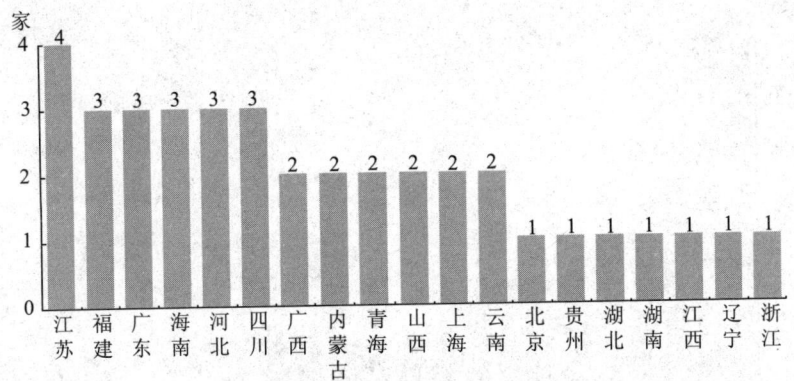

图 3-24　2017 年国内经济型酒店出售数量统计

资料来源：酒店产权网。

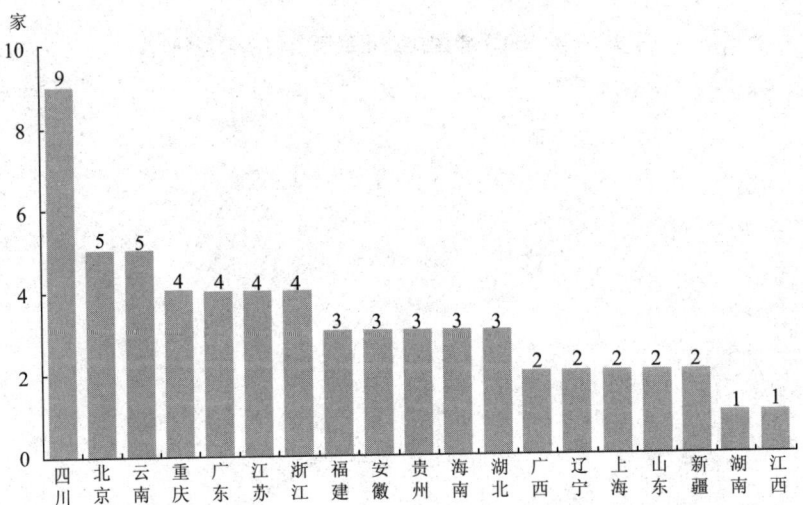

图 3-25　2017 年国内精品型酒店出售数量统计

资料来源：酒店产权网。

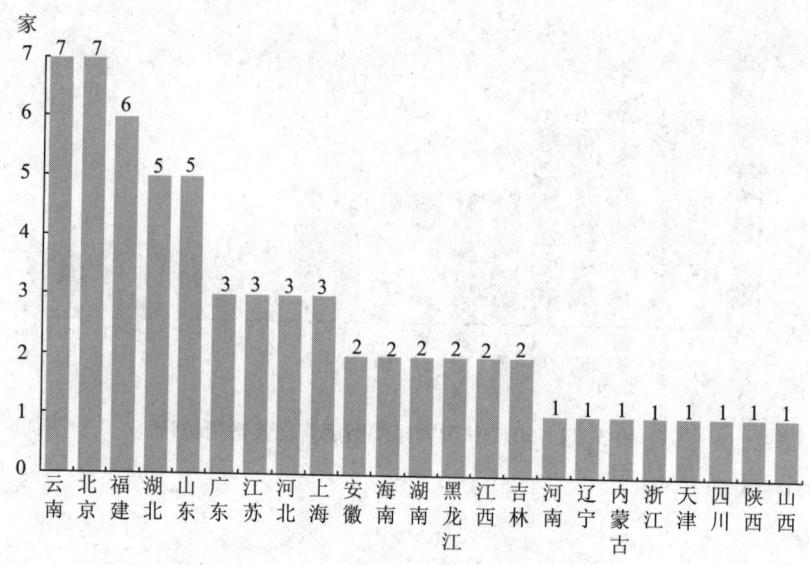

图 3-26　2017 年国内三星级酒店出售数量统计

资料来源：酒店产权网。

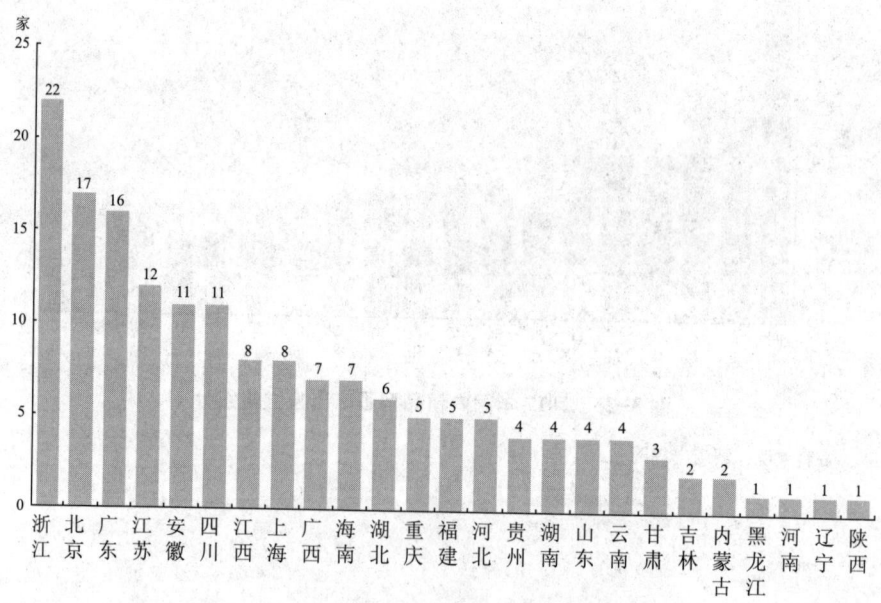

图 3-27　2017 年国内四星级酒店出售数量统计

资料来源：酒店产权网。

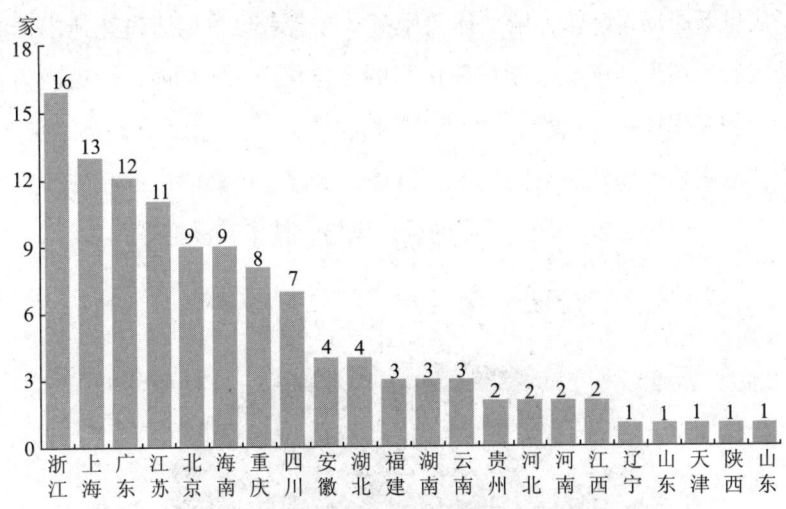

图 3-28 2017 年国内五星级酒店出售数量统计

资料来源：酒店产权网。

3.4.3 档次结构

近年来，中央"八项规定"在对高星级酒店的经营带来影响的同时，也为中端酒店的发展提供了契机。中端酒店品牌从 2012 年的不足 10 个，迅速发展到目前的 80 多个。新品牌纷纷涌现，如万达集团的锦华品牌、香格里拉的 JEN 品牌、希尔顿酒店集团的 Tru 品牌。2017 年上半年，有多家酒店集团推出中档酒店品牌，包括特朗普酒店集团的新品牌 American Idea，红狮酒店改造的 Signature Inn 品牌，以及硬石酒店的 Reverb 品牌等。洲际酒店集团计划推出新的中档品牌。

根据 2017 年全国星级饭店的统计公报，截至 2017 年底，全国星级饭店统计管理系统中共有 10645 家星级饭店，其中一星级 82 家，二星级 2026 家，三星级 5166 家，四星级 2525 家，五星级 846 家。完成填报的为 10417 家，填报率 97.86%。相关内容见图 3-29。

中档酒店品牌迅速增长的主要原因是有限服务酒店领域离市场饱和还很远，存在大量的机会。消费者偏好已发生了很大改变，酒店可以根据消费者的喜好来对酒店重新布局、装修、增加体验服务；经营者也可以通过建造中档酒店来满足消费者的需求，满足"千禧一代"的多样化需求。同时，中档酒店的开发与经营，利润率较高，运营中的问题相对较少，人员配置相比高档酒店要简单，因此中档酒店的市场发展空间较大。但是，要做出中档酒店的品牌，还需要根据消费者的多样化需求，改变酒店的设计风格、技术、设施等。

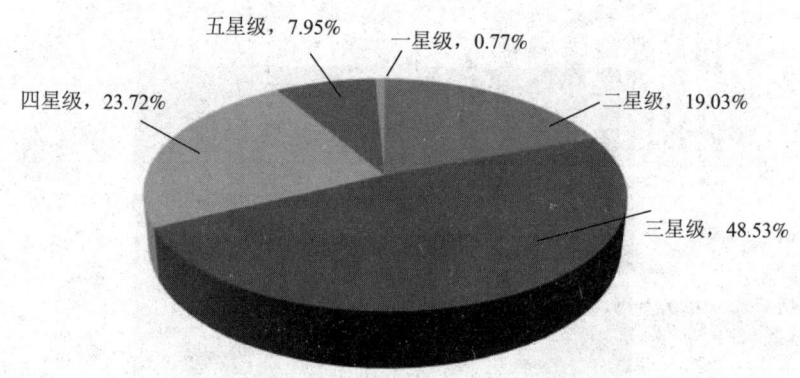

图 3-29　2017 年全国星级饭店数量结构图

资料来源：全国星级饭店统计公报。

2017 年高端酒店市场也开始在一二线城市的带动下回暖，一直以来，国际酒店品牌占据了国内高端酒店的市场，目前本土酒店品牌也加快了高端酒店的布局，尤其是业主方开始创建自营品牌。高端酒店市场的投资逐渐趋于理性，如何把一线城市的良好投资回报复制到二三线城市，如何设计品牌的各档次矩阵，如何满足高端消费者的需求并提高酒店的经营绩效，这些都是酒店经营者开始思考的问题。

据麦肯锡预计：2022 年，中国中产阶层数量将从 2012 年的 1.74 亿个家庭增长至 2.71 亿个家庭。未来，中国中端酒店市场的潜在消费人群有望以年均 10% 左右的速度持续扩大。

中国本土的酒店管理集团，从经济型酒店领域摸爬滚打至今，在中端酒店领域取得了不俗的成绩，国内众多中端酒店知名品牌在满足客人个性化需求等方面丝毫不逊国外品牌。相关内容见图 3-30 至图 3-32。

当然，以发展经济型酒店见长的酒店集团来管理中端酒店品牌，必须有一个循序渐进的学习和成长过程，难以一蹴而就。对于中端酒店市场来说，供应端的产品已经很充足，酒店提供的产品能不能持续满足消费者个性化、移动化和体验化的需求，能不能维持顾客对品牌的忠诚度，这需要在长期的发展过程中来验证。

品牌排名	品牌名称	所属集团	客房数（间）	门店数（家）
1	锦江酒店	锦江国际酒店集团	30000	100
2	首旅建国	首旅如家酒店集团	19005	68
3	维景国际	港中旅酒店有限公司	18861	47
4	金陵连锁酒店	南京金陵酒店管理公司	15307	57
5	开元名都	开元酒店集团	12908	36
6	碧桂园凤凰	碧桂园酒店集团	12355	45
7	世纪金源	世纪金源酒店	9686	19
8	凯莱酒店	凯莱酒店集团	8168	34
9	粤海酒店	粤海（国际）酒店管理集团	6989	26
10	君澜度假酒店	君澜酒店集团	5321	21

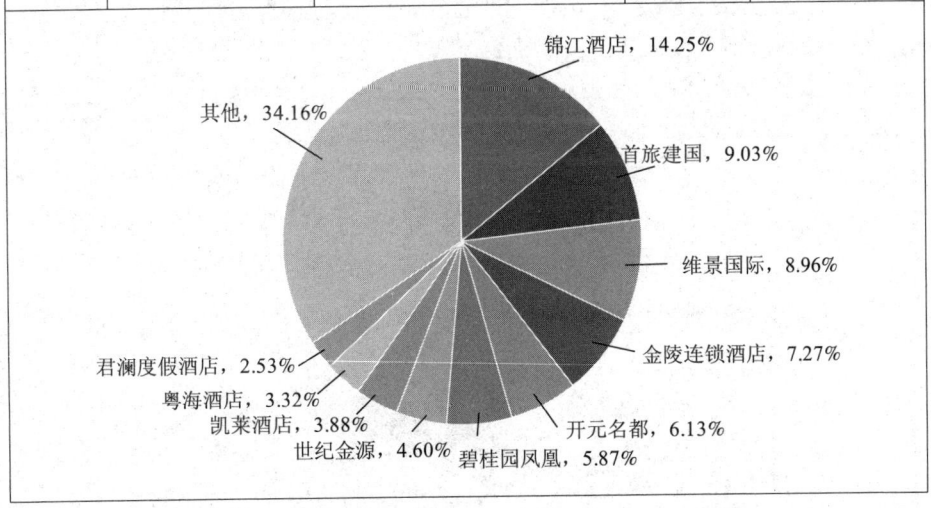

图3-30 2018年中国高端连锁酒店品牌客房数百分比10强排行榜

资料来源：根据上市公司、酒店网站和盈蝶咨询的数据整理（统一以2018年1月1日已开业酒店的客房数为标准，不含筹建数）。

品牌排名	品牌名称	所属集团	客房数（间）	门店数（家）
1	维也纳酒店	锦江国际酒店集团	113493	749
2	全季酒店	华住酒店集团	53054	390
3	丽枫酒店	锦江国际酒店集团	25706	277
4	星程酒店	华住酒店集团	16914	174
5	如家精选酒店	首旅如家酒店集团	16831	164
6	桔子精选	华住酒店集团	12648	103
7	山水时尚	中青旅山水酒店集团	8636	59
8	喆啡酒店	锦江国际集团	8204	93
9	雅斯特酒店	雅斯特酒店集团	7506	91
10	如家商旅	首旅如家酒店集团	6813	80
11	格林东方	格美酒店集团	5706	50
12	宜尚酒店	东呈国际集团	5051	48
13	富驿时尚	富驿酒店集团	4874	51
14	怡家酒店	怡家酒店管理有限公司	2629	34
15	途窝	途窝酒店集团	2311	47
16	迎商酒店	迎商酒店集团	2207	20
17	非繁城品	锦江国际酒店集团	2105	25
18	智尚酒店	住友酒店集团	2066	30
19	宜必思尚品	华住酒店集团	1841	13
20	金牌驿居	首旅如家酒店集团	1794	28

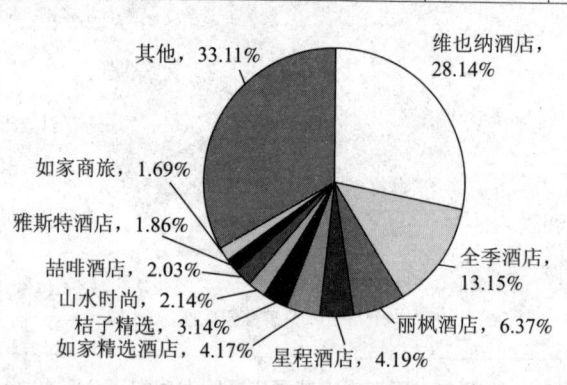

图 3-31　2018 年中国中端连锁酒店品牌客房数百分比 20 强排行榜

资料来源：根据上市公司、酒店网站和盈蝶咨询的数据整理（统一以 2018 年 1 月 1 日已开业酒店的客房数为标准，不含筹建数）。

品牌排名	品牌名称	所属集团	客房数（间）	门店数（家）
1	如家酒店	首旅如家酒店集团	241202	2319
2	汉庭酒店	华住酒店集团	223121	2244
3	7天酒店	锦江国际酒店集团	213729	2468
4	格林豪泰	格美酒店集团	151154	1733
5	锦江之星	锦江国际酒店集团	127570	1075
6	都市118	都市酒店集团	78504	1368
7	尚客优连锁	尚美生活集团	68179	1280
8	城市便捷	东呈国际集团	66943	746
9	莫泰酒店	首旅如家酒店集团	44200	371
10	布丁酒店	住友酒店集团	30139	454
11	99旅馆连锁	上海恭胜酒店管理有限公司	27063	509
12	海友酒店	华住酒店集团	26063	396
13	易佰连锁	逸柏酒店集团	20566	403
14	格林联盟	格美酒店集团	19887	249
15	骏怡酒店	尚美生活集团	18038	336
16	怡莱酒店	华住酒店集团	16120	226
17	派酒店	锦江国际酒店集团	15619	252
18	佳驿酒店	银座旅游集团	15580	175
19	宜必思	华住酒店集团	13474	100
20	IU酒店	锦江国际酒店集团	12758	169
21	南苑e家	青藤酒店集团	10721	141
22	驿家365	石家庄国大酒店	9848	153
23	尚一特	武汉天铂酒店管理有限公司	8521	180
24	青皮树	格美酒店集团	7704	104
25	派柏云	首旅如家酒店集团	7625	133
26	城市之家	瑞景商旅集团	7623	108
27	精途酒店	东呈国际集团	6670	83
28	贝壳酒店	格美酒店集团	4664	20
29	八方快捷	八方连锁酒店	6013	79
30	A & A Room	尚美生活集团	5954	176

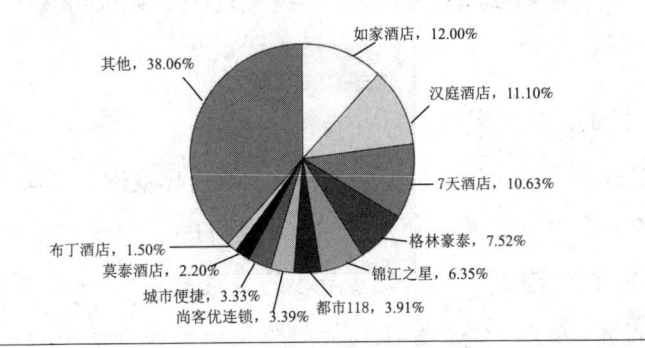

图3-32 2018年中国经济型连锁酒店品牌客房数百分比30强排行榜

资料来源：根据上市公司、酒店网站和盈蝶咨询数据整理（统一以2018年1月1日已开业酒店的客房数为标准，不含筹建数）。

3.4.4 区域结构

区域结构是衡量酒店业竞争结构的重要指标。根据《2018 中国大住宿业发展报告》，我们可以看到：我国不同城市酒店类住宿设施的档次分布结构差距较大，不同城市酒店类住宿设施的规模分布结构也不尽相同（见图3-33）。

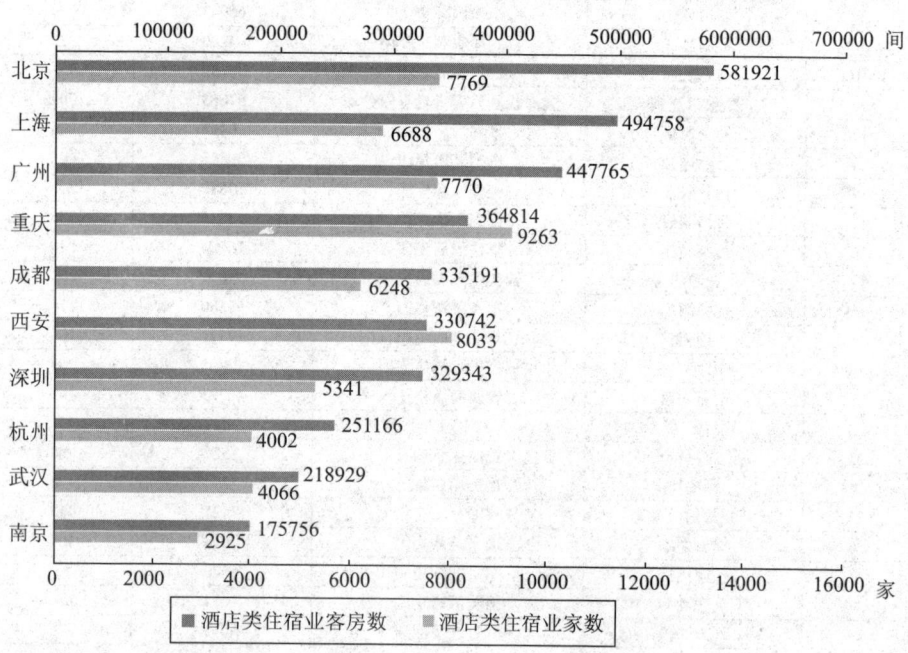

图 3-33 全国酒店类住宿业设施（城市）（统计时间：2018 年 1 月 1 日）

资料来源：盈蝶咨询。

从 10 大城市酒店类住宿设施的档次分布来看，经济型（二星级及以下）所占比重最小的是上海和杭州，均为 55%；所占比重最大的是西安，为 72%。中档（三星级）所占比重最小的是武汉，为 11%；所占比重最大的是深圳，为 20%。高档（四星级）所占比重最小的是西安，为 9%；所占比重最大的是成都和杭州，均为 17%。豪华（五星级）所占比重最小的是西安和重庆，均为 6%；所占比重最大的是上海，为 13%。

从 10 大城市酒店类住宿设施的规模分布来看，北京、上海的大型设施最多，37%的客房都分布在 150 间以上规模的住宿设施中。重庆 16%的客房分布在 150 间以上规模的设施中，其中小型设施最多，63%的客房分布在 70 间以下的设施中，而上海 28%的客房分布在 70 间以下的设施中。相关内容见图 3-34 至图 3-43。

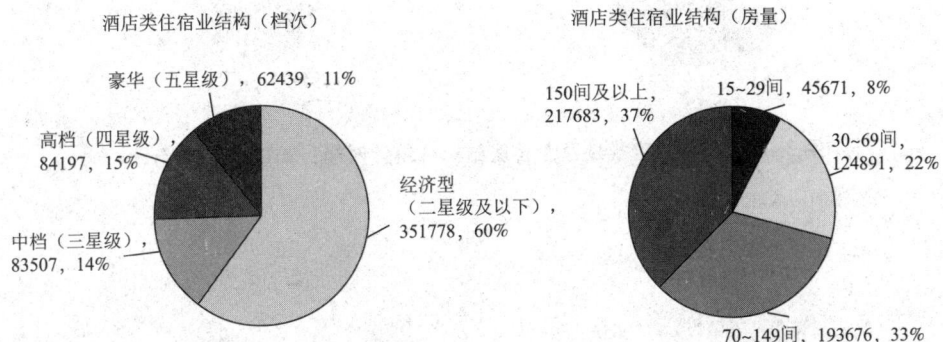

图 3-34　北京酒店类住宿业客房结构（统计时间：2018 年 1 月 1 日）

资料来源：盈蝶咨询。

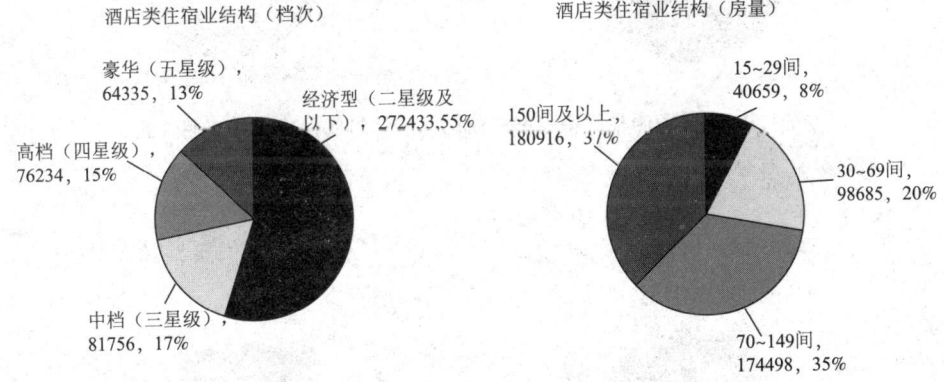

图 3-35　上海酒店类住宿业客房结构（统计时间：2018 年 1 月 1 日）

资料来源：盈蝶咨询。

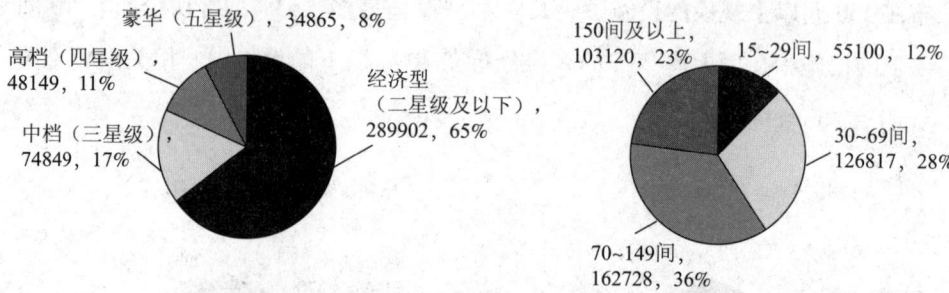

图 3-36 广州酒店类住宿业客房结构（统计时间：2018 年 1 月 1 日）

资料来源：盈蝶咨询。

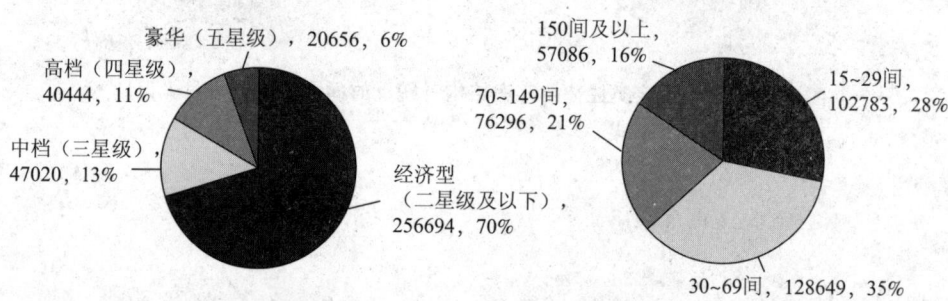

图 3-37 重庆酒店类住宿业客房结构（统计时间：2018 年 1 月 1 日）

资料来源：盈蝶咨询。

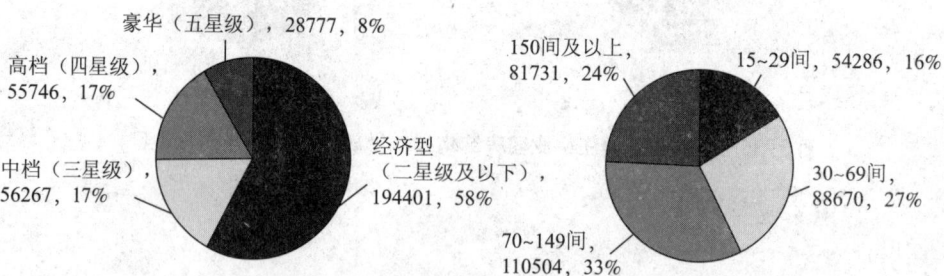

图 3-38 成都酒店类住宿业客房结构（统计时间：2018 年 1 月 1 日）

资料来源：盈蝶咨询。

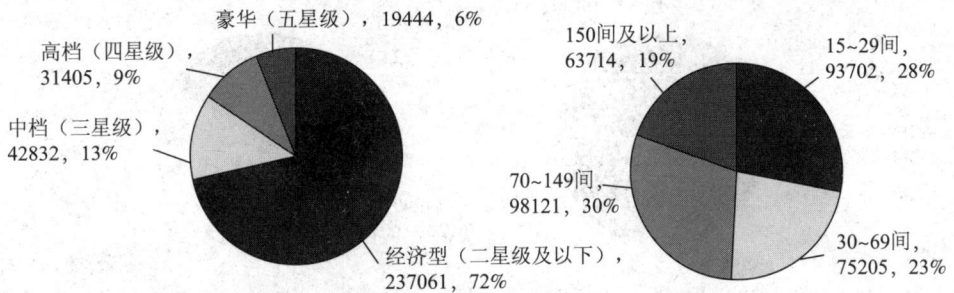

图 3-39　西安酒店类住宿业客房结构（统计时间：2018 年 1 月 1 日）

资料来源：盈蝶咨询。

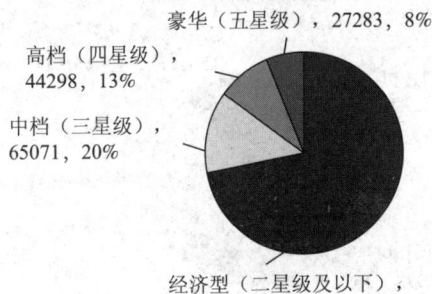
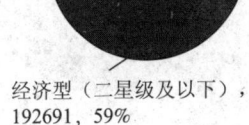
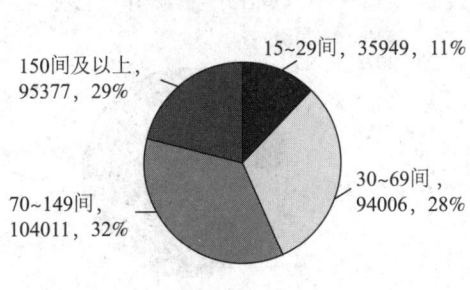

图 3-40　深圳酒店类住宿业客房结构（统计时间：2018 年 1 月 1 日）

资料来源：盈蝶咨询。

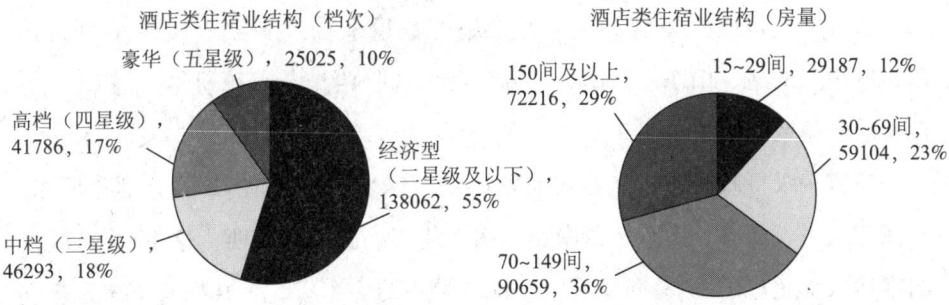

图 3-41　杭州酒店类住宿业客房结构（统计时间：2018 年 1 月 1 日）

资料来源：盈蝶咨询。

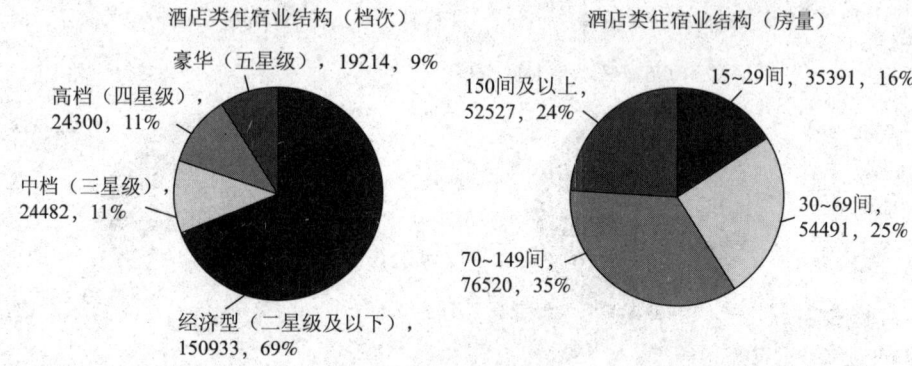

图 3-42 武汉酒店类住宿业客房结构（统计时间：2018 年 1 月 1 日）

资料来源：盈蝶咨询。

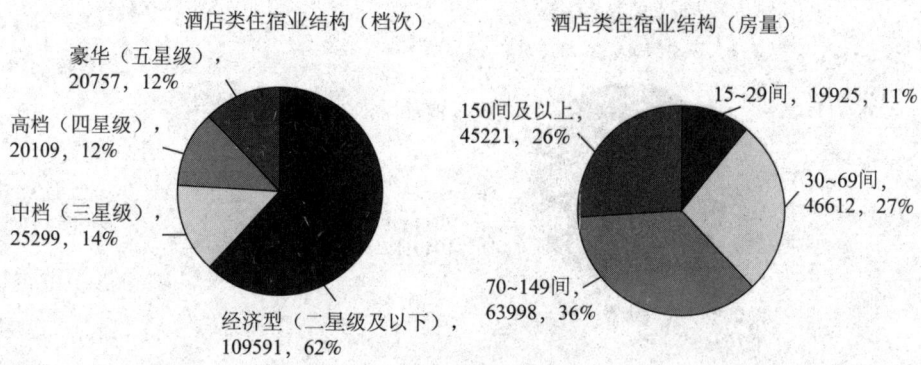

图 3-43 南京酒店类住宿业客房结构（统计时间：2018 年 1 月 1 日）

资料来源：盈蝶咨询。

从省一级行政区酒店类住宿业设施的数量来看，排名前 10 的分别是广东、四川、浙江、山东、云南、江苏、河南、陕西、湖南和湖北，这 10 个省拥有的设施数都超过了 1.2 万家。

在省一级行政区中，从客房总量的规模来看，排名前 10 的分别是广东、浙江、四川、江苏、山东、云南、河南、北京、湖南和陕西，这 10 个行政区的客房数都超过了 57 万间。其中，排名第一的广东省，一共拥有 179 万多间客房，超出第二位浙江约 82 万间。

对比酒店类住宿业设施数量和客房数量，我们发现省一级行政区设施的平均规模有较大差异。北京和上海的设施规模是全国最大的,平均每个设施的客房数都达到了74间客房。海南、广东、天津、江苏的平均规模也较大,都在55间以上。云南、吉林、重庆、黑龙江是平均规模最小的,均不到40间客房。

从各省(区、市)的情况来看,有几个省(区、市)的经济型酒店(二星级及以下)的占比超过了70%,它们分别是河南(78%)、黑龙江和吉林(均为76%)、山西(75%)、河北(74%)、辽宁和甘肃(均为73%)、陕西和山东(均为72%)、内蒙古和青海(均为71%)、湖北和重庆(均为70%)。有几个省(区、市)的豪华酒店(五星级)的占比较高,它们分别是海南(21%)、上海(13%)、福建(12%)、江苏(11%)、北京(11%)。

与之形成鲜明对比的是甘肃、青海、西藏、河南、河北、新疆、黑龙江等省区,豪华酒店(五星级)的占比都不到5%。此外,在中高端市场,三星级设施所占比重最高的省(区、市)是西藏、新疆、广东、上海、贵州、江西、浙江,都超过了15%;四星级设施比重最高的省(区、市)是西藏、福建、上海,也都接近或超过了15%。

从各省(区、市)的情况来看,房量规模分布有较大差异。例如,北京和上海的小规模酒店类住宿业设施数量较少,15~29间的占比只有8%。云南、吉林、重庆的小规模酒店类住宿业设施数量较多,15~29间的占比分别为32%、30%和28%。

与之相反,北京和上海的大规模酒店类住宿业设施数量较多,150间及以上的占比均为37%;但是这不是最高的,全国范围海南的大型设施数量最多,150间及以上的占比达到了40%,高出全国水平约20个百分点。相关内容见图3-44至图3-52。

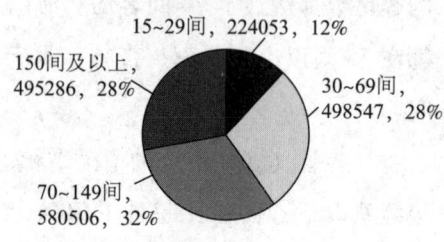

图3-44 广东酒店类住宿业客房结构（统计时间：2018年1月1日）

资料来源：盈蝶咨询。

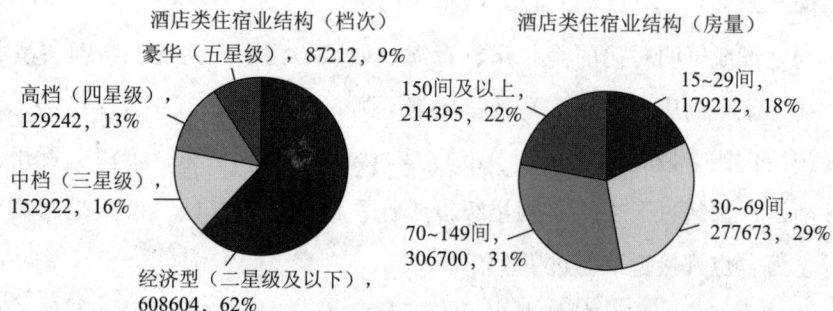

图3-45 浙江酒店类住宿业客房结构（统计时间：2018年1月1日）

资料来源：盈蝶咨询。

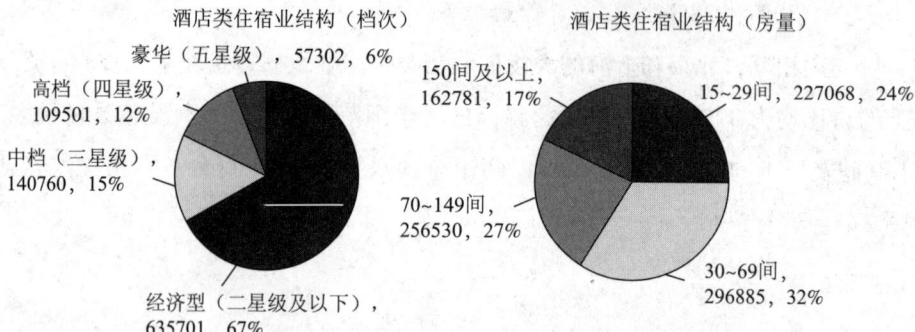

图3-46 四川酒店类住宿业客房结构（统计时间：2018年1月1日）

资料来源：盈蝶咨询。

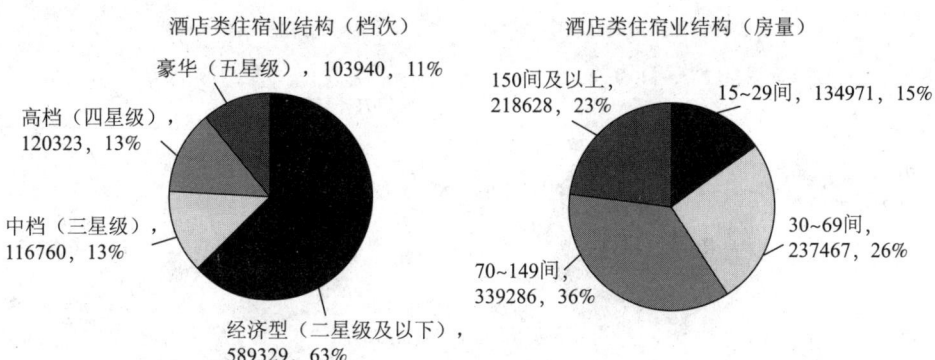

图 3-47 江苏酒店类住宿业客房结构（统计时间：2018 年 1 月 1 日）

资料来源：盈蝶咨询。

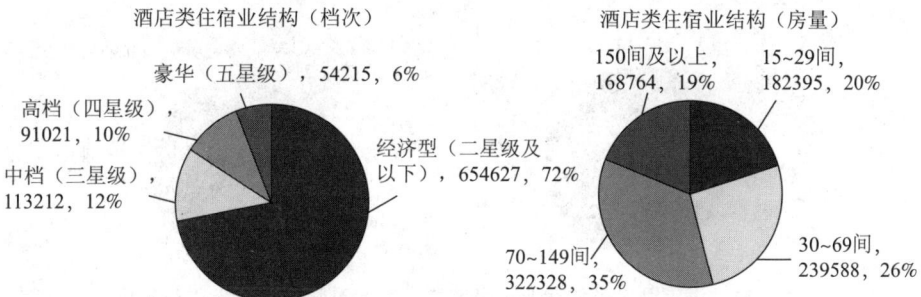

图 3-48 山东酒店类住宿业客房结构（统计时间：2018 年 1 月 1 日）

资料来源：盈蝶咨询。

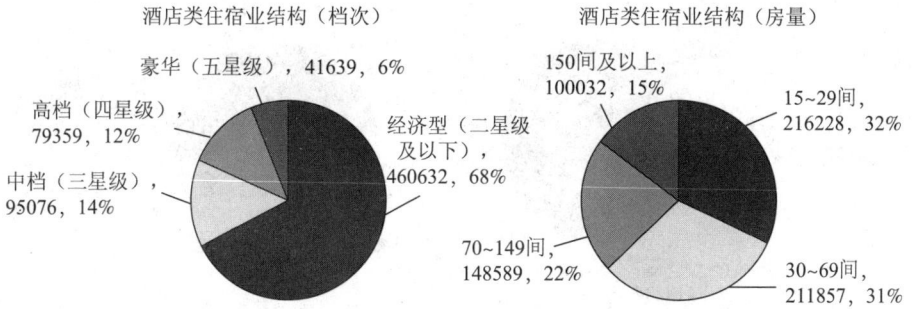

图 3-49 云南酒店类住宿业客房结构（统计时间：2018 年 1 月 1 日）

资料来源：盈蝶咨询。

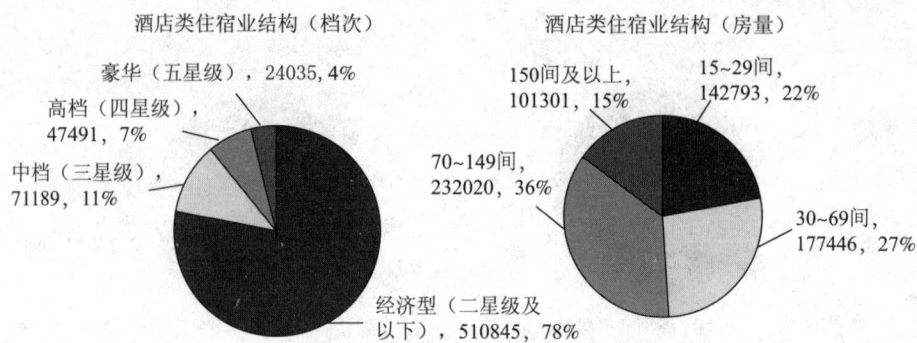

图 3-50 河南酒店类住宿业客房结构（统计时间：2018 年 1 月 1 日）

资料来源：盈蝶咨询。

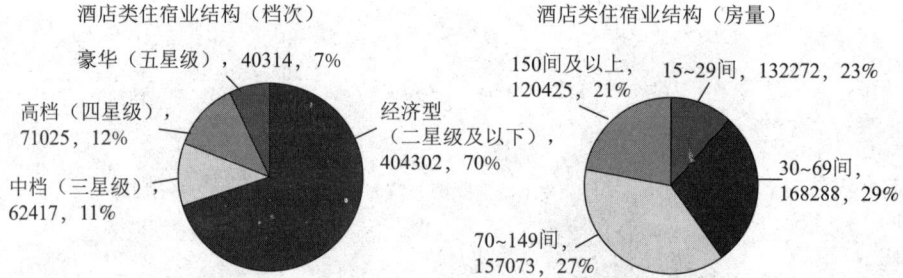

图 3-51 湖南酒店类住宿业客房结构（统计时间：2018 年 1 月 1 日）

资料来源：盈蝶咨询。

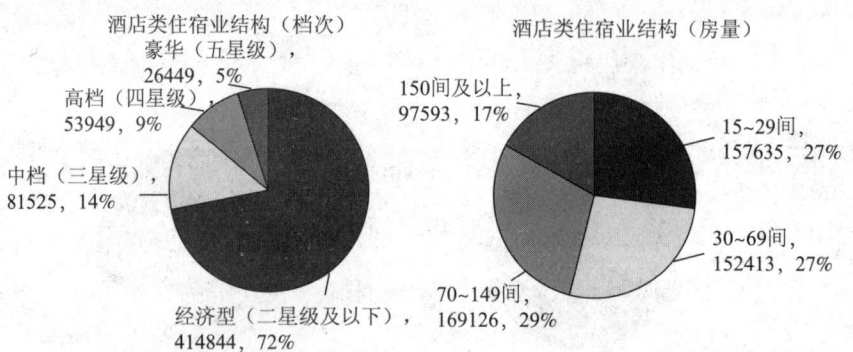

图 3-52 陕西酒店类住宿业客房结构（统计时间：2018 年 1 月 1 日）

资料来源：盈蝶咨询。

3.5 酒店业市场行为分析

3.5.1 集团化进程又取得新的进展,集团化进入新的历史阶段

如表3-9所示,这是2017年在中国本土开展业务的酒店集团规模及排名情况。据《中国饭店管理公司(集团)2017年度发展报告》介绍,中国本土酒店集团在全球酒店集团规模排名中开始占据靠前的位置。中国本土酒店的规模化发展迅速,在国内市场排名前3的锦江、首旅、华住3大集团,在全球的排位分别是第五、第八和第九。

表3-9 2017年在中国本土开展业务的酒店集团规模及排名情况

	集团名称	房间数量(间)	饭店数量(家)
1	锦江国际	490610	4723
2	首旅酒店	369891	3352
3	华住	326501	3238
4	格林豪泰	223467	2600
5	温德姆	130636	1277
6	洲际集团	86865	274
7	万豪集团	84231	251
8	尚客优	72355	1312
9	广东东呈	70865	795
10	开元集团	55865	210

资料来源:《中国饭店管理公司(集团)2017年度发展报告》。

2016年前后,中国酒店集团对外发起了几次重大的并购重组。上海锦江国际(集团)股份有限公司完成对法国卢浮集团和全资子公司卢浮酒店集团100%股权的收购;同年,锦江国际战略投资铂涛集团81%股权,标志着国内酒店业积淀最深的锦江国际集团开始携手铂涛集团,成为首家跻身全球前5的中国酒店集团;首旅集团收购如家酒店集团65.13%的股权,实现了如家酒店集团的私有化;复星收购地中海俱乐部;万达收购悉尼地块建酒店综合体;

安邦收购美国华尔道夫酒店；海航旅游集团收购卡尔森酒店集团一半以上的股权；携程收购艺龙及其与去哪儿合并。可以看出，酒店集团通过资本运作实现了规模的扩张，而不仅仅是通过品牌管理。

从酒店集团的构成看，集团规模壮大时其主要组成部分还是中低端酒店，有的全部由经济型酒店组成，如果把经济型酒店去掉，而只按中高端品牌对集团规模大小重新排序（见表3-10），可以看出开元名都占据首位。酒店集团的发展特点可总结为：

表3-10　2017年排名前10的本土酒店集团的规模

	集团名称	房间数量（间）	饭店数量（家）
1	开元名都	32034	99
2	皇冠假日	28520	80
3	喜来登	27905	76
4	锦江（上海）	26549	90
5	金陵	23927	80
6	建国	19458	65
7	维景	17066	49
8	锦江（四川）	16517	55
9	碧桂园凤凰	15993	51
10	洲际	15689	38

资料来源：《中国饭店管理公司（集团）2017年度发展报告》。

首先，酒店集团的发展模式从以前的重资产模式转到轻资产模式，从而降低了集团运营的资本成本。现在不少酒店集团开始做酒店托管，做品牌特许经营，甚至让旗下主题酒店或精品酒店采用软品牌运营商的模式。国内华住酒店集团的中端品牌（星程酒店）及尚美生活推出的经济型酒店品牌拓展模式（AAROOM）都基于软品牌模式。还有的酒店把运营管理与资产管理相剥离，然后将酒店资产通过RETs或BT模式包装上市，如开元酒店在香港以RETs模式上市，绿地酒店在新加坡以RETs模式上市，这就使酒店的投资得以变现，达到了使资产变轻的目的。

其次，酒店集团融资模式从债权型转到股权型。初创型精品酒店、主题酒店、中端酒店、经济型酒店及精品民宿等住宿新业态，近年来快速发展并采取了风险投资或私募股权基金等融资模式，如君亭、花间堂、亚朵酒店等。从扩张模式看，酒店集团也开始从市场思维向资本思维转变。酒店集团的扩张以前多采用内生增长模式，现在则越来越多地采用并购重组或参股等外延式增长模式。

3.5.2 度假租赁市场线上线下共同发展

随着国内旅游市场的不断成熟，人们越来越注重周边游、深度游、主题游、乡村游、民俗游等，度假休闲市场成为主要的旅游市场。以爱日租为首的在线预订网站开启了中国的在线短租市场。途家网、小猪短租、蚂蚁短租、木鸟短租、游天下短租网等平台纷纷上线。途家网以"自营+平台"模式实现对优质房源的控制、整合、管理与交易；小猪短租倡导人文关怀，以房东、房客互动为特点；木鸟短租与去哪儿网建立战略合作伙伴关系，用海景别墅、蒙古包、木屋等特色房源来打造竞争优势。

目前，传统OTA也利用平台规模优势进入度假租赁市场，携程、艺龙等品牌开始逐步布局短租房预订业务，虽然OTA有规模和品牌的优势，但是与专营短租业务的度假租赁网站相比，在掌握特色、分散、个体房源的能力方面，还是稍有劣势，双方之间的竞争也会不断加剧。未来双方将依靠各自的优势，集中精力发展特定的市场，以便挖掘适合自身发展的优质资源，获取不同的住宿资源，布局细分市场，实行差异化战略。如爱彼迎在中国将以国内去境外的游客为目标，提供能够符合中国游客住宿习惯和文化特征的住宿资源；途家集中发展标准化的城市商务与周边游度假市场；木鸟短租着重开发家庭游的住宿市场。随着线下度假租赁产品的不断完善，未来度假租赁市场的格局更加清晰，线下企业应注重资源的整合与品牌化发展，以及基于度假租赁的产业链服务，如租车、景点旅游、特色餐饮、体验活动、商务、娱乐、健身、文化、科技、养生等。

3.6 酒店业市场绩效验证

3.6.1 中国传统酒店业的整体效益仍然在低位徘徊

如表3-11、表3-12所示,这是2012—2016年中国星级酒店主要经营指标的变化情况。根据这两个表,从整体上看,酒店业的市场绩效虽然相对有所改善,但仍然没有得到彻底改观。2015年,只有五星级酒店整体上是盈利的,四星级及以下整体上还是亏损的。从2012—2016年中国星级酒店整个产业的利润情况来看,2014年实际上明显处于谷底,整个行业亏损59.21亿元,虽然2015年经营上已经出现了明显的回升,但是这一年整个行业的利润仍然是负值,2015年整个行业亏损了14.26亿元,直到2016年全行业利润才变成了正值。

2012—2016年,从平均客房出租率角度来看,五星级酒店的经营状况经历了2014年的低谷以后,2016年也出现了明显的回升,2016年全国五星级酒店的平均客房出租率已经超过了58%。

全国星级饭店统计公报的数据显示:2012—2016年星级酒店的平均房价整体呈上涨趋势,但是增长速度有所放缓。其中2015年平均房价达到历史最高值,为336.65元/间夜,同比增长0.55%;2016年全国酒店平均房价为334.54元/间夜,同比下降0.63%(见图3-53)。

表3-11 2012—2016年中国星级酒店主要经营指标(一)

年度	营业额(亿元)	数量(家)	平均营业额(万元)	利润总额(亿元)					
				总体	五星	四星	三星	二星	一星
2012	2430.22	12807	1897.57	50.46	54.78	2.24	-7.03	0.36	0.11
2013	2292.93	11678	1963.46	-20.88	29.96	-32.89	-21.15	3.07	0.13
2014	2151.45	11180	1924.37	-59.21	5.68	-42.03	-25.16	2.19	0.10
2015	2106.75	10550	1996.92	-14.26	19.02	-32.74	-4.55	3.47	0.54
2016	2027.26	9861	2055.84	4.71	45.35	-21.77	-20.64	1.60	0.17

资料来源:中华人民共和国国家旅游局。

表 3-12　2012—2016 年中国星级酒店主要经营指标（二）

年度	平均房价（元）						客房出租率（%）					
	总体	五星	四星	三星	二星	一星	总体	五星	四星	三星	二星	一星
2012	328.95	710.20	365.10	215.84	152.02	126.85	59.46	54.90	60.60	59.20	57.30	54.40
2013	333.08	687.36	362.76	216.42	152.09	128.75	55.97	56.06	57.21	55.64	54.05	51.53
2014	334.80	678.73	354.86	213.60	160.89	106.75	54.00	55.00	54.00	53.00	53.00	49.00
2015	336.65	655.66	339.98	212.73	168.47	132.76	54.19	56.41	55.28	52.65	52.58	49.26
2016	334.54	626.27	332.67	209.65	155.67	100.39	54.73	58.57	55.62	52.52	52.37	52.18

资料来源：中华人民共和国国家旅游局。

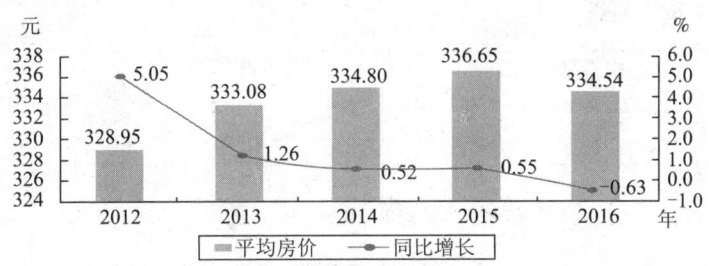

图 3-53　2012—2016 年全国星级酒店平均房价及同比增长情况

资料来源：中华人民共和国国家旅游局。

在 2012—2016 年全国星级酒店的平均客房出租率方面可以看到，2012—2014 年酒店客房出租率急速下滑，从 2012 年的 59.46% 下降至 54%，达到周期的谷底，然后开始缓慢回升。2016 年全国酒店平均客房出租率为 54.73%，与 2015 年相比微弱增长了 1%（见图 3-54）。

如图 3-54 所示，2012—2016 年客房出租率的走势呈"V"字形，也就是先降后升的走势；而五星级酒店平均房价的曲线一直呈现下降之势，从 2012 年的 710.20 元降到 2016 年的 626.27 元（见表 3-12）。可见，在传统酒店的业绩提升的过程中，客房出租率的贡献明显大于房价的贡献。

而从民宿角度来看，以民宿为代表的生活方式类住宿业态却出现了超高速发展态势，其发展速度远远超过星级酒店。例如，途家房源虽然分布在 24 个城市，但主要集中在北上广等经济发达地区，以及成都、西安、青岛等重要的度假休闲城市；小猪房源主要分布在北京、上海、青岛、成都 4 个旅游城市，其他城市房源量极少，数量也不多，但特色房源较多；游天下主要分布在北京、成都、广州、重庆等城市，境外房源主要分布在纽约、洛杉矶、马德里、新加坡、巴塞罗那等城市；木鸟短租覆盖 50 个城市；蚂蚁短租覆盖 80 个城市。未来，这种以满足消费者生活方式需求的体验性住宿业态将有很大的发展空间，预计将成为整个住宿业的重要组成部分。

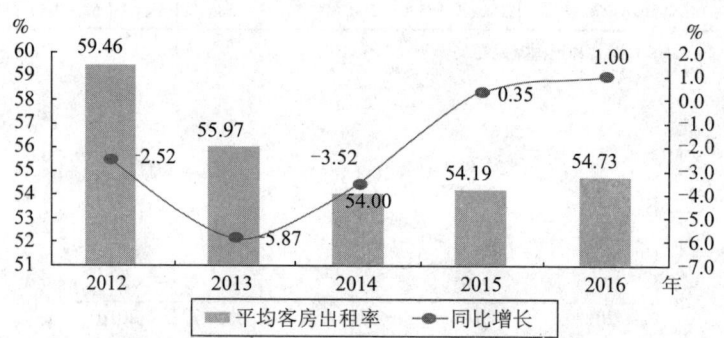

图 3-54　2012—2016 年全国星级酒店平均客房出租率及同比增长情况

资料来源：中华人民共和国国家旅游局。

3.6.2　行业集中度不断提升

2016 年酒店行业的并购风起云涌，如万豪并购喜达屋，锦江股份并购铂涛和维也纳，首旅酒店收购宁波南苑和如家，海航旅游收购卡尔森和希尔顿 25% 的股权，雅高收购 FRHI 集团；2017 年这种情况得以延续，如华住 36.5 亿元收购桔子水晶，锦江继续增持铂涛股份。伴随着行业不断洗牌，酒店行业的市场集中度不断得到提升，截至 2016 年底，国内 10 大酒店集团的市场占有率达到了 58.15%，而 2014 年底的对比数据是 54.95%。酒店集团通过并购达到了增加酒店数量，拓展酒店的覆盖区域，发展高、中、低档多元化品牌的目的。根据《2017 中国酒店连锁发展与投资报告》，2017 年中国 10 大酒店连锁集团的市场占有率情况见图 3-55。

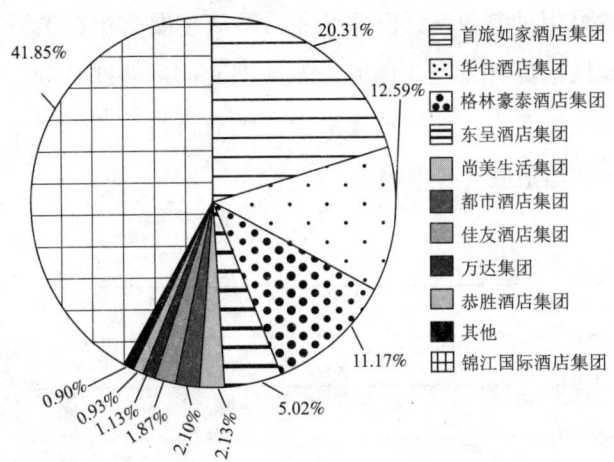

图 3-55 2017 年中国 10 大酒店连锁集团的市场占有率

资料来源：中国饭店协会、盈蝶咨询。

3.6.3　酒店整体供给增速下滑

根据《2017 中国酒店连锁发展与投资报告》，2005—2015 年，我国酒店数量快速增加，全国有限服务连锁酒店的数量从 522 家增长到 21481 家，年复合增长率为 46.7%；客房数量从 5.7 万间增长到 196.9 万间，年复合增长率为 42.5%。2016 年，有限服务连锁酒店及其客房的数量增速开始大幅下滑，全年增长率仅为 12.4% 和 8.4%。这 10 年是我国经济型酒店的高速扩张期，大规模扩张带来的是竞争白热化局面。由于当时中端酒店处于快速发展期，增速达到了 34%，因此 2016 年酒店行业的供给增速下滑主要源于经济型酒店数量增速的下滑。相关内容见图 3-56。

2017 年，经济型酒店布局任务基本完成，成本压力导致其规模增速下滑。一二线城市品牌连锁化率较高，但 RevPAR 增速放缓，投资回报率偏低。经济型酒店兴起于 2004 年，加之酒店物业的租赁期一般为 10 年，经过多年的运营，部分经济型酒店物业的租赁合同开始陆续到期，租金和人力成本出现大幅上涨，酒店的利润空间被压缩，使得经济型酒店的投资速度开始下滑。此外，经济型酒店经过多年的发展，在一二三线城市的布局基本完成，合适的物业有限且需求相对饱和，目前新开业的酒店主要集中在老城区的改造区域和城市周边新城区的开发区。因此，经济型酒店需要变革创新，寻找新的利润增长点。例如，在一二线城市采取专注细分市场定位、产品优化升级、延伸服务链、增加增值服务等举措。

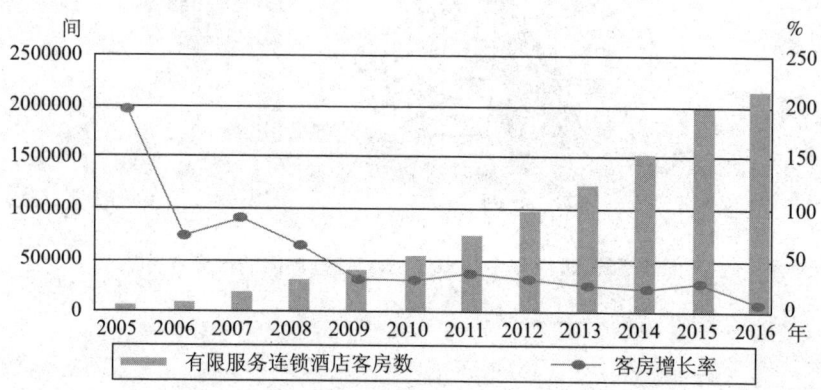

图3-56　2005—2016年全国有限服务连锁酒店规模和增长率

资料来源：《2017中国酒店连锁发展与投资报告》。

中端酒店的规模增速较高，但基数较小，总体增量有限。目前，中端酒店是各大酒店集团进行布局的主要方向，新开业的酒店中40%～70%的是中端酒店。总体来看，目前中端酒店的总量仍然比较少，截至2016年底，我国有限服务酒店的总数为24150家，其中中端酒店2342家，占比仅为9.70%，所以虽然中端酒店的规模目前增速较高，但从增量上看十分有限。此外，中端酒店的平均房价相对经济型酒店更高，受当地消费水平及消费人群的限制，目前中端酒店主要布局于一二线城市，而一二线城市经过长期发展，适合做中端酒店的空置物业数量有限，所以目前各大酒店集团新开业的中端酒店中，有很大一部分（60%～70%）是由单体酒店及经济型酒店转换而来，对酒店市场整体上不构成增量。相关内容见图3-57。

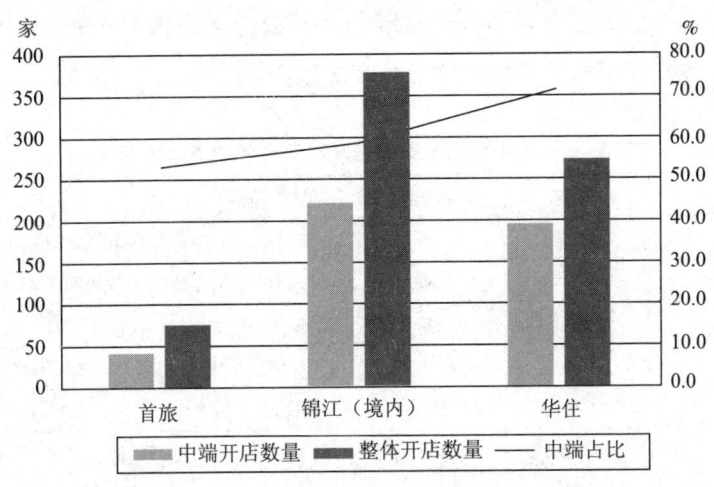

图 3-57　2017 年行业龙头布局中端的数量和占比

资料来源：《2017 中国酒店连锁发展与投资报告》。

3.6.4　从经济型酒店到中高端酒店的升级，带来酒店行业长期的利润增长

中端酒店的市场定位介于经济型酒店和高端酒店之间，中高端酒店的 RavPAR 是经济型酒店的 1.5~2 倍。2017 年 1—12 月，首旅如家全部酒店的 RevPAR 为 150 元，同比增长 6.9%；平均房价为 175 元，同比增长 5.2%；客房出租率为 85.5%。经济型酒店的 RevPAR 为 140 元，同比增长 4.4%；平均房价为 163 元，同比增长 2.7%；客房出租率为 85.9%。中高端酒店的 RevPAR 为 250 元，由于较多中高端酒店为新店，同比仅增长 0.5%；平均房价 313 元，同比增长 0.1%；客房出租率为 79.9%（见表 3-13）。而从成本上看，除了因初始投资的装修成本、客房面积不同导致租金、人房比指标有明星差异外，中端酒店与经济型酒店在其他成本上的差异并不大（见表 3-14）。消费升级和限制"三公"消费等政策因素增加了中端酒店的市场需求。一方面，中等收入阶层和年轻消费群体对酒店的个性化、舒适度提出了更高的要求，中端酒店能够满足这部分需求，且相对于高端酒店而言更具性价比；另一

方面，中端酒店的价位符合多数企事业单位的商旅标准，本土商务出行的旺盛带动了中端酒店的需求。国家出台限制"三公"消费的政策，使得高档豪华酒店的业务受到了严重影响，这部分客源也会流入中端酒店领域。

表 3-13　各酒店集团中端酒店和经济型酒店 RavPAR 的对比

酒店	中端	经济型	RavPAR 倍数	备注
首旅如家	258	138	1.87	如家 2016Q2–Q4
	241	133	1.81	如家 2017H
华住	248	147	1.69	2016
	233	139	1.68	2017Q1
	272	160	1.7	2017Q2
锦江	215	138	1.56	2017H 锦江都城 VS 锦江之星
	222	142	1.56	2016 锦江都城 VS 锦江之星

资料来源：酒店网站。

表 3-14　中端酒店和经济型酒店成本收入差异的对比

项目		中端	经济型	备注
主要成本差异	装修成本（万元）	2017 年 12 月 18 日	2017 年 6 月 10 日	—
	客房面积（平方米）	25~35	18~25	—
	人房比	1∶0.04	1∶0.05	—
每间房每年成本差异	装修折旧（万元/年）	1.5	0.8	经济型 8 万元，中端 15 万元，折旧 10 年
	客房租金（万元/年）	2.19	1.46	2 元/（平方米·天）
	人工成本（万元/年）	1.25	1	5 万元/（人·年）
成本差异合计（万元/年）		4.94	3.26	1.68
每间房每年营收（万元/年）		8.76	5.11	中端 240 元/间夜 经济型 140 元/间夜

资料来源：酒店网站。

第四章
酒店业产业结构优化研究

国家的经济增长与产业结构密切相关，产业结构的优化会推动经济持续、稳定、快速的发展；反之，经济总量的增长也会促进产业结构的优化与演进。因此，对酒店业产业结构的分析和研究非常重要，发达国家和一些新兴国家在酒店产业结构理论与实践研究中积累了大量的成果和丰富的经验，非常值得我们研究与学习。本章将从产业结构优化的机理、布局结构优化、企业创新、提升核心竞争力等方面阐述对我国酒店业产业结构优化的研究。

4.1 产业结构优化的机理

4.1.1 产业结构优化的含义与主要内容

1. 产业结构优化的含义

产业结构优化是指推动产业结构合理化和高度化发展的过程。前者主要依据产业所关联的技术经济客观比例关系，通过调整不协调的产业结构，以促进国民经济各产业间的协调发展；后者主要遵循产业结构演化规律，通过不断创新来加速产业结构的高度化演进。产业结构优化过程就是通过政府制定的相关产业政策来动态调整或影响产业结构中的供给和需求结构，以实现资源优化配置与再配置，最终推进产业结构的合理化和高度化发展。

2. 产业结构优化的主要内容

产业结构优化的主要内容包括产业结构优化的目标、产业结构优化的对象、产业结构优化的措施或手段、产业结构优化的政策等。产业结构优化的目标就是要实现产业结构的高度化和合理化,最终实现经济的持续快速增长。从产业结构优化的对象角度来说,主要包括以下几个方面:

(1) 供给结构的优化。供给结构是指在一定价格条件下的资本、劳动力、技术、自然资源等生产要素在国民经济各产业间的可以供应的比例,以及以这种供给关系为联结纽带的产业关联关系。供给结构包括资本(资金)结构、作为供应因素的投资结构、劳动力供给结构、技术供给结构,以及资源禀赋、自然条件和资源供应结构等。产业结构优化主要对这些因素进行结构性调整。

(2) 需求结构的优化。需求结构是指在一定的收入水平条件下政府、企业、家庭或个人所能承担的对各产业产品或服务的需求比例,以及以这种需求关系为联结纽带的产业关联关系。它包括政府(公共)需求结构、企业需求结构、家庭需求结构和个人需求结构,以及以上各种需求的比例;也包括中间(产品)需求结构、最终产品需求结构,以及中间产品需求与最终产品需求的比例;还包括作为需求因素的投资结构、消费结构,以及投资与消费的比例等。产业结构优化需要对这些因素进行结构性调整。

(3) 国际贸易结构的优化。国际贸易结构是指国民经济中各产业产品或服务的进出口比例,以及以这种进出口关系为联结纽带的产业关联关系。国际贸易结构包括不同产业间的进口结构和出口结构(进口和出口的比例),也包括相同产业间的进出口结构。产业结构优化需要对国际贸易结构进行优化。

(4) 国际投资结构的优化。国际投资包括本国资本的流出,即本国企业在外国的投资(对外投资);外国资本的流入,即外国企业在本国的投资(外国投资或外来投资)。对外投资会引起本国产业的对外转移,外国投资则促使国外产业的对内转移,这两方面都会导致国内产业结构的变化。国际投资结构是指对外投资与外国投资的比例关系,对外投资在不同产业之间的比例、外国投资在本国不同产业之间的比例,以及各种派生的结构指标。产业结构优化也需要对国际投资结构进行优化。

4.1.2 产业结构效应

产业结构效应是指产业结构变化对经济增长所产生的效果，即对经济增长发挥的特殊作用。产业结构的高变换率之所以能够带来经济总量的高增长率，就是这种产业结构效应在起作用。促进产业结构优化有利于发挥产业结构效应，推动和保持经济的高增长率。

1. 产业的关联效应

赫希曼在他的《经济发展战略》一书中详细分析了产业之间的前向关联、后向关联，以及关联效应（包括前向关联效应和后向关联效应）。产业的关联效应就是指一个产业在生产、产值、技术等方面发生了变化，这种变化通过前向关联关系和后向关联关系对其他产业部门产生了直接和间接影响。前向关联效应就是指一个产业在生产、产值、技术等方面的变化引起它的前向关联部门在这些方面的变化，或带来新技术的出现、新产业部门的创建等。后向关联效应就是指一个产业在生产、产值、技术等方面的变化引起它的后向关联部门在这些方面的变化，例如，由于该产业自身对投入品的需求增加或要求提高而引起提供这些投入品的供应部门在扩大投资、提高产品质量、完善管理、加快技术进步等方面发生的变化。

2. 产业的扩散效应

罗斯托在他的《从起飞进入持续增长的经济学》一书中阐述了主导产业的扩散效应的概念。根据他的阐述，扩散效应是指某些产业部门在各个历史间歇的增长中，"不合比例增长"的作用以及对其他关联产业所产生的影响。扩散效应具体表现在3个方面，即回顾效应、旁侧效应和前向效应。

（1）回顾效应。回顾效应是指主导部门的增长对那些向自己供应投入品的供应部门产生的影响。罗斯托认为，根据主导部门或新部门的技术特点，当它们处于高速增长阶段时，会对原材料和机器设备等投入品产生新的投入要求。这些投入，反过来又促进了现代设计观念和方法的发展。

（2）旁侧效应。旁侧效应是指主导部门的成长还会引起周围地区在经济和社会方面的一系列变化，这些变化有助于在诸多方面推进周围地区的工业化发展进程。现代工业活动涉及城市人口、服务和制度等方面，例如：通过技术决定的等级制度建立起有纪律的劳动力团队；处理法律问题及投入和产出各种市场关系的专业人员；城市先行资本投资；银行和商业制度；为满足掌握新工业结构的人们的需求而存在的建筑业和服务业。这样，新主导部门的出现就引起了它所在地区的改变。

（3）前向效应。前向效应是指主导部门的成长诱导了新兴工业部门、新技术、新原料、新材料、新能源的出现，也改善了自己供应给其他产业产品的质量。罗斯托认为，现代工业活动创造了能够引起"新的"工业活动的基础，或者通过削减其他工业部门的投入成本，吸引企业主管们进一步开发新产品和服务，或者产生一个有利可图的瓶颈问题来吸引发明家和企业家。这样，主导部门就产生了一种能为更大范围的经济活动提供可能性的刺激力量，有时甚至为下一个重要的主导部门的出现创造了条件。

3. 产业结构的其他效应

周振华在他的著作《现代经济增长中的结构效应》中把产业结构效应分为结构关联效应、结构弹性效应、结构成长效应和结构开放效应。他在分析这些结构效应的时候先设定了一些假定条件，按照"同质性"原则对产业进行定义，即一种产品由一个产业来生产，多种产品和多种产业也处于一对一的对应关系中。

另外，产业结构还存在其他一些结构效应，如供给效应和需求效应等。

4.1.3 产业结构优化的机理

产业结构优化的机理就是通过4个步骤来实现国民经济的持续快速增长：调整影响产业结构的决定因素；产业结构得到优化；产业结构效应发挥作用；国民经济得到持续快速发展。

第一，调整影响产业结构的决定因素。这些决定因素从供求的角度来说包括供给因素和需求因素；从投入产出的角度来说包括投入结构和产出结构。调整产业结构的决定因素就是要调整供给结构和需求结构，也就是要调整投入结构和产出结构，包括调整国际贸易结构和国际投资结构，从而改变整个产业结构。

第二，产业结构得到优化。产业结构优化既是产业结构调整的目标，也是产业结构调整的结果。产业结构优化的结果一方面是产业结构的高度化，另一方面是产业结构的合理化。

第三，产业结构效应发挥作用。产业结构效应是指产业结构的变化对经济增长的影响程度。产业结构的合理优化必然对经济增长产生积极的作用。

第四，国民经济得到持续快速发展。国民经济在产业结构效应的积极作用下实现比正常增速快得多的增长。

4.2 优化布局结构与酒店产业结构优化

4.2.1 产业布局的含义与影响因素

1. 产业布局的含义

产业布局是指一个国家或地区的产业各部门、各环节在地域上的动态组合分布，是国民经济各部门发展运行规律的具体表现。产业布局理论是随着人类社会的进步和生存空间的拓展，以及生产活动内容和空间发展到一定程度后的必然产物。

2. 产业布局的影响因素

（1）地理位置因素。地理位置是影响国家或地区经济发展的重要因素，它能加速或延缓地区经济的发展。地理位置不仅关系到自然条件，还关系到交通、信息和一系列社会经济条件。

（2）自然因素。自然因素包括自然条件和自然资源两个方面。自然条件是人类赖以生存的自然环境，包括未经人类改造、利用的原始自然环境和经过人类改造利用后的自然环境。自然资源是指自然条件中被人利用的部分。自然因素是产业布局形成的物质基础和先决条件。

（3）人口因素。人既是生产者，又是消费者。这两方面的属性对产业布局都有深刻的影响。

①作为生产者的人对产业布局的影响。人口数量对市场规模和资源开发程度有重要影响。一般来说，充足的人口或劳动力资源可以充分开发和利用自然资源和发展生产，在产业安排上，通常以劳动密集型产业为主。而在人口较少地区，可以根据当地自然条件、自然资源来选择合适的产业，同时努力提高劳动生产率，以弥补当地劳动力不足的缺陷。

人口质量或人口素质也对产业布局也有重大影响。人口素质的高低与一定的生产力水平相联系，高素质的人口和劳动力是发展高层次产业，即技术密集型产业的基础。

②作为消费者的人对产业布局的影响。人口的消费状况对产业布局也有明显的影响。各个地区在人口数量、民族构成和消费水平等方面存在差异，这就要求产业布局与人口的消费特点、消费数量相适应。此外，人口的性别、年龄、民族、宗教差异，使得市场需求具有多样性特征，产业布局应根据不同情况，有针对性地选择项目种类和规模，最大限度地满足各层次人口在各方面的需求。

（4）社会经济因素。影响产业布局的社会经济因素主要有历史基础，市场条件，国家的政策、法律和宏观调控，国内、国际政治条件，价格与税收条件等。

①历史基础。产业布局具有历史继承性，已经形成的社会经济基础对后续的产业布局具有重大影响。一般来说，在原有经济基础较好的地区，可以利用原有的基础设施来谋求进一步的发展，这会对产业布局产生积极的影响。但原有历史基础是在过去生产力水平下形成的，因此不可避免地会存在一些问题，比如结构不合理、布局零乱、设施落后、污染严重等。在进行产业布局时要根据具体情况，充分利用积极因素，改变不利因素，使产业布局合

理化。

②市场条件。随着商品经济的发展，市场条件已经成为影响产业布局的一个越来越重要的因素。首先，市场需求影响产业布局，无论是区域布局，还是厂址的选择，都必须以一定范围内市场对产品的需求量为前提；其次，市场的需求量和需求结构影响产业布局的部门规模和结构，是形成主导产业、辅助产业，以及有地方特色的产业地域综合体的指南；最后，市场竞争可以促进生产的专业化协作和产业的合理聚集，使产业布局指向更有利于商品流通的合理区位。因此，进行产业布局时，必须先进行市场调研、预测，充分了解市场需求状况，以便合理布局。同时，还要分析市场行情的变化趋势，及时调整产业结构，改变产业布局，以适应市场的变化。

③国家的政策、法律和宏观调控意。正确、合理的政策可以推动经济发展和产业的合理布局；反之，则会对经济发展产生消极影响，甚至导致灾难性后果。

④国内、国际政治条件。任何一个国家的经济发展都必须有一个良好的国内、国际政治环境，在一个政局不稳、动荡不安的国家或政治形势下，经济很难获得发展，当然更谈不上合理的产业布局。

⑤价格与税收条件。价格对产业布局的影响主要体现在国家的价格政策、产品地区差价及产品可比价格等方面。价格政策体现了国家对市场经济的宏观调控意识，合理的价格政策对产业布局有积极的影响；反之，则造成干扰。产品的地区差价客观地体现了商品生产和消费在空间上的差异与矛盾，合理的地区差价有利于企业按价值规律选择最佳生产区位。另外，产品的各种比价关系对产业内部结构的调整和产业的地区分布也有重要影响。

税收对产业布局也产生重要影响。合理的税制结构可以抑制重复建设、以小挤大和地区封锁等问题的出现，从而促进产业布局合理化与地区经济的协调发展。对于某些产业在不同地区的协调发展问题，也可以用改变税率的方法来加以控制和调整。

（5）科学技术因素。科学技术是构成生产力的重要组成部分，是影响经济发展与产业布局的重要条件之一。

①自然资源利用的深度和广度对产业布局的影响。技术进步不断地拓展人们利用自然资源的深度和广度，使自然资源获得新的经济意义。同时，技术进步能提高资源的综合利用率，使单一产品市场变为多产品的综合市场，有利于生产部门的规模不断扩大。

②产业结构对产业布局的影响。技术进步不断地改变产业结构，特别是新技术的出现，往往会带动一系列新产业部门的诞生。这些产业部门都有不同的指向性，这就必然对产业布局产生影响。随着技术的进步，生产力的提高，三次产业结构在不断发展变化，使得人类生产、生活的地域和方式也出现了重大变化（如城市化趋势），从而对产业布局产生影响。

4.2.2 我国酒店业的产业布局

根据前面区域结构内容中对《2018中国大住宿业发展报告》的分析，可以看出：在理性发展阶段，酒店的区位布局就显得尤为重要。酒店的地理位置是酒店的产品的一部分，对酒店自身的住宿率、房价等方面有影响，而酒店群体在某一区域集中分布，则可以成为该区域的突出产业优势。酒店的良性聚集能够实现规模效应和资源共享效应，例如广交会展馆已经成为广州最为重要的酒店集聚区域之一。

通过分析限额以上规模的酒店（年营业额在200万元以上，年末从业人数在40人以上）及探索中国酒店的整体分布情况发现，中国酒店区位布局呈现以下3个特征：

第一，酒店分布集中程度已逐步定型，更深度聚集的趋势不明显。如图4-1所示，酒店数量排名前四的省（区、市），其酒店数量占国内酒店30%左右的比重；前8名的省（区、市）占大约50%的比重，集中程度较高。图4-1中3条洛伦兹曲线在10年间的变化并不明显，只有细微的外凸趋势。

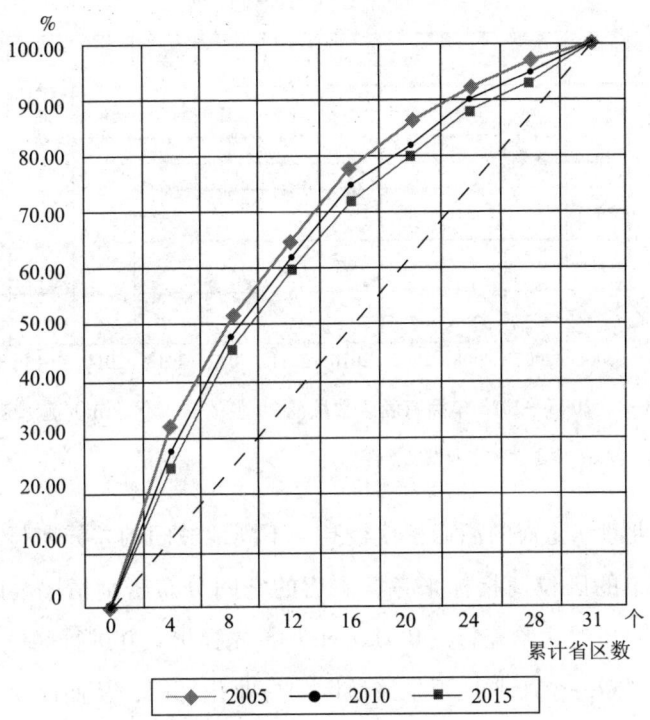

图 4-1 2005 年、2010 年、2015 年酒店分布情况洛伦兹曲线

资料来源：《2018 中国大住宿业发展报告》。

第二，酒店业的集聚中心在不断发生变化，中西部城市正逐步追赶上来。结合集中度指数曲线，会发现省（区、市）拥有酒店数量排名的变动情况。例如：广东和浙江一直名列前茅；中西部省（区、市）则在此 10 年间不断发展，河南的酒店数量排名从 2005 年的 10 名开外上升到 2015 年的第二名，四川、山东等省份的排名都有所上升。中西部地区的酒店建设在加速，酒店的地域分布正趋向均衡化。相关内容见图 4-2。

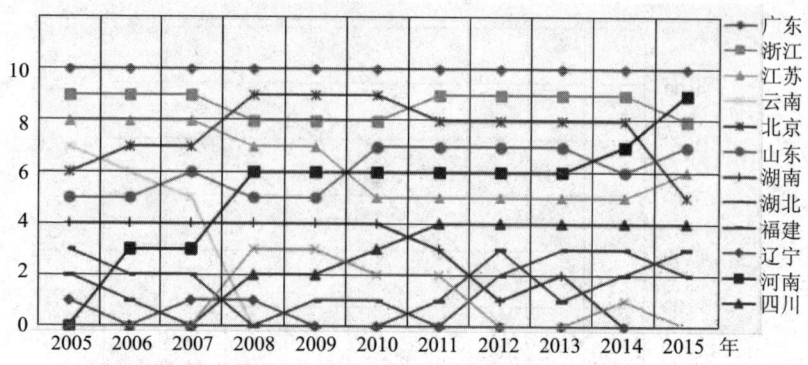

图 4-2　2005—2015 年拥有酒店数量前 10 名的省（区、市）座次变化

资料来源：《2018 中国大住宿业发展报告》。

第三，北京、上海的酒店密度极高，不同地域间的差异明显。我们利用区域经济学中的区位商指标来考察酒店的空间分布密度情况。区位商也称"专门化率"，它是由哈盖特（P. Haggett）首先提出，并进行区位分析。区位商通常用来判断一个产业是否是该地区的专业化部门，从而反映某一产业部门的专业化程度，以便衡量这一区域的要素空间分布。在产业结构研究中，区位商是一个地区某部门的产值在地区工业总产值中所占比重与全国该部门产值在全国工业总产值中所占比重之间的比值。如果区位商大于 1，则认为该产业是本地区的专业化部门；如果区位商小于或等于 1，则认为该产业是自给性部门。当然，区位商越高，专业化水平也越高。

为了观察各地的区位商之间的差异，特将区位商的数值分段。由此发现除北京、上海的酒店密度遥遥领先外，其他地区的酒店分布密度呈现板块化分布的特征，不同地域间的酒店业发展程度差距明显。

综上所述，我国酒店业的发展并不均衡，集中度较高，地域之间的差异明显。近年来，中西部省（区、市）（如河南、山东、四川等地）的酒店获得了长足的发展。随着我国城镇化建设的深入推进，全国高铁线路、高速公路线路的建设，带动了三线、四线及四线以下城市的体验、度假旅游热，因此，我国各酒店集团也纷纷开始全国布局，增加酒店数量。例如，格林豪泰、华住酒店、锦江国际等实现了在全国范围的扩张；福建中旅、湖南华天、四川岷山、白天鹅等实现了地域性的扩张；浙江旅游、四川明宇、石家庄国大等利用地域重要节点实现了在全国范围的扩张。

今后，国内酒店业的投资首选地将围绕国内20个城市群和3大湾区展开。根据国家新型城镇化政策，这20个城市群包括5个一等城市群、9个区域性城市群、6个地区性城市群。其中：核心建设5个一等城市群，包括长江三角洲城市群、珠江三角洲城市群、京津冀城市群、长江中游城市群、成渝城市群；稳步建设9大区域性城市群，包括哈长城市群、山东半岛城市群、辽中南城市群、海峡西岸城市群、关中城市群、中原城市群、江淮城市群、北部湾城市群、天山北坡城市群；引导培育6大地区性城市群，包括呼包鄂榆城市群、晋中城市群、宁夏沿黄城市群、兰西城市群、滇中城市群和黔中城市群。这20个城市群的总面积占全国面积的25%，集中了66%的全国总人口、80%以上的经济总量、78%以上的社会消费品零售总额。

目前，对于我国的3大湾区而言，国家正大力推进粤港澳大湾区、环杭州湾大湾区和渤海湾大湾区的建设。湾区经济是重要的滨海经济形态，是当今国际经济版图的亮点，是世界一流滨海城市的标志，可以引领、聚焦、辐射周边地区的经济发展，是酒店业布局的重点地区。

4.2.3　我国酒店业的扩散效应

美国经济学家华尔特·惠特曼·罗斯托（W. W. Rostow）提出并阐述了主导产业的扩散效应。扩散效应是指某些产业部门在各个历史间歇的增长中对其他关联产业产生的影响。

1. 酒店业对城市功能板块的效应

随着商业地产发展水平的不断提高，城市综合体这一功能板块高度集中的"城中城"迅速带动了商业、办公、居住、餐饮、会议、交通等业态的发展。

事实上，酒店对于一个综合体项目的发展意义重大。城市综合体在前期规划中就需要充分考虑这个地块适合什么样的品牌。区域内如果规划了一家五星级酒店，那么对写字楼、公寓的销售，商场、购物中心的招商，品牌、客户的入驻和投资都大有裨益。2003年北京银泰中心开工时就找到了世界知名的跨国酒店集团——凯悦国际，并引入了其旗下五星级酒店品牌柏悦，这对于当时在北京默默无闻的银泰而言，迈出了非常正确的一步。

在考察综合体中酒店的作用时，不仅是看它本身有没有高投资回报率，还要看它对项目中的写字楼、商业等业态的盈利有没有贡献。体验式商业如今被各个项目摆到了重中之重的位置，相关业态的比例不断上升，而实际上酒店的健身、娱乐、餐饮、酒吧等服务的配套功能对于商业体来说可以相互兼容和支撑。酒店的消费者除了一部分外来的短暂的消费客群外，很多设施如餐饮、宴会等吸引的更多是本地的消费客群，这个客群跟商场的客群是可以融合的。写字楼也一样，写字楼的客户一定是有社交、商务、差旅需求的人士，这也会跟酒店的客群有交集。

2. 酒店业对旅游的效应

随着旅游业的不断发展壮大，其包含的内容越来越丰富，乃至出现了"吃、住、行、游、购、娱"6大要素。但无论旅游业怎样扩大与变化，"住"在其中始终占据着非常重要的地位。换言之，哪个地方、哪个城市的旅游业发达，当地的酒店就多就好；哪个地方、哪个城市的酒店又多又好，旅游业也就发达。例如，2016年初，北海市被国家旅游局列为全国第一批全域旅游创建市，这是当时全广西14个市中唯一的创建市。随后，当地市委、市政府高度重视，把全域旅游列为"四大会战"内容之一。其中，北海酒店的发展推动了北海全域旅游城市建设的不断深入。

3. 酒店对城市商业文化的效应

酒店在形象设计时应与城市形象完美结合，业态形象通常分为视觉形象、行为形象、伦理形象等，是酒店塑造形象的主要手段。酒店在塑造形象的过程中，应综合考虑所在城市的历史文化、城市道路的名称与由来、城市规划的建筑风格、其他业态的风格、城市的公众形象等。在酒店的经营与公关活动中，更要突出城市商业文化的特征与发展，从而获得公众的认可与好评。因此，酒店的建设带动了城市商业文化的发展。

4.2.4 我国酒店产业的集群效应

产业集群是区域产业组织的一种高级组织形式。酒店产业依据产业集群的理念，针对各地区的实际情况进行客观的区位选择。

1. 酒店集群的含义

当前被广泛引用的定义是美国哈佛大学波特教授在《国家竞争优势》中所提出的："产业集群是指在某一特定领域内相互联系的，在地理位置上集中的公司和机构的集合。"

在酒店集群的研究中，存在两种界定。一种是广义的酒店集群，研究者强调的是不同行业的企业在地理空间上的集聚，即酒店集群是酒店与旅游餐饮娱乐业、旅游交通业、旅行社、各种旅游供应商等全部与之有关的行业和企业所发生的错综复杂的交织与作用关系；另一种是狭义的酒店集群，研究者则聚焦于对相同（近）行业公司在空间上的集聚行为的研究，指的是各类型酒店企业聚集的集合，即围绕一家或几家核心酒店，依托该区域的某一突出产业优势，形成高、中、低档酒店空间集聚的格局。相对来说，狭义的酒店集群的概念，研究对象很明晰，完全聚焦于酒店企业在一定范围地理空间上集聚的现象，国外学者在讨论酒店集群的时候，多使用这一种概念，比如Wilbur Chung 和 Arthurs Kalnins（2001）、Linda 和 Cathy（2005）等莫不如此。笔者倾向于采用狭义概念来讨论酒店集群的问题。

2. 酒店集群的优势

相对于单体酒店而言，集群内的酒店竞争具有两大特点：首先，面对外部竞争压力，集群内酒店容易形成强大的统一整体，来共同应对竞争。为了增强集群的整体竞争能力，集群内的酒店会减缓彼此之间的摩擦，开始进行合作。在合作过程中，集群内酒店还要通过强化各自产品的差异化，来提升自身的竞争力。酒店个体具备了竞争力，那么整个酒店集群的竞争力也就形成了。由此可以看出，差异化也是酒店集群发展的核心竞争力。

其次，面对来自集群内部竞争的压力，集群内酒店获得了单体游离酒店难以获得的学习与追赶效应。在酒店集群内的酒店相互间信息畅通，互相直接、间接学习的机会很多，同时，竞争的压力更加直接，竞争促使各酒店提升服务质量、创新个性化服务、增加体验服务项目，变革创新的动力就是酒店持续的核心竞争力的重要体现。此外，集群内酒店之间还可以进行信息和设施的资源共享，具备外部资源共享的优势。从这几点可以看出集群内酒店的发展优势大于单体游离酒店。正因为如此，开发商往往利用这种优势来打造酒店集群，也有些酒店在这种优势的吸引下，自发地扎堆聚集在一起形成了酒店集群。

3. 酒店集群的类型

在世界各地的旅游开发过程中，酒店集群形成了比较成熟的3种模式：第一种，风景旅游度假目的地中的酒店集群模式，即在旅游市场的需求下，在风景旅游度假目的地中自发、陆续形成的酒店集群，特点是酒店和度假旅游目的地之间相互促进、相互影响，从而实现了共同发展的愿望。第二种，与地产开发相结合的酒店集群模式，特点是以旅游带动房地产开发，强调酒店集群和房地产开发相互支持、整体发展的效应。第三种，与商业娱乐相结合的酒店集群模式，是一种以产业聚集的方式形成的酒店集群，特点是利用娱乐配套设施来进行酒店之间的联动，从而实现酒店从"旅游容器"变成"旅游磁极"的愿望。

4. 我国酒店产业的集群效应

（1）风景旅游度假目的地的酒店集群效应。我国云南旅游资源丰富，是多山之省，名山大川数不尽数，雪山众多；水系复杂，湖泊众多；遍布着优秀的多民族（如白族、哈尼族、傣族等）文化，各具特色的民居建筑、民族语言、民族服饰及民俗活动；物产众多，"春天食花，夏天食菌，秋天食果，冬天食菜"。

近年来，随着云南通往东南亚、南亚大通道的建设，昆交会、东盟华商会等国际会展论坛的举办，为云南发展酒店业提供了广阔的市场空间。因此，云南省围绕玉溪抚仙湖、昆明滇池旅游度假区、昆明阳宗海、西双版纳景洪、大理洱海、保山腾冲、丽江古城—泸沽湖、迪庆香格里拉、文山普者黑、红河弥勒10大康体休闲度假基地，安宁温泉、石林小镇等20个运动休闲度假社区，红塔区、芒市、建水县等40个重点旅游目的地、集散地，总体布局和规划开发酒店群，同时，引进国际酒店知名品牌，吸引全球旅游客户，有效地实现了酒店的集群效应，拉动了当地的养生、温泉、游艇、高尔夫、农庄等一系列休闲、餐饮和娱乐产业的迅速发展，提高了当地的旅游经济水平。其中，瀚亚红树林度假世界建设了Villa酒店、庭院酒店、度假酒店、情侣酒店、会展酒店等多业态酒店群，客房数超过3500间。各种不同的主题酒店风格迥异：庭院酒店强调原生态、安静田园的风格；会展酒店设计追求经典和传统艺术的现代表达等。

（2）与房地产开发相结合的酒店集群效应。以银泰为例，前文曾讲到2003年北京银泰中心引入了五星级酒店品牌柏悦。抛开项目的绝佳位置这一地利因素，极具品牌价值和知名度的柏悦确实为公寓产品带来了很好的效益，柏悦居、柏悦府2006年开盘，成为当年北京最贵的公寓，银泰至此名噪京城。做百货起家的银泰适时借助了高端酒店品牌的影响力，向人们证明了银泰运作高端商业的能力和实力。

（3）与商业娱乐相结合的酒店集群效应。由拉斯维加斯金沙集团发展商负责投资开发的澳门金沙城中心不断进行创新，不仅拥有由希尔顿旗下的康莱德酒店、假日酒店和喜来登酒店3座品牌酒店建筑形成的酒店群，可为赴澳门旅游的游客提供5800间客房，而且有600多家品牌零售店云集金沙城中心，提供免税商品。游客在旅游的同时就可以满足其全球购物的需求。全球综合度假村发展商拉斯维加斯金沙集团董事局主席兼执行总裁艾德森表示，澳门过去给人的印象更多是发达的博彩业，金沙城中心的开业则将改变游客的这一传统印象，"不论是我们的客房、度假区还是购物、水疗中心、娱乐会所和表演，金沙城中心都融合了所有的娱乐元素，我们希望这些丰富的元素能把游人带来这里,而不是给他们留下澳门只有博彩的印象"。今后希望金沙城中心在逗留时间方面能赶上美国拉斯维加斯,即逗留时间能达到3天半。

资料显示,金沙城中心位于澳门路金光大道,从建筑规模、内部陈设、服务功能、装饰标准等方面来看,都达到了世界级水平,开业后很快就成为澳门的新地标建筑之一。

4.3 企业创新与酒店产业结构优化

企业创新是当代酒店业态发展的主导趋势,符合国家产业发展政策,是引领酒店业产业结构优化、走内涵式发展道路的必要条件。酒店创新的内涵包括哪些呢?具体实现途径有哪些呢?这些创新途径对酒店企业有哪些效应呢?本节将从酒店创新的内涵和实现途径入手,重点探讨酒店创新的具体实现途径与效应,为企业和政府提供酒店企业切实可行的创新方法与经典案例。

4.3.1 酒店企业创新的含义

1. 什么是企业创新

企业创新是企业管理的重要环节,从宏观的公司管理,到微观的企业具体业务的开展,再到每一个部门、每一位管理者、每一名员工,处处都涉及创新。企业创新的主要内容包括组织创新、技术创新、管理创新等。企业各方面的创新都是相互关联、紧密配合的。

2. 企业创新的内容

(1) 组织创新。组织创新是对组织的权力结构、组织规模、沟通渠道、角色设定、组织与其他组织之间的关系,以及对组织成员的观念、态度和行为,成员之间的合作精神等方面进行有目的、系统的调整和革新,以适应组织所处的内外环境、技术特征和组织任务等方面的变化,提高组织效能。

(2) 技术创新。约瑟夫·熊彼特(Joseph A. Schumpeter)在1912年出版的《经济发展理论》一书中指出,技术创新是指把一种从来没有过的关于生产要素的"新组合"引入生产体系。这种新组合包括：引入新产品；采用新技术（生产方式、工艺流程）；开辟新的市场（以前不曾进入）；控制原材料的新的供应来源；采用新的生产组织形式或管理方式。

经济合作与发展组织（OECD）认为技术创新包括新产品和新工艺，以及原有产品和工艺的显著技术变化。美国国家科学基金会则认为技术创新是一个复杂的活动过程，从新思想、新概念开始，通过不断地解决各种问题，最终使一个有经济价值和社会价值的新项目得到实际的成功应用。

综上所述，技术创新指改进现有或创造新的产品、生产过程或服务方式的技术活动。

（3）管理创新。广义而言，管理创新是随着时间推移组织内的管理活动在形式、质量和状态上的改变，这种改变与过去相比是新颖而空前的。具体来讲，管理创新指组织把新的管理要素（如新的管理方法、管理手段、管理模式）或要素组合引入管理系统以便更有效地实现组织目标的创新活动。

4.3.2 酒店企业创新的途径

1. 酒店业态的跨界创新

（1）酒店业态的含义与发展。业态一词来源于日本，大约出现在20世纪60年代，最早作为零售业的概念被提出。20世纪80年代后期，以超级市场为代表的新业态发展起来，业态一词开始用于分析中国商业。按照2004年实施的零售业分类新标准（GB/T 18106—2004）的定义，零售业态是零售企业为满足不同的消费需求，进行相应的要素组合而形成的不同经营形态。综合以上观点，业态是指企业适应市场需要的经营形式和组织形式的结合。

酒店业态是以住宿、餐饮、商务、娱乐、休闲、会议等基础功能及附加功能为依托，以服务为核心的酒店产品综合形态及经营模式。酒店业态的内容包括酒店目标市场、酒店产品综合类型、运营组织模式、成长方式及销售模式等。

（2）酒店跨界创新的必要性与业界讨论。中国社会科学院旅游研究中心主任宋瑞认为,"住宿行业正面临'繁荣的忧伤'。面对高度分散、多元、多层的客群需求,酒店必须要做跨界创新,必须明白能够拿什么吸引哪类人群,想办法把酒店塑造成带有特定标签的文化空间"。

希尔顿大中华区及蒙古总裁钱进认为:"另外,今后劳动力会逐渐紧俏,人工智能将引发行业巨大的变革,在重复性劳动的工种替代方面,酒店应对此给予充分的关注。"

大汉文旅集团总裁谭伟奇表示:"早期酒店是进行锦上添花的主动跨界,而今在收益压力较大的情况下,酒店是被动跨界,跨界已成为其提升收益的内生需求。"

美国佛罗里达国际大学教授赵金林说:"要了解'千禧一代'是现在旅游业的主要服务对象,能切实满足他们的需求,推出适合他们的产品和服务才能让他们成为忠实的'粉丝'。"

温德姆酒店集团大中华区发展及战略联盟副总裁赵晖认为:"酒店在今后的发展中,不妨思考做做减法,把没有给客人带来附加值的一些东西不妨减去。"

汉能投资集团投行部总经理杨旋旋说:"创新更多的是在挑战酒店业界的传统思维。现在涌现出很多新的住宿业态,但其实很多业态的服务、品质等都不如有严格管理标准的酒店。酒店创新发展将大有前途。"

"跨界是科技进步、时代发展的产物,创新也不是一定要把以前的东西全部颠覆,好的东西还是要传承和发扬,只是要做一些减法或加法。在市场各品牌同质化特别严重的情况下,一些特色化、差异化的产品就特别受市场欢迎。"汉南酒店资产管理咨询(北京)有限公司总裁沈峰如此认为。

"之前也有酒店结合文旅项目做了一些探索,比如在度假区内做文化体验、体育项目等,但90%的收入还是来自餐饮住宿方面,而未来这种格局将被打破。"银泰旅游产业集团首席执行官朱晓东认为,"只有把文化植入产品中,产品才能更具商业价值和附加值。"

在"互联网+"的大趋势下,"酒店+"的跨界运营思维也应运而生。"酒店+金融""酒店+产品展销""酒店+摄影""酒店+生活体验"等各种在过去看来不属于酒店业领域的业态组合都在崭露头角,只要酒店人的想象空间足够大,"酒店+用户体验""酒店+网络生活""酒店+社区聚焦交流"等跨界创新业态都是行业的应变之道。

(3)"生活体验式酒店"的创新实践。最早传出进军酒店行业的是宜家。宜家为大多数人创造美好生活的品牌理念也早已在中国的一二线城市深入人心。宜家在中国的第一个酒店项目选址在长沙,是一个涵盖购物中心、宜家家居、办公楼、创意公寓和酒店于一体的综合体项目,预计2020年开业。

2018年1月18日,无印良品(MUJI)全球第一家酒店MUJI HOTEL正式在深圳开业。酒店位于深圳市中心的深业上城综合体西北角,商场店铺、餐厅、酒店三体合一。2018年6月30日,无印良品(MUJI)全球第二家酒店在天安门西南800米处的"中国式生活体验区"——北京坊文化商业街区正式开业。该区域位于京城的历史文化街区,拥有众多历史遗迹的胡同小巷贯穿街区,文化底蕴深厚。不同于宜家的是,酒店的风格会延续无印良品一贯的生活美学,无印良品的酒店更多的是为了输出生活方式。MUJI酒店从顾客的体验需求出发,以酒店为基础,把酒店设施、服务、产品完美融合,从零售日用品到Café & Meal MUJI、MUJI Diner的定制餐品都呈现品牌特色,从舒适的睡眠体验到融入城市文化风情的服务,都体现MUJI酒店"反豪华、反简陋"的理念。

成立于2013年的亚朵同样喜欢输出生活美学,旗下有亚朵酒店、轻居、长租公寓及小型奢侈精品酒店4个住宿产品。2017年,亚朵在携程、去哪儿等网站的客人评价中获得4.9分(满分5分),客户年复购率达到60%。截至2019年4月22日,亚朵已有320家酒店开业,温暖、人文、有趣的品牌格调为亚朵累积了超1800万人的会员,亚朵还创立了IP酒店合作模式,通过IP文化和完整的消费体验吸引中产阶层用户。其中,亚朵与知乎联手打造"有问题"主题酒店,与财经作家吴晓波携手打造首家"匠人元素酒店",与网易严选合作"亚朵·网易严选酒店",联手网易云音乐打造"睡音乐"主题酒店，联合专业体育 IP 打造以篮球、运动为主题的"亚朵 S 虎扑篮球酒店"，联合星座 IP 同道大叔打造融合 IP 形象、星座文化的"慢一点"星座酒店，与腾讯 QQ 超级会员联手打造 Q 主题酒店。

亚朵创始人耶律胤表示，新住宿时代是整个住宿业从二维走向三维，完成从经营房间走向经营空间和人群的时代，是建立新的商业生态的时代，从用户体验出发，跨越单一住宿需求，整合吃、行、游、购、文化、生活服务等生活场景体验的全新住宿业态和生活方式。未来世界将由生活方式产业统领全部产业，住宿就是一个运营生活方式产业的关键节点，因为住宿能够吸引众多的人群参与进来，能够布局全部的生活场景，酒店就是家，就是展现家中生活的重要场所，这是住宿业走向更高层次的基础。酒店是一个全生活的体验空间，这样的酒店构建是全生活的应用场景，这个空间孕育了新的可能和新的机会。

通常来说，这些致力于构建生活场景的新酒店都很注重它的设计与装饰，设计以简约北欧风为主，"高颜值"的背后是"高价格"，以亚朵和网易严选合作的房间为例，收费为 1199 元一晚，价格已经可以比肩国际五星级酒店，而另一些精品房的价格已经超越香格里拉和希尔顿。

亚朵酒店 CEO 凯歌认为，今天的性价比所包含的已经不是大家认为的性能和价格，其中还包含技术和体验。消费者对于"性价比"的理解已经由性能价格比改为属性价格比，酒店业内的"巨无霸"已经很多了，如果单从酒店产品自身去发力根本不可能突围，只有不断给客人带来不同的新体验，才能增强品牌属性。客房价格虽然看起来比较高，但客人还是能打 4.9 分，说明他还是满意的。亚朵的客户年复购率 2017 年达到 57%，毛利水平是 65%，而一般五星级酒店在 35% 左右，说明亚朵的经营水平在行业中是非常高的。和亚朵一样，宜家、无印良品等品牌所倡导的生活观早已经深入人心，它们有自己的品牌溢价，可以创造更高的价值。

对于生活品牌扎堆开酒店，业内有一个共识是"始于酒店，不止于酒店"，酒店是场景化消费的试验场。在亚朵的前台接待环节，奉茶和 3 分钟登记入住是95%的酒店做不到的。在住店期间不查房，顾客可以通过酒店的APP"随手拍"和酒店员工交流，在其以往的任何服务链条中，都能见到这样真实的场景。通过场景化实现增量是这些贩卖生活美学酒店想要达到的目标。所谓"始于酒店"是存量部分，即要把酒店的基础产品做好；而"不止于酒店"就是增量部分，是通过IP的场景化来创造增量价值。目前，内容消费的重要性与日俱增，亚朵从摄影和阅读开始，到和吴晓波的合作，再到和网易严选的IP合作，都是在不断尝试定制化的城市体验，包括城市出游路线规划，周边美食的体验，这些都是增量方面的尝试。

（4）"康养酒店"的创新实践。近年来，康养旅游经济在全球尤其是亚太地区发展迅速。全球温泉峰会的数据表明，2017年全球康养旅游市场收益约达6785亿美元。美国医疗旅游协会主席、法学博士Renée-Marie Stephano和罗林斯学院国际商务与市场营销专业副教授Mark Fetscherin在共同研究的报告中指出："获取品质医疗服务的界限已经开始瓦解。把医疗旅游行业推测为一种'现象'的时代已经过去。"这份报告中的2016年全球康养旅游综合排名数据显示，加拿大领跑全球康养旅游市场，第二位为英国，第三位是以色列；而在全球前40名国家中，除了耳熟能详的医疗旅游国家如德国、日本、法国和韩国外，还出现了很多黑马，如约旦、菲律宾等。亚太地区将成为康养旅游增长最快的地区之一。

从全球角度来说，康养经济在发达国家如欧洲国家和美国发展较为成熟。在德国、法国和英国等发达经济体中，大约10%的人口实行素食主义，此类人群在注重饮食有机和平衡的同时，也非常关注身心健康和疾病预防的问题。因此，世界顶级的康养目的地主要在欧美国家，但是，随着发展中国家的经济迅速发展，也涌现许多知名的康养目的地。例如，泰国、哥斯达黎加、巴厘岛和印度等。其中，泰国能够成为全球知名的康养目的地，主要原因是拥有美丽的自然环境、历史悠久的传统泰国医学和文化。这为泰国发展康养经济提供了先天的温床。泰式按摩作为泰国医学重要的组成部分，在全球享有盛誉。以佛教和佛教禅修为基础的泰国传统文化也非常适合养生和理疗理念的发展。

从中国市场来看，作为一种新兴的旅游方式，康养旅游的发展潜力很大。现在国内康养旅游大多集中在养生方面，在医疗干预方面涉及不多。以绿地集团为例，集团在2017年底与预防医疗行业领导者腾沸健康产业集团首次合作，并提出"计划投资200亿元建成100家康养酒店，5年内形成500家连锁"的目标，同时对优质康养资产推进资产证券化运作。在绿地康养的首批试水项目中，最早瞄准了养老板块，在武汉、上海两地建设了绿地康养谷酒店。

"康养"与"酒店"结合，构建了酒店业的新定义。国际大型酒店集团纷纷把康养产业融入酒店的经营。万豪、希尔顿和温德姆等全球大型酒店集团近几年不断推出新的举措，将康养概念融入客户住宿体验，并且提供有特别设施的健身客房、养生菜单，组织身体训练和精神修炼课程，组织烹饪课程，组织研讨会等。2012年，洲际酒店宣布推出以康养为核心理念的新品牌 EVEN Hotels，并于2014年初开设了首家酒店。酒店选址在美国康涅狄格州，由一家129个客房的福朋喜来登酒店改造而来。该酒店品牌被 *Men's Health* 杂志评选为7大最优秀的康养酒店系列。目前，美国已开出9家共计1361间客房，预计未来新开业7家；在集团全球部署的新增14家酒店中，大中华区就占了6家。凯悦在2017年收购了两个康养品牌，分别是 Miraval Group（康养度假村和水疗集团）以及 Exhale Group（经营多个健身和SPA中心）。随着康养概念在高档酒店开发中越来越成熟，一些大型健身公司也跨界经营酒店。Equinox（一家豪华健身工作室）计划于2019年在纽约推出其首家豪华酒店。

从以上大型酒店集团和康养中心的发展趋势来看，传统的康养产业（健身中心、SPA中心、健康康复中心和医疗机构）和传统酒店业之间的隔离线正在被拆除，随着这两个行业的逐渐交融，建立新的行业规范和标准是大势所趋。

2018年4月，健康旅游协会（https://www.wellnesstourismassociation.org/）重新修改了对"康养中心"（Wellness Resort）的定义，这一举措被认为是顺

应"康养+酒店"实践发展的大趋势。新的定义较几年前的旧版本而言新增了住宿服务设施在康养中心的重要性，并认为一个康养中心至少应该包含以下4个要素：①住宿服务设施；②与康养相关的活动组织；③与康养相关的餐饮选择；④与康养相关的硬件设施。

从酒店业角度来看，市场上很多仅仅在酒店内增加个别单一康养设施的"康养"酒店并不能被定义为真正的康养中心。如何定义康养酒店？根据我们的分析，可将康养酒店业态大致分为以下几大类（不排除一个酒店同时经营多类的情况）：①以精神健康和休养为核心的一类康养酒店，如酒店内提供专家指导的冥想课程和活动。此类酒店主要针对高强度工作压力下的都市客户群。②融合传统医疗和现代诊疗技术的一类康养酒店，对客户在短期住宿期间提供全面身体检查、定制短期可量化身体健康指数的训练计划。此类酒店主要针对以预防疾病和养生为目的的客户群。③将SPA、饮食调养、户外运动融合的三位一体的康养酒店。主要针对以身心放松、休闲度假为目的的客户群。④以美体、美容为中心的一类康养酒店。酒店主要提供皮肤、牙齿和塑型类相关的项目，有"短期""见效快""表层性修复"等特点，但应与医院和专业美容院提供的全方位深度理疗项目相区别。

接下来从酒店的生命周期的各个阶段讨论一下康养酒店的特点，以及它与传统酒店业态的不同点。前期开发阶段，对于康养酒店而言，酒店所提供的康养项目质量和内容是否能满足客户体验是首要的，而酒店选址相对而言则处于次要地位。酒店的设施设备要求更高，康养酒店的前期投资一般比传统酒店更高。康养酒店项目的开发周期更长，关键人才的招聘也比传统酒店需要更多时间。一个成功的康养酒店运营需要一个多专业领域的团队，涉及酒店管理、房地产、金融、设计和建筑、销售和营销、专业康养类项目运营等。酒店开发阶段应该考虑到的因素有：有形资产、无形资产、房间数量、SPA规模、客房与用于康养类项目房间的比例、餐饮配置等。从数据统计来看，康养酒店是所有酒店业态中受季节性变化影响最小的业态，全年保持相对稳定的客房入住率。以泰国为例，康养酒店业的全年客房入住率稳定在

80%。同样，相比传统酒店业态，康养酒店业态的平均住宿时间更长，为5~7天，返客率更高，为40%~50%。康养类酒店的平均每间可供出租客房收入比同星级规模的传统酒店高出整整2.5倍。即使两人共享一个房间，康养酒店仍习惯性以人头收费。因客群的特殊性和针对性，康养酒店比传统酒店的市场宣传需要更长时间。约在新酒店开业前的18个月就开始宣传。康养酒店的直接订房率约为70%，其中40%由客户直接在酒店网站预订。这是因为此类客群通常愿意花费更长时间在网上研究和对比不同的康养项目。

（5）"智能酒店"的创新实践。

①生物识别技术。阿里飞猪推出的"未来酒店"采用了刷脸入住的新技术。客人点击刷脸机触摸屏上的"未携带身份证件"，输入身份证号码，屏幕跳出摄像头，人脸识别后，即可迅速入住，整个人脸识别过程不到1分钟。在整个人脸识别过程中，飞猪直接连接PMS（酒店管理系统），并对接公安系统认证，实现了信息的实时互通。飞猪的刷脸入住系统，直接将酒店、飞猪、公安系统互通，客人入住酒店只需一次身份认证，大大节省了酒店和消费者的时间。

②人工智能技术。纽约的Yotel酒店最早采用机器人设施为客人服务，长达15英尺（约4.6米）的Yobot机械臂代替传统酒店的服务人员，矗立酒店大厅的玻璃窗后，负责为住客提供行李寄存等服务。日本长崎推出的纯机器人酒店Henn Na Hotel，共录用10名人形机器人，其中3名前台、2名家政、2名搬运工和3名打零工。在3名前台中，女机器人负责办理入住和必要的人脸识别等手续，旁边有怪异恐龙样式的机器人协助。客人办完入住手续后，由2台机器人引导其进入客房，客房也是通过人脸识别技术来控制客人的进出。酒店希望利用机器人来降低酒店的运营成本，并保持稳定的服务质量。

③大健康技术。维也纳酒店本着"深睡眠，大健康"理念，推出了"愉梦之床"。该床根据人体工学及人们的仰卧和侧卧习惯而设计，为头、肩、背、腰、臀、腿、脚等不同部位提供了精确的护脊承托服务。整张床垫有上百万个支撑点，点阵式均衡紧贴人体，让人处于全身心的放松状态。同时，

还为客人准备有"好眠枕",枕头上有很多透气孔,起到恒温透气作用。

④区块链技术。当交易双方彼此不信任,而需要清晰记录信息(位置或所有权)并要把信息提供给多方使用时,区块链是解决这个问题的最好的工具。爱彼迎从区块链技术服务公司 ChangeCoin 的项目开发团队中挖走了一批工程师,来研究如何用区块链技术验证房东与用户的信誉和身份信息,从而帮助客户们建立信任关系。

酒店和航空公司的忠诚度计划也在应用区块链技术,酒店通过简化流程,从而简化与所有合作伙伴间转换和兑换积分的过程。澳大利亚 OTA 集团的 Webjet 在线旅游公司利用区块链技术进行酒店的库存管理,通过每一条预订记录来收集大量的数据,以确保及时向各方全额付款。

2. 酒店设计的创新

现代酒店的设计不仅用来满足功能方面的需要,更要满足文化方面的需要,即要能反映不同的地域文化。世界之所以多姿多彩,是因为存在着不同的民族背景、不同的地域特征、不同的自然条件、不同历史时期的文化遗产。因此,酒店的设计越具有地域性,也就越具有世界性,从而满足不同国家、不同民族的消费需求。酒店在精神取向及文化品位设计上要考虑地域文化的特征,这才是酒店设计创新的源泉。酒店设计地域性的形成离不开 3 个主要因素:本地的地域环境、自然条件、季节气候;历史遗风、先辈祖训及生活方式;民俗礼仪、本土文化、风土人情、当地用材。我们可以通过拓宽传统设计思路与对传统建筑重新诠释等方式而在地域性的基础上对酒店设计加以创新。例如,日本建筑家 Warokishi 1995 年设计的日本京都的一家餐馆,采用了非常朴素的钢筋混凝土结构,建筑的支撑使用混凝土柱和钢梁,而且暴露在外面,具有构成主义的形态;但是立面采用成片的垂直的木墙面,并且占了整个立面一半以上的面积,体现传统建筑的特性。室内设计整洁朴素又方方正正,体现了日本传统室内的工整特征。整个设计具有地方主义、民族主义特色。

拓展专栏 4-1

国外酒店设计中 11 个发展最快的新趋势①

1. 未来的大堂：多用途的动态空间

在许多酒店设计案例中，有很多酒店大堂给大家留下了深刻印象。越来越多的社交活动在此展开，大堂入口的重要性越加突出。

为了适应商业旅游新趋势，酒店大堂变身成一个多用途的动态空间，可以进行正式的商务谈判，也可随意聊天；不仅可以用笔记本处理工作，还支持各式各样的设备。

这意味着一个简单的沙发搭配咖啡桌可不够，创造性的空间细分势在必行。既有私密的场所，也有更为公开的社交区域，家具的舒适感和功能性也因此而有所不同。

2. 像 SPA 一样的浴室

在过去，浴室被视为辅助空间，所以为了尽可能地扩大客房生活领域，浴室的空间常常被最小化。然而，现代的旅行者更期待在旅行中收获在家无法获得的享受。

酒店房间里配上带有 SPA 功能的浴缸，对于那些憧憬一场短暂的奢华的游客而言，是一个充满诱惑的邀请。想象一下，在套房内有瀑布流水式的莲蓬头、超大的浴缸、男女两用的洗脸台、大大的毛巾、齐全的美容用品以及足够大的空间是多么令人惬意。

3. 少一些图案，多一点颜色和纹理

外出时，人们有更多的时间和机会去探索自我的感官。这大概是酒店客房少有扰乱视觉的图案，而更欢迎纹理质地的原因。

给客人们某些他们能够感觉到甚至迷失其中的东西，在一次难忘的经历之后他们或许还会想重温一遍。空间中增添鲜艳的色彩可以创造欢乐的舒缓

---

① 辽宁省饭店行业协会. 国外酒店设计中 11 个发展最快的新趋势［EB/OL］.（2016-06-12）［2019-03-01］. http://www.cbda.cn/html/jd/20160612/91120.html.

气氛。

4. 模糊室内与室外的界限

感官体验是一条很长的路，这是数以千计现代酒店经营者们共行的"准则"，他们试图通过模糊室内与室外界限的办法尽可能地让室内外看上去没有距离。

他们不仅扩大了客房的落地窗和阳台的空间，还想尽办法将自然引入室内。木制的镶嵌、装饰用的石头以及郁郁葱葱的绿色植物及室内瀑布等都是让旅客放松心情的办法。

5. 绿色之路

对酒店经营者来说，可持续是个棘手的问题。他们想尽办法减少短期成本，然而在可持续的"游戏"中最为重要的是那些创新的念头。

超大尺寸的天窗、纯自然的建筑材料、绿色屋顶、针对旅客的回收箱、电子水龙头、当地种植的食材，以及废水再利用等都只是酒店环保趋势中的几个方面。

6. 聚焦当地艺术

现代建筑艺术通常都远离当地的建筑传统，这真是个遗憾。不过，幸运的是，越来越多的酒店经营者们意识到，在室内设计主题中加入当地元素可以让酒店更有辨识度也更受游客欢迎。

从小摆件、风光照片到大规模的装饰，将当地艺术融入酒店视觉再简单不过。Andaz 酒店就是将当地文化与现代风格设计相融合的绝佳案例。

7. 过量的科技

并不是所有人在离开家的时候都寻求入住一家高科技的酒店，恰恰相反，人们更倾向于与世隔绝的度假形式。

越来越多的酒店把关注点放在了不计代价地让旅客"紧跟时代"上，一间人性化的科技型客房极大地方便了商旅旅客的工作，从长远看这也有利于增加用户黏性。

酒店为客人提供一部可以调节光亮、空调温度甚至是百叶窗的智能手机，不得不说,这的确是一个高明的商业手段。另一个流行的趋势则是在前台提供平板电脑为旅客办理入住、打印登机牌或者其他需要在线连接的自助流程。

8. 个性化的空间

如果酒店给旅客独一无二的住宿体验时,关于酒店的住宿记忆将在客人的脑海中停留很长一段时间,这已是一个不争的事实。鉴于此,酒店经营者对客房个性化空间有了前所未有的重视。

快捷酒店和临时旅馆作为全新的概念逐渐在行业兴起。主题客房对旅客也有强烈的吸引力,尤其是游客只能尝试一次时。

9. 宾至如归的"家"

对酒店而言,最重要的始终是为旅客带去舒适,让他们在远离家的地方同样过得温馨惬意。无论多么奢华,多么高科技,有着多么怪异的主题,安逸,自始至终都是最首要考虑的因素。

木质装饰、创意搭配、地毯、窗帘、一个壁炉、一个大电视和旅客可能会喜欢的音乐——一切加起来就等于一次难忘的旅程。

……

3. 主题酒店的创新实践

(1) 主题酒店的含义。主题酒店是指酒店以具有代表性的文化理念与素材为核心,并通过酒店的建筑、装饰、设计、设施、服务等要素,形成具有鲜明个性特征、全方位差异性、独特魅力的酒店经营体系。其中,主题体现酒店的特征,是酒店运营的核心,也是影响酒店发展的重要因素。与其他酒店相比较,主题酒店的特点是:

第一,主题酒店以文化为主题,选择某个主题作为酒店的特色文化,具有鲜明特色,针对市场细分的某类人群;第二,以酒店的实体特征作为体现主题的载体,通过建筑、周围环境、装饰、设备设施、服务等方面,营造并突出酒店独特的主题魅力与文化特征,从而提升酒店的质量、个性和品位;第三,以顾客自身的体验作为主题的载体,通过顾客的深度体验来感受酒店的主题文化,以满足客人的价值自我实现需求。

(2) 酒店文化。所谓酒店文化,一是以人本主义精神为核心,我们强调以人为本,实际上,人本主义精神是对客人要有一种关怀,有了这种关怀,才可能时时、处处考虑客人的各种需求。二是以特色经营为基础,特色经营应该贯穿酒店的各个环节。三是以超越性的品位为形式,这里有两个超越:首先是体验上要超越日常生活中的,客人住在酒店里,如果觉得和他的日常生活一模一样,就不会有吸引力,所以就需要超越,要在各个方面营造一种文化氛围;其次是要超越其他行业,由于现在各行各业发展很快,酒店需要打造自己的行业文化,这种文化可以体现在酒店的方方面面,包括酒店的选址、设计、装饰、服务运营方式、跨界融合、形象、品牌故事等。

(3) 主题酒店的意义。

①引发注意力。注意力的引发不仅体现在酒店的外观上,以往的误区是觉得外观越独特,注意力的引发就越强;实际情况不完全是这样,当然外观也是一个方面,但是真正的好酒店绝不追求外观的独出心裁,因为酒店的外观太过奇特了,一定影响它的结构和功能。所以,世界上好的酒店,比如里兹卡尔顿,都是方方正正的,但是这种方方正正体现了一种贵族文化,体现了一种贵族气派。再如香格里拉,无论在何处,其外观也都是方方正正的。恰恰是这种外观,反而能够提供很大的操作余地,即可以通过文化符号、文化元素来引发客人的注意力。

②深化记忆力。具有特色的酒店才能被客人记住,没有自身特色的酒店无论装修得多么豪华,也会很快被人遗忘。客人能够记住的只能是有自己特色的酒店。

③创造文化力。酒店的文化力是酒店的软实力,就跟国家的软实力一样,是酒店得以发展的核心。酒店的文化力不仅体现在硬件上,还体现在软件上,比如酒店的服务项目、体验活动;而酒店员工本身的素养更是酒店文化力最好的体现。上述因素共同构成酒店完整的文化力。

④形成品牌力。酒店的品牌力不在于酒店规模的大小、装修是否豪华、

级别是否高星级，酒店只要找好自身的定位，确立自身的形象，形成自身的文化特色，就能形成自身的品牌。只有这样，才能有别于其他酒店，培养出忠诚度高的特殊客户群体。

⑤培育竞争力。总体来说，在激烈的市场竞争下，只有突出自身的文化主题，才能培育酒店的竞争力。

(4) 为什么要倡导主题酒店。

①市场的需求。第一，虽然目前酒店业的规模越来越大，但都是按品牌标准、连锁标准建立起来的，即使档次不同，各自的差异性也不大，客人面对同质的海量市场，无从选择。那么，酒店要想在竞争中脱颖而出，只能靠产品的差异性。

第二，由标准化、规范化向特色化和个性化发展。实际上主题酒店发展到一定程度会形成一个独特的客源层，这个客源有两个方面：一方面是主题文化的爱好者，这样的客源到哪个城市都会首先选择主题酒店；另一方面是对这个专题的相关文化的爱好者，在他们眼中，主题酒店有一种特殊的吸引力。

第三，行业体系的变化。目前，行业的总体变化是标准性的东西越来越多。行业体系的变化，就这几年来看，有如下几种：一是求高求豪，即追求高星级、追求豪华；二是品牌连锁酒店的市场扩张；三是经济型酒店开始产生。行业在这3个方面的变化同时挤压着传统星级酒店的发展空间。

②专业化发展的需要。成熟的产业发展应该是有分工的专业化发展，酒店产业目前已经有了一定程度的分工，基本形成了一个以星级酒店、品牌酒店、非标准住宿业态为主的"三足鼎力"格局；但是，目前的专业化分工还不够深入，不同酒店仍需要从产品、功能、服务等方面形成比较鲜明的特色。

③市场竞争的升华。市场竞争的形式要从价格竞争提升到质量竞争，进一步提升到文化竞争，文化竞争是酒店行业竞争的高级形式。

目前，房地产企业也纷纷进入酒店业，开发新楼盘的同时建一家会所，会所的格局基本按照酒店的模式来建。所以，酒店现在的供给基本上处于一个失控的局面。由于政策和市场方面的原因,需求反而在下降,光靠恶性的价格竞争只会让全行业的经营受损。

拓展专栏 4-2

国外最具特色的创意主题酒店设计大盘点①

1. 迪拜哈利法塔 151 层顶级会馆

世界第一高楼——迪拜哈利法塔顶层会馆高 828 米,楼层总数 162 层,造价 15 亿美元。而哈利法塔顶层区域的室内设计正是出自 HHD 假日东方国际设计机构(HHD International Design Group)的创建者——洪忠轩(Hong Zhongxuan)先生之手,他利用空间开放通透的格局优势,将迪拜风光全方位、360 度地向世人展示。通过借景入室手法,将空间与外界相连,形成自然统一的整体。这个巧夺天工的手法,将自然之美"尽收眼底"。

洪忠轩善于用最纯粹、最现代的语言,传达最哲学、最能直击心灵的东西,并用建筑、空间、材料来表达心灵的感悟,这是东方哲学的智慧。就像他在哈利法塔顶层会馆的设计中,当登上迪拜最顶层以后,一出电梯感受到的是迪拜的风情、迪拜的气场、迪拜的奢华。走进第二区域,直观感受到的是进入了一个代表国际概念的空间,再层层深入第三区域,进入了一个更核心、更重要的大空间——中国文化空间。洪忠轩在迪拜哈利法塔顶层的设计理念囊括了东方哲学智慧,与心灵进行深刻的交流,做到了东西方文化的完美融合。

在迪拜塔顶层会馆的设计中,他运用了"云端之眼"的理念。云纹抽象造型的天花设计贯穿整个会馆,来自中华文明的非遗手工奢华工艺尽在其中。洪忠轩使用多道四维立体全空间视频打造视听空间,公共区域应用了多个特色工艺:3002 个珐琅炫彩手工工艺环;151 个云纹手工青花瓷等;60040 片云

---

① HHD 假日东方. 国外最具特色的创意主题酒店设计大盘点[EB/OL]. (2018-06-29)[2019-03-01]. http://www.sohu.com/a/238473335_99947813.

纹瑞兽水晶灯等，让奢华之道更添加一抹贵族气息。

2. 经典摩托世界地区斯图加特 V8 酒店（V8 Hotel Classic Motorworld Region Stuttgart）

汽车主题房——V8创意主题酒店由旧的斯图加特机场改建而来。主题客房里的床皆由汽车改造，位置也处在德国顶级汽车爱好者胜地 Motorworld 内。

3. 萨卡特卡斯金塔实酒店（Quinta Real Zacatecas）

斗牛士之梦——这家创意主题酒店由19世纪斗牛竞技场改建，巧妙地融合了当时建筑的个性与现代装饰的优雅。随处可见古董和艺术品收藏，重现了复古情怀与殖民地时期特有的奢华。

4. 卡缇吉斯酒店（Katikies Hotel）

悬崖火山口——酒店高耸于 Oia 的悬崖上，在爱琴海蔚蓝水域之上设有一座屋顶餐厅。酒店的无边游泳池享有火山口一览无遗的景致，特别适合蜜月情侣前来。

5. 马尔马拉安塔利亚酒店（The Marmara Antalya）

旋转的房间——酒店坐落在著名的 Falez Hills 丘陵地带，酒店有一些房间是可以旋转的。没错，这样你入梦时与醒来时看到的将是不同的风景，会不会有种美妙的恍惚之感呢？

6. 帕西提亚波西塔诺艺术酒店（Positano Art Hotel Pasitea）

锻铁加熔岩——这家创意主题酒店俯瞰着 Positano 海湾，创造性地结合了锻铁家具和熔岩装饰特色，与周围的景致相得益彰。从私人露台看出去，简直美不胜收。

拓展专栏 4-3

中国 10 大特色主题酒店　什么主题酒店最值得住[①]

1. 广西阳朔河畔度假酒店

遇龙河畔，十里画廊，依山傍水，风景秀丽。这里的建筑充满侗族风情，9 栋楼宇呈星座式分布，以回廊连通，与满目的青山秀水完美融合。所有的客房靠山面水，透过窗户，就能欣赏到一幅山水画卷。耳边尽是流水潺潺，鸟鸣声声。在这里，尽享遇龙河畔度假时光，观《青厄渡》之美，感受舌尖上的侗家风情，这里是广西阳朔河畔度假酒店。

2. 贵阳和舍酒店

如果你热爱生活、注重生活品质，如果你是一名随性主义者，那你一定不能错过这里。采用东方文化哲学思想作为设计理念，这里的建筑风格充满道家"大道至简""清静无为"的人文精神。富含人文理念的设计构造，无处不在的浓郁的艺术气息，"致客和乐"的管理理念，独具匠心的宾客服务……这是贵州首家人文艺术风尚类酒店——贵阳和舍酒店。

3. 辽宁美国郡百岁温泉酒店

这里不仅有东方写意山水园林，更有美国大自然设计风格。设备设施齐全，装修豪华典雅，是集温泉养生、餐饮娱乐、客房住宿、商务会议于一体的多元化养生度假酒店。地下 2300 米处直接开采的火山温泉，拔地而起的近 500 米长的远古遗迹造型溶洞，使其在温泉度假领域具有得天独厚的优势。这里是沈阳市的后花园——辽宁美国郡百岁温泉酒店。

4. 浙江君亭酒店

浙江君亭酒店传承东方文化脉络，注重设计元素运用，凸显休闲时尚氛围。酒店内洋溢着一种浓重的异国情调，四处可见的东方文化装饰品，来自东南亚各地的手工作品，辅以江南细腻浓情的中国服务文化，营造出都市桃

[①] 西祠胡同. 中国 10 大特色主题酒店　什么主题酒店最值得住［EB/OL］.（2016-09-27）［2019-03-01］. http://www.xici.net/d234185747.htm.

源般的"第三休闲"空间,为宾客打造优雅轻松的商旅之行。这就是"看不见人,看得见服务"的浙江君亭酒店。

5. 陕西熊猫森林酒店

地处秦岭大熊猫走廊带和观音山自然保护区境内,以"去城市化、返原乡性"为其装修风格,大量选用卵石、果木、竹子、茅草、磨盘等当地原材料,打造出竹屋、石屋、树屋、天井房等7种户型,充分结合了当地的风土人情、自然资源及人文景观。酒店外形酷似熊猫,凸显了熊猫的神、形、色。这里是与家人出行踏青、休闲、避暑、养生、摄影、娱乐的好去处——陕西熊猫森林酒店。

6. 上海海上小喔袖珍旅馆

起源法国巴黎、日本东京的繁华都市,2009年国内首创于上海,它是一家代表全新时尚而又极具上海特色的袖珍旅馆。它以百元的价位,舒适简约的功能,为青年朋友和观光一族提供了一个高性价比的大上海投宿之地,使"全民旅游"不再停留在纸面与口号上。房内的浴室产品采用航空树脂SMC(片状模塑料)高科技材料,设计融入人体工程学原理,并引入绿色环保概念,力图打造低碳减排节能型品牌酒店。它就是上海海上小喔袖珍旅馆。

7. 苏州书香连锁酒店

它以2500年绵延深厚的吴文化为底蕴,秉承"恬淡中和、翰墨飘香"的江南人文精神,融入江南古典园林和建筑之古韵遗风,演绎文人雅士的精致生活方式。这里诗书经卷,墨香点点;品茗款客,茶香逸逸。这里文化渲染,绿色环保;特色佳肴,精工细作;五香四美,惟吾德馨。来苏州书香连锁酒店体验生活、品味文化,所有这些一定会铭刻在你的记忆里。

8. 金山岭唐乡主题酒店

这是一个古老的村落,也是时尚的酒店,一院一主题、一房一文化。梨树下、云水间、草木里、果岭上,4大酒店院落散落在传统村落中,而又自成一体。在这里,现代气息与传统文化完美融合,环保低碳与至尊享受相辅相成,"乡公所"社区文化交流体验中心,集"餐吧、书吧、茶吧"和"乡村记忆馆"于一身,朴素在外而高雅其中。这就是金山岭唐乡主题酒店。

9. 新疆特克斯县太极宾馆

这是一座没有红绿灯的城市,也是中国道家文化传播最西端的地方。这里坐落着一家别具一格的酒店,灌木丛生,植物茂盛,遮天蔽日,风景优美。道路蜿蜒曲折,宛若八卦迷宫,既蕴含着浓郁的田园气息,又充分展现了现代酒店的豪华与别致。这里是新疆特克斯县太极宾馆。

10. 山东 CHINA 公社精品设计酒店

它不单纯复制传统文化,通过自身多业态的体验项目,进行主题文化的传播。以中医健康养生文化体验为内部游的特色,以青岛崂山道教养生文化游为外部游的特色,内外结合,构成了以设计酒店为核心一价全包的太极八品养生游服务模式。它真正实现了多业态、复合型、一站式消费体验——山东 CHINA 公社精品设计酒店。

(5) 创建主题酒店的建议。从以上国内外经典的主题酒店案例中,希望能触发酒店设计者的灵感。不见得每一家酒店都往主题酒店的方向发展,但是每家酒店都应找好自身发展的定位,都要增加自身的文化内涵,从而提升酒店的核心竞争力。

①明确优势。

• 挖掘特色。酒店的特色根植于历史、文化、时尚、传统风俗中,需要酒店去发现与挖掘,如果酒店本身有历史传承更好,但是如果没有,酒店特色是完全可以人为创造的。

• 确定优势。根据酒店所在城市、区域拥有的文化背景、传统风俗、居民素质等,挖掘出城市的优势,确定出酒店的特色。

• 明确功能。我们不要习惯性地认为酒店的经营范围越广利润就越高;相反,我们要深入挖掘酒店的客户定位,明确酒店的主题功能。

• 完善结构。根据酒店的主题功能,完善酒店的功能结构。酒店的功能结构在较长时期内不可调整,但仍有很多酒店在建设时没有整体的规划设计,这就需要我们围绕酒店的主题来完善功能结构，进行整体构思与规划。

• 突出表现形式。酒店的功能结构需要通过形式来表现，可以用各种文化象征、文化元素、文化标志、文化符号来体现。比如三国文化主题的酒店，其房间就可以命名为刘备府、曹操府、关羽府等。

②深化主题设计。

在深化主题设计时，酒店先要明确发展什么样的主题，即使不往主题酒店的方向发展，也要突出自身的文化特色。具体来看，深化主题设计的方法主要有3种：

• 挖掘。挖掘主题的文化时，它可以是国内的文化，也可以是国外的文化。例如，深圳的华侨城建设了6家酒店，其主题各不相同。再如，华侨洲际的主题是西班牙文化，酒店里色彩鲜明，处处是牛的图案，员工的工装也是西班牙风格的，这让客人一进酒店就感受到浓郁的西班牙文化。又如，威尼斯主题的酒店，突出了意大利文化的风格，等等。这6家酒店的主题基本上都是国外文化，但是都很成功。

• 移植。文化主题的树立涉及以下几个方面：

第一，地域文化的移植。比如，浙江属于江浙文化，但是如果酒店都采用江浙文化，也就没有主题了。

第二，民族文化的移植。本地酒店突出的是其他地区的文化，例如成都的西藏宾馆，就是民族文化的移植模式。

第三，民间文化的移植。我们国家少数民族众多，这些民族的民间文化都可以挖掘。

第四，历史文化的移植。中国具有5000年悠久的历史，留下许许多多历史人物的故事，在这方面酒店可以选取的题材很多。

第五，行业文化的移植。不同地区有不同的特色产业，因此，酒店可以选取当地出名的特色行业作为自身的主题，以便充分利用当地的行业优势和资源，比如有些地方建设了以茶叶为主题的酒店。实际上很多酒店都在探索这条路，并积累了一定的经验。

- 整合。整合可以有5种方式。第一种方式，单一整合。这种方式的优点是形成单一主题，并且主题非常突出，在市场上也容易体现酒店形象；但是也有一个弱点，即应对性不足。第二种方式，复合型主题。第三种方式，合成故事。从酒店的外环境开始，到进入酒店里，全部走下来，可读到一个完整的故事，并且客人可以体验这个故事。第四种方式，突出主要人物。比如天津的利顺德酒店，因为历史上曾经有许多名人在此住过，让人觉得很有历史感。在此消费，客人的感觉是完全不同的，这就打造了一个以历史人物为主题的酒店品牌。第五种方式，总体整合。这种方式就是把酒店各个方面的资源整合在一起，不仅包括实体建筑，当地的历史、产业、人物等，还包括酒店周边的环境资源等。

从主题设计的角度来说，这3种方法各有各的优势，各有各的不足，我们需要结合酒店的特点来加以选择。

③开发主题产品。

- 组合型。酒店和周边结合，比如酒店周边是个景区，就像杭州太虚湖假日酒店守着东方文化园一样，它和东方文化园融为一体，这就构造了一个板块式的组合，这种组合对酒店自身的运营有很大的好处。

- 链条式。按照客人的需求链来形成服务链，最终形成经营链。

- 配套性。配套性体现在以下4个方面。第一，品牌客房。客房要与主题密切相关，以形成特色品牌客房。第二，主题餐饮。要注重围绕主题推出系列餐饮，每周进行调换。第三，特色商品。围绕文化主题，打造具有酒店自身特色的商品，最好能做到实用性与纪念性相结合。第四，主题活动。主题活动最好能让客人参与进来，要提前安排好活动的形式、内容、场地。活动在突出主题的基础上最好能结合社会的时事、热点、主题对象的偏好，并由专业人员加以组织。

④培育主题文化。

- 形式。要突出文化符号和文化元素，比如四川的鹤翔山庄，就是全套的道文化，进了院子感觉就不同，这就形成了一种文化氛围，就对客人产生了吸引力。所以，不同的主题，就要有不同的表现形式。

• 氛围。氛围要达到"时时是场景、处处是舞台，员工人人是演员、个个是观众"的要求。

• 人才。主题酒店需要有两个专门的岗位：第一个岗位是文化专员，文化专员的职责就是研究酒店的主题如何深化与开展。比如有要客入住，可以用要客的姓名写一副藏头对联，客人看到这副对联，肯定会对这家酒店有很深的印象。

第二个岗位是酒店导游，酒店的员工每人都是酒店的导游。比如管理者可以深入讲解酒店的主题文化；带领团队客人的管家能够把酒店的主题故事、主题文化讲得头头是道；员工也能把酒店各个体现主题文化特色的地方讲出来。只有这样，客人在全体员工的影响下才会主动去消费主题产品。员工的文化素养提高了，才能真正做到人本服务，酒店的整体文化品位才能真正得到提高。

⑤开展主题营销。

• 联动式营销酒店可以和当地政府、行业协会、景区等联合起来开展营销。因为各方是互补的关系，整体的联合可以形成互动的产业链。比如，某家景点主题的酒店可以联合景点共同营销，客游白天游览景区，晚上可以在主题酒店更深入地了解与体验景点的历史故事与文化活动，甚至包括与景点相关的酒店产品、服务等。

• 单独式。单独式营销就要研究如何突出特色，如何营销文化。虽然，一家单体酒店做这样的事情成本会高一些，但与其他酒店产品的差异性要更明显些，需要酒店认真加以研究。

⑥文化。

• 文化的转化。文化转化不是简单地写出来，印在酒店用品上；而是要把代表文化的形式、元素、符号转化成酒店的企业文化，并把这一酒店的主题文化挖掘出来、提炼出来、表现出来。北京的东方酒店为了突出自身的文化主题还专门出版了一本书，把与酒店有关的历史事件、历史人物都挖掘出来，并在酒店的经营中体现。

在进行文化转化的过程中，每一个细节都得考虑和文化主题怎样衔接，如何让客人消费时感觉更方便、更舒适，这一系列的问题都需要研究。所以，文化的转化说到底是一个文化体验设计的过程。所谓体验设计是眼、耳、鼻、舌、身、心、神全面的感受、综合的体验。现在很多酒店把功夫都花在外观上了，甚至为了外观牺牲了很多东西，这完全没有必要。

- 主题之异与模式之同。强化主题是为了突出差异性，为了形成特色。现实生活中，酒店总体的模式是差不多的，所以要强调主题的差异化。实际上，文化的题材无数，酒店完全没有必要去照搬别人。比如同样是江南文化，可以找出适合自己的点来做，并进一步提升到主题的高度，这就构造了产品的差异化和特色化。其实，酒店在主题方面虽然强调差异性，但在运作模式上基本上是相同的，这种运作模式的相同性是现在酒店的运营基础。

- 打造新的吸引力。第一，要形成酒店加景区或者酒店加景点的概念，其中，面积大就是一个景区，面积小就是一个景点。第二，培育一种意境。虽然意境这种东西很难用语言描绘，但是入住一家好酒店就会有这种感受。比如拉斯维加斯大酒店，已经从赌城变成了娱乐城、欢乐城。酒店可以通过对每一个细节的打磨，营造与自身主题相契合的意境，这就要求酒店的建设者、经营者本身要有对这种意境的追求。第三，集群的吸引。如果同一座城市里有多家主题酒店，这就构成了一个主题集群，形成城市中这一酒店主题的形象与影响力，从而形成一个独特的客户群。现在，主题酒店比商务酒店的吸引力要大得多。第四，资源的整合。酒店需要把眼光放长远，从宏观角度来看，就是要整合城市资源、整合周边资源、整合行业资源、整合酒店内部的资源（包括管理者和员工的资源）。

⑦客源市场的细分。从客源市场角度来看：第一，寻求特色，就需要酒店深入挖掘自身资源；第二，寻求差异，通过这样的方式创造市场机会；第三，寻求文化，研究产品主题的深化；第四，寻求体验，扩大消费空间，打造主题商品实际上就代表消费空间的扩大。

⑧主题酒店的持续发展。从发展的角度来说,第一要强化观念,但是也应避免造成概念泛化。第二要积极创建,但应避免形成一拥而上的局面。第三是文化突出,但是应避免陷入追求表象的误区。第四是开拓市场扩大,但是应避免"眉毛胡子一把抓"。主题酒店的发展需要引导与规范,避免发生恶性竞争。

⑨构造主题酒店联盟。通过构造联盟,可以形成单体和群体的互动,形成品牌联盟和市场联盟。

4. 酒店的资本化创新

(1) 中国酒店产业的资本化进程回顾。酒店管理可以从多个层面加以解析,比如从产品运作层面,从内部管理功能的层面,从投资与生产要素组合的层面,还可以从政府的行业管理和社会文化影响等层面。

如果我们把眼光从产品市场转向资本市场,将会发现资本市场对中国酒店产业的规模发展、集团化、结构优化、公司化治理和产品创新等方面的推动都是革命性的。因为在市场经济条件下,资本是价值增值的源泉,它有动力去满足、创造、引领旅游者的综合需求。这里所说的革命性还体现在:进入资本市场的中国酒店产业不仅要满足消费市场的旅游需求,还要满足生产要素市场的资本回报需求。对于酒店管理者而言,我们不仅要听旅游者和员工的声音,还要听资本者的声音。

新中国酒店产业的发展从起源上看是由国有资金推动的。起初,是国内外政府公务人员的旅行和休闲度假需求在引导产业形态的变迁;但是产业化和市场化导向的中国旅游市场的扩大和相关政策的支持,让越来越多的非政府公务人员可以通过市场购买高档酒店的服务和产品。市场的开放增加了酒店运营目标的复杂性,即越来越多的商业因素进入了酒店的运营目标中,并进一步带动了投资渠道的扩大,使国有企业等法人资本、自然人资本,甚至是境外资本得以投资酒店产业,结果就是酒店业资本市场开始萌芽与发育。

中国的酒店产业对资金充满渴望。主要原因有:一方面是越来越多的市场需求拉动了对酒店产品的投资需求;另一方面是软预算约束的财政资金和国有企业非商业化导向的投资资金趋于减少。这两股力量迫使中国的酒店产业必须向资本市场寻找新的资金来源。而随着非国有资金在酒店资本市场所占的比例越来越大，酒店的商业目标也就越来越明显。这一演变进程的最终结果就是酒店本身成为资本市场的投资品，即对于投资者而言，他们用以交易的对象不仅包括酒店服务，还包括酒店资产。

一般来说，资产的寿命要比产品更长一些，因而可以这一时间买入，另一时间卖出，目的是能获得更多的收益。也就是说，如果预期明天这些资产可以获得更高的价格，那么今天为这些资产愿意支付的价格就会更高。当这种以资产为标的的交易活动大量出现，参与者越来越多的时候，酒店价值的符号化时代就来临了。如果同时存在一个以银行、股票、债券、基金、保险为代表的，相对完善的金融资本市场，那么酒店产业将同时呈现产品市场、劳动力市场和资本市场并存的局面。而且随着服务产品标准化和酒店管理规范化的深入，产品市场的问题在整个产业格局中可能会相对弱化，而资本市场的问题则可能会逐渐显性化。

（2）资本市场在酒店业的作用途径与影响机制。从产品市场与资本市场对接的角度来看，资本市场对酒店产业的推动与影响可从以下3个方面加以思考：

第一，投资者对于酒店产业的进入途径。我们知道，酒店是一个资金密集型的产业。对于任何一位投资者而言，首先面临的问题是如何进入，包括进入哪个细分市场、进入的方式。比如是新建一家酒店，还是收购一个既有的酒店？从中国酒店产业的现状出发，后者更有现实意义。中国现有旅游住宿机构29万家，其中星级酒店就有9000家。从总体规模上看是能够适应中国旅游与旅行市场发展需要的。现在要做的是对整个产业层面的整合工作。比如，现在很多酒店如果仅从营业毛利（GOP）的角度来考察，其经营绩效还是不错的。但是，由于许多酒店的财务成本过高，拖累了酒店的经营绩效和竞争能力的提升，导致其抗风险能力很差。

资本市场对上述问题完全是可以有所作为的。如果以股票、基金、债券、战略投资为代表的资本市场能够与酒店产业更加紧密地接合在一起，那么中国酒店产业现存的很多问题是完全可以通过多渠道融资、债务重组、股权分散等方式加以解决的，而战略投资者也可达到快速进入酒店产业的目的。

第二，居于产业领导者地位的酒店集团或其他旅游企业集团借助资本市场的力量，通过兼并、收购的方式从内部整合中国酒店产业，以达到快速扩大市场份额、获取战略竞争能力的目标。但是要达到这一目标，现有的酒店企业需要投入大量的资本和技术研发力量。如果酒店企业不能与资本市场融合，不能从战略转型的角度解决产权问题，那么很多问题是无法从根本上加以解决的。鉴于目前中国酒店产业中国有资产占有绝对比重，国有酒店如何借助资本市场的力量进行重组和整合就是一个迫切需要解决的课题。

当前酒店产业资本运作的一个突出现象就是非酒店类企业集团对酒店产业的战略性进入。其中既有像中粮集团、中石油集团、中航集团等企业在主辅分离的战略调整过程中，对原有的旅游住宿公司进行重新整合，以全新姿态进入酒店产业的案例；也有红塔集团、三九集团等机构在多元化发展和产业转型战略实施过程中，新建和并购酒店资产的全新进入者；还有像上海锦江、北京首旅等原有的行业领导者在地方国资委的主导下，通过整合酒店产业的内部资源而做大做强者。另外，相当一批基金类的战略投资者已经通过产权收购的形式进入酒店市场。可以预期，只要不人为地阻碍资本市场的自发力量发挥作用，"政府引导、市场发育、大集团主导、中小企业分散布局"的中国酒店产业结构的理想目标在未来的3~5年一定可以实现。

第三，退出问题。在一个资本市场主导下的酒店产业中，明晰的产权和自由自愿转让资产的要求是必然。对于传统体制下的酒店经营者来说，由于不存在市场风险，所以更倾向于持有酒店的产权；但是对于投资者来说，太多的市场风险需要规避，而且其追求的目标是资本的增值或者是利润，如果能够通过对酒店资产本身的交易来达到目标，那么他为什么一定要持有而不是让渡产权呢？因此，资本市场对中国酒店产业的影响除了进入、并购、重组外，一定还有一个退出机制的建立和完善问题。

投资理论认为,预期收益、风险、税收优惠和流动性是衡量投资属性的4种主要因素。在估计从一种资产中获得的总收益时,明智的投资者将这种资产的持续不断的收益(银行存款或债券的利息、股票红利、住房租金等)与其潜在的资本收益结合起来。所以仅从预期收益的角度来说,酒店业一方面需要向投资者提供由现金流而来的即期收益;另一方面还需要通过各种资产升值途径给投资者带来资产交易收益,即出售其所拥有的资产而实现资本增值。比如,同仁医院收购资不抵债的三星级旅游酒店并将它改为住院区的案例可以视为酒店退出机制的一种创新。而从资本市场的角度来说,包括股权转换在内的资产价值形态的转化才是酒店产业退出机制的重点之所在。

(3) 引入证券市场和拍卖平台解决国有酒店的产权交易问题。在国有酒店产权交易创新的过程中,我们不仅可以从酒店产业内部和职能管理的层面去考虑,还可以借助包括股票、债券、基金等证券市场和拍卖行、投资银行、财务顾问公司等机构平台的力量。

关于股票市场对国有酒店的影响问题,国内已经有了很多的理论研究和实践经验。这里需要强调的是,我们不仅要关注上市对国有酒店经营业绩的短期影响,还要看到它对国有酒店从产品经营到资产经营,从传统封闭的管理结构到现代开放的企业制度建设方面的中长期影响。对一些暂时还处于事业单位性质的国有酒店来说,中国证监会发行部于2002年4月发布的《股票发行审核标准备忘录(2002)第10号》规定了事业单位作为发起人及其盈利业绩连续计算问题的处理标准,即在国家对事业单位作为发起人没有特殊限制的前提下,企业化经营的事业单位只要依法办理企业法人登记,取得企业法人登记证明,并且该事业单位具有国有性质,就应当按国有企业对待,并适用《公司法》第一百五十二条的规定。

除股票市场外,基金市场在未来一个时期也必将对国有酒店的体制转型和产权结构创新产生积极的影响。随着经济体制改革的发展,社会财富的积聚,社会分工的细化,人们对资产管理的需求越来越大。各种形式的专项基金和专用资金,以及公众投资者开始寻求外部资产管理。现在,形形色色的资产管理机构正在逐渐发育与成熟。随着以市场化为取向的改革开放政策的进一步推进,中国的资产管理水平还将继续提升。如此庞大的基金市场肯定需要多元化的投资渠道。从国际经验来看,基金的出路主要在3个方面:高收益、高风险的股票市场,中等收益、较低风险的债券市场,以及稳定收入、低风险的不动产市场。无论是股票市场还是债券和基金市场,包括酒店业在内的广义不动产市场都是社会资本较为看好的目标市场。一旦此类市场发育成熟,就必然给国有酒店的产权结构调整带来难得的机遇。

另外,日渐成熟的拍卖市场也为国有酒店的产权处置提供了额外的选择。2002年8月,中国银行上海分行与上海拍卖行有限责任公司、华星拍卖有限公司共同签订了《共同处置不良资产银企合作协议》,标的物包括土地、房产、机器设备、股权、经营权等。此外,拍卖行还将对所处置的资产进行清理、估价,提供处置方案。方案经中行内部评审确认后才会进入拍卖或变卖流程。实际上从经济学的角度来看,拍卖可以形成公开、公平、公正的市场和充分利用社会资源来处置资产,这也是银行界的国际惯例。

(4)中国酒店产业证券化的趋势与展望。在利润平均率规律的作用下,传统的酒店产业不再只依靠服务市场来获得投资回报,还可以依靠土地、建筑物、设施设备、品牌等有形和无形资产的产权交易来寻求更高的投资回报。随着时间的流逝,土地会因为其稀缺性而变得越来越有增值的空间,品牌、商誉等无形资产在产权中所占的比例也越来越大。资本品本身正在成为一种交易的对象,而且随着中国资本市场和酒店产业的进一步发展,中国酒店产业资本化的程度和范围也都必将趋于扩大。将来会有更多的资本要素寻求与酒店资源融合,通过产融结合来推动中国酒店市场的创新与发展。

随着更多的资本力量介入酒店产业,酒店的业主也会越来越关心酒店的投资回报,这有利于酒店现代企业制度的建立和完善。众所周知,企业的资产总额由所有者权益和负债两部分构成。如果负债比例过大,那么经营过程中的财务成本就会太高,从而影响企业的正常运营。一直以来,中国酒店企业的资本构成中,由业主投资形成的所有者权益所占比例太低,因此融资成本相对过高。

　　大多数国有酒店的资金来源主要是银行借款，其中经济转型和国家财政体制改革过程中的"拨改贷"政策在酒店业建设高峰期则强化了这一现象。此时的酒店如果只是用于内部接待服务，包括银行贷款在内的经营成本则主要由政府主管部门或酒店所属的集团公司来承担，那么类似的财务结构就不会影响酒店的运营。但是，如果要求酒店是一个在市场中独立运行的商业主体，而且所有者还要求利润方面的回报，那么由此产生的问题立即就会浮现，即高高在上的财务成本导致出现业内人士所言的"酒店为银行打工"的尴尬局面。不从酒店的财务结构和产权安排的角度考察，我们就无法理解一批由境内外知名酒店管理公司所管理的酒店（如上海的金茂凯悦、北京的奥林匹克等），尽管客房出租率、经营毛利率等指标表现良好，但是产权所有人仍然感到酒店经营难以为继，甚至出现要被迫转让的现象。因此，无论是从理论上，还是实践上，类似的问题都不是传统的酒店职业经理人所能解决的。道理很简单，财务结构和产权安排是投资层面的问题，是应该由产权所有人考虑的问题。

　　需要指出的是，无论我们如何强调资本市场在酒店产业的作用，酒店的产品经营都是整个产业运行的基础平台。因此，如何处理好资本运作与产品经营之间的关系是当前中国酒店从业人员的一项急需妥善解决的课题，在此过程中，职业经理人扮演了极为关键的角色。

　　对于酒店来说，目前金融化创新比较难，为什么？从金融化角度看，需要酒店有一个好的基础资产，之后才能去做金融化的产品。但是，目前的酒店业的市场情况、行业状况，压力都比较大。

　　酒店资产有两个特点：第一，估值可能很高，如果位置好，买方的前期资金投入会很大；第二，现金流很弱。上述特点导致酒店证券化前景不明朗，如果按照传统的证券化模式，即按现金流模式去做证券化的话，难度非常大。让酒店发行债券，目前是一个比较好的方式。

4.3.3 酒店企业创新与产业结构优化的效应

1. 创新对酒店产业结构优化的直接效应

产业创新一般有两种结果：一种是导致本产业扩张；另一种是导致本产业收缩，生产要素向其他产业外流。试想，在一个资源可以自由流动的市场，当创新使潜在产出能力提高时，人们将面临这样一种选择：是主要以增加本产业产出的形式来获得创新的收益呢？还是把本产业的资金、劳动力等要素转移到其他产业，以增加其他产业产出的形式来获得创新的收益呢？该问题的答案是，这主要取决于创新的具体方式。

一般来说，当创新带来的是新产品开发或原有产品改善的结局时，由于新产品的需求弹性较大，会吸引生产要素流入该部门。这是因为新产品刚上市时，其价格对成本的反应和需求对价格的反应都比较敏感，从而使其产量的提高能获得较高的收益。当该部门能够获得高于一般产业部门平均水平的收益时，其他部门的生产要素就会向该部门转移。因而，这种方式的创新将倾向于使该产业部门扩张，如20世纪20年代汽车工业的发展就是如此。与此相反，当创新仅仅是导致了原有产品的生产效率提高时，如果这些产品的需求弹性较小，那么这将促使该部门的生产要素向外流出。这是因为原有产品已趋于成熟，其价格对成本的反应和需求对价格的反应已不再特别敏感，从而其产量的提高将使其收益下降。所以，这种方式的创新更倾向于使该产业部门收缩，尤其表现为该部门劳动力数量的锐减，如20世纪50至60年代美国农业的创新就是如此。由此可见，无论哪一种方式，创新都将引起生产要素在产业部门之间的转移，导致不同部门扩张或收缩，从而促进产业结构的有序发展。

酒店业通过业态的跨界创新、产品创新、科技创新，以及资本化创新等方式来实现生产要素在各产业部门间的自由流动与转移，根据市场需求，合理配置资源。由于酒店业创新的产品和服务的需求弹性较大，获得了高于其他产业的收益，因此，其他产业的生产要素会转移到酒店产业，导致酒店业规模扩张,从而促进酒店业产业结构的高度化与优化:产业结构从低水平状态向高水平状态发展,由劳动密集型向资本密集型、技术密集型、知识密集型产业方向发展,由低附加值产业向高附加值产业方向发展,这是一个动态的发展过程。最终,创新的倾向是引起酒店业规模的扩张。

2. 创新对酒店产业结构优化的间接效应

创新对产业结构变化的间接影响也有两种方式:一是创新通过对生产要素相对收益的影响从而间接影响产业结构的变化。经济学家希克斯认为,创新会通过改变各种生产要素,尤其是劳动和资本的相对边际生产率,来打破其收益率之间的平衡。当然,一项创新有可能以相同的比例,同时提高劳动与资本的边际生产率。然而,这种情况是十分罕见的。更常见的是创新对它们的非平衡性影响,即资本边际生产率比劳动边际生产率提高得更快。在这种情况下,就会刺激生产要素之间的替代,即资本替代劳动或劳动替代资本。前者就是所谓的"劳动节约型创新",后者就是"资本节约型创新"。显然,各种要素之间的替代会影响产业结构的变动。

二是创新通过对生活条件和工作条件的改变来间接影响产业结构的变化。创新往往会创造新的或某些潜在的巨大需求(最终需求或中间需求),并且有可能通过连锁反应对需求产生更广泛的影响。当然,这些需求结构的变动无疑会影响产业结构的变化。因此,可以说,创新是产业结构高度化的动力。一个国家的创新活动和创新能力是其产业结构有序发展的核心动因。只有创新才能从根本上提高产业结构的转换能力,推进产业结构的优化。

酒店业在科技方面的创新大大改变了酒店业的生产要素结构,同时改变了酒店业劳动力的生活条件与工作条件。共享住宿业态的出现改变了酒店业资本的结构比例,而且创造出消费者潜在的几乎无边界的市场需求,低成本的全球性营销渠道;主题酒店的创新发展也通过连锁反应细分出更有针对性的市场需求,吸引了更多的消费者,扩大了酒店业的产业服务范围与产业结构范围。

因此,创新是产业结构优化的动力,产业的创新活动和创新能力是产业结构有序发展的核心动因。只有创新，才能从根本上提高产业结构的转化能力，推进产业结构的高度化与优化。

4.4　提升核心竞争力战略与酒店产业结构优化

企业的核心能力是其在竞争中能够处于优势地位或垄断地位的保证，它包括技术、知识、组织、管理、资本、文化等方面的协调与配合，可以给企业带来长期竞争优势与超额利润，是其他企业无法具备或无法超越的能力。

一般来说，对企业的核心能力进行评价是非常困难的；但学者们一致认为企业的竞争力就是企业核心能力在市场竞争中的外在表现，这里我们用核心竞争力来对酒店的核心能力进行评价和研究。

在国内市场国际化、国际竞争国内化的今天，酒店业的竞争愈加激烈，市场环境变化快且不确定因素增多，因此对酒店核心竞争力的战略选择意义重大，只有准确把握市场规律，作出正确判断与决策，才能保证企业的生存与发展，整个酒店业的发展也才能进入良性循环。

4.4.1　对酒店核心竞争力的理解

1. 酒店核心竞争力的含义

核心竞争力能为企业带来相对于竞争对手而言更强的竞争优势和能力。核心竞争力能反映企业的特性，是企业竞争优势的来源。酒店核心竞争力主要指酒店在分配资源、利用资源的过程中，能够提供满足消费者需求的产品与服务，并且这一产品与服务是其他企业不可替代的，价值远远高于其他企业的产品与服务。其中创新是核心竞争力的源泉，产品（服务）是核心竞争力的体现。具体来说，酒店的核心竞争力主要包括资源整合能力、管理创新能力、市场创新能力、科技创新能力、社会影响能力和人力资源优势。

2. 酒店核心竞争力的作用

目前，酒店业竞争加剧，各种资源都在减少甚至缺乏，面对酒店业的竞争压力,如何在激烈的市场竞争中发挥自身优势,占有市场份额,并取得持续发展是酒店经营者工作的重中之重。打造酒店的核心竞争力,吸引一大批酒店拥趸,并能不断创新发展无疑是在竞争中赢得市场的重要手段。打造酒店核心竞争力是企业最基础的一种能力,它就像万丈高楼的基石,它是酒店经长期积淀而形成的能力,植根于企业。

3. 酒店核心竞争力的特征

核心竞争力也称"核心能力"或"核心专长","核心"即"最关键的、最重要的",它必须保障企业在相当长时期能够通过核心竞争力获得竞争优势。它在创新能力培养、管理模式选择、市场网络建立、品牌形象维护等方面具有独特专长。它具有以下几个特征:

(1) 价值性。核心竞争力本身具有战略性意义,它能够为顾客提供长期收益,为企业发展争取主动权,让企业得到远高于同行业的利润。

(2) 独特性。酒店核心竞争力具有有别于竞争对手的经营差异性。一家企业的企业文化往往是不可复制的,对企业文化的形成起决定作用的是一把手的人格魅力和战略眼光,这对一家企业的前进路线和发展方向极其重要。

(3) 延展性。酒店核心竞争力可有力地支持酒店向其他更有生命力的新领域拓展,它是一种基础性的能力,正如史东明在《核心能力论》中说的,"核心能力是企业累积的知识,是长期形成的战略性资产"。

4.4.2 提升酒店核心竞争力的战略

1. 多元化战略

(1) 多元化战略的含义。多元化战略是指在现有业务领域基础之上增加新的产品或业务的经营战略。根据新旧业务领域之间的关联程度,可以把多元化战略分为相关多元化与不相关多元化两种类型。

①相关多元化。相关多元化又称"同心多元化",是指虽然企业发展的业务具有新的特征,但它与企业的现有业务具有战略上的适应性,它们在技术、工艺、销售渠道、市场营销、产品等方面具有共同或是相近的特点。根据现

有业务与新业务之间"关联内容"的不同,相关多元化又可以分为同心多元化与水平多元化两种类型。

• 同心多元化。即企业利用原有的技术、特长、经验等发展新产品,增加产品种类,向外扩大业务经营范围。同心多元化的特点是原产品与新产品的基本用途不同,但有较强的技术关联性。

• 水平多元化。即企业利用现有市场,采用不同的技术来发展新产品,增加产品种类。水平多元化的特点是现有产品与新产品的基本用途不同,但存在较强的市场关联性,可以利用原来的分销渠道销售新产品。

②不相关多元化。不相关多元化,也称"集团多元化",即企业通过收购、兼并其他企业的业务,或者在其他行业投资,将业务领域拓展到其他行业,新产品、新业务与企业的现有业务、技术、市场毫无关系。也就是说,企业既不以原有技术也不以现有市场为依托,向技术和市场完全不同的产品或劳务项目发展。这种战略是实力雄厚的大企业集团采用的一种经营策略。

(2) 多元化的战略意义。

①实现范围经济。范围经济是指由于企业经营范围的扩大而带来的经济性。通俗地说,就是联合生产的成本小于单独生产成本之和。范围经济的存在,本质上在于企业多项业务可以共享企业的资源。由于特定投入都有一定的最小规模(不可分性),而这种投入在生产一种产品时可能未得到充分利用,在生产两种或两种以上的产品时,就能够使这种投入的成本在不同的产品中分摊,于是使单位成本降低,产生范围经济。范围经济的存在原理与规模经济有相似之处,但不同的是,规模经济在于产品产量的增加,而范围经济则来自生产多种产品或从事多项业务,简言之,来自经营范围的扩大。

②分散经营风险。如果企业的多元化战略是相关多元化类型,那么企业对新业务较为熟悉,在技术开发、筹资、生产等方面可以降低成本,从而使企业在扩张过程中的风险得到降低;如果企业的多元化战略是不相关多元化类型,那么企业在不同业务之间的盈亏一定程度上可以相互对冲,从而分散经营风险。人们常常用"东方不亮西方亮"来形象地比喻这一作用。

③增强竞争实力。多元化企业凭借其在经营规模及不同业务领域的优势，通过其他业务领域的收益来支持企业在某一业务领域展开竞争，达到调动全企业资源专攻一点的效果，从而大大增强企业的竞争实力。

(3) 多元化战略的成本。

①分散企业资源。任何一家企业哪怕是巨型企业，其所拥有的资源总是有限的。多元化发展必定导致企业将有限的资源分散于每一个业务领域，从而使每个意欲发展的领域都难以得到充足的资源，有时甚至无法维持在某一领域的最低投资规模要求，结果在与专业化经营的竞争对手的竞争中失去优势。从这个意义上说，多元化战略不仅没有能规避风险，没能"东方不亮西方亮"，很可能"东方不亮西方也不亮"，增加了企业失败的风险。

②加大管理难度。企业在进行多元化经营时，不可避免地要面对多种多样的产品和不同的市场，这些产品在生产工艺、技术开发、营销手段上可能不尽相同，这些市场在开发、渗透进入等方面也都可能有明显的区别。这就要求企业的管理、营销、生产人员必须熟悉新的业务领域和业务知识。另外，由于企业采用多元化经营，企业规模逐渐扩大，机构逐渐增多，企业内部原有的分工、协作、职责、利益等平衡机制可能会被打破。

③提高经营费用。企业由专业化经营转向多元化经营，进入众多陌生的业务领域，必将使企业的经营费用上升。这表现在两个方面：

第一个方面，多元化发展的学习费用较高。企业从一个熟悉的业务领域到一个陌生的业务领域，重新成立一家企业到企业产生效益，都需要一个学习过程。在这个过程中，企业由于业务不熟悉而导致的低效率，由陌生到熟悉的机会成本都构成了较高的学习费用。

第二个方面，顾客认识企业新领域的成本加大。当企业在新领域有了产品需要消费者认识时，虽然此时可借用原有领域的品牌，但要在新领域改变消费者原来的认知、态度，不进行大投入来引导消费者是不行的，这反过来又使已分散的资源更加难以把控。

④加剧人才需求。企业竞争归根结底是人才竞争，企业成功归根结底依

赖于优秀的人才。然而，每个人都有自己的专长，专业对口是人才发挥作用的基础。所以，企业在进行多元化发展时，必须有相应领域的经营、管理和技术等方面专业人才的支撑，才有可能取得成功；反之，则可能失败。从理论上说，社会上存在企业发展多元化所需的人才，问题是这些人才往往已在其他企业中。从其他企业挖人才固然可行，但费用往往超出自身的承受能力，导致人才短缺状况出现。

（4）酒店多元化战略的实践借鉴。

①首旅酒店收益多元化。早在2008年，首旅酒店成立10周年的时候，首旅集团董事长段强就对首旅集团有过新的商业规划：让餐饮、酒店、旅游商业、汽车、旅行社、景区6大板块中的企业，组织以集团为核心的企业群体，并实现"吃、住、行、游、购、娱"的完整产业链组成（见图4-3）。

今天来看，首旅酒店将成为6大板块企业中非常重要的"链接器"，并且有机会成为首旅集团整套商业逻辑的枢纽，原因：一方面是住宿业在旅游链条中的核心角色；另一方面则是酒店行业迎来大整合的良好时机。在首旅酒店总经理孙坚看来，国内酒店集团的整合，既有战略上的思考，也有战术上的被动。"酒店从2014年下半年到2015年，面临着很大的市场挑战。包括经济下行、'八项规定'等。"孙坚表示，在这样的情况下，企业活得并不像之前那么容易，那么合并、整合就是一个通用的逻辑，大家抱在一起寻找更多的机会。

在当年的预判中，段强表示："旅游业是最先对外开放的一般性竞争行业，很早就呈现'国际竞争国内化、国内竞争市场化、市场竞争集团化、集团竞争品牌化'等趋势。面对激烈竞争，首旅集团的对策是'品牌+资本'运作。"

孙坚坦言，住宿业业务就是首旅酒店的圆心，接下来要立足于稳住这一圆心，并基于该圆心形成首旅的价值圈，实现与住宿业上下游产业、顾客价值链的链接。这是首旅酒店"收益多元化"背后的底牌。

第四章 | 酒店业产业结构优化研究

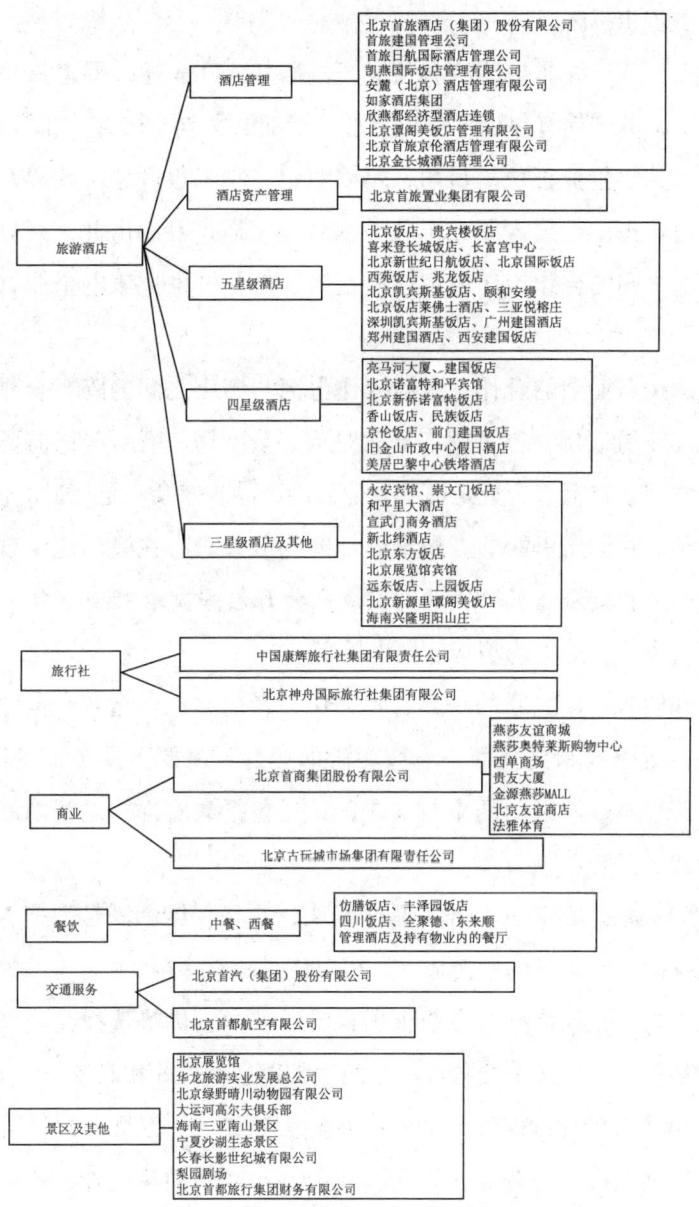

图 4-3 首旅集团多元化业务领域

② "酒店+零售"。2017 年下半年，苏宁在酒店领域动作频频。无论是开设首家自营品牌酒店，还是将国际酒店集团的高端品牌引入中国，苏宁的酒

店版图正一步步扩张。

事实上,苏宁并非初涉酒店领域,根据其公开表述,零售只是苏宁其中的一个板块,苏宁拥有包括零售、金融、置业、文创、体育、投资6大产业,而酒店属于苏宁置业板块。目前,蚂蚁短租与小米也开始了跨界合作,在一些主题民宿业态中,加入了几十款小米智能家居产品。由此,通过民宿企业与家电企业之间的合作,让住宿体验更为智能化,也让家电企业打开了新的销售空间。

网易严选与亚朵的合作,也被视作电商与酒店之间的跨界合作。亚朵酒店创始人耶律胤表示,零售的三要素是人、货、场。网易严选需要一个好的线下体验空间,让消费者近距离感知他们的产品,亚朵则是合适的伙伴。

在中国,在酒店里能够畅快淋漓地购物或许只有在澳门能实现了。澳门酒店业发达,直接带旺了零售业的发展。公开数据显示,2015年来自内地的留宿及不过夜旅客的人均消费额均为最高。

零售和酒店行业之间的跨界合作,让二者的路越走越宽,也使得旅游体验更便捷、更深入和更全面。全域旅游的构建,需要更多类似的跨界合作。这其中的跨界不仅局限于两个行业之间,还包括政府部门之间的联动,多个行业的渗透、互补。

"零售+酒店"的模式并非只是个噱头,它不仅能够满足消费者个性化需求,还能够降低经营者的生产成本,可以说是一举多得。

可见,多元化战略是指企业根据自己的实力和优势选择几个细分市场作为竞争的场所,而这几个细分市场之间通常以某种方式相联系。

(5)酒店多元化战略经营的基本步骤。例如,一家酒店打算开办旅行社业务、管理度假村或主题酒店,这些业务具有较强的相关性,能使企业某方面的竞争优势(如强有力的营销组织)在不同的细分市场得以充分发挥。例如,同一促销队伍可以为不同类型的买方服务,或同一销售网络可以出售旅游线路、机票、房间或订餐服务。多元化战略一般包括以下一些基本步骤。

①划分细分市场。要求企业能够辨识产业中对产业结构或竞争优势有影

响的因素,如不同的产品类型、买方类型、销售渠道和地理区域等。运用这些因素来细分市场时必须注意这些因素的区别是显著的,并尽量将划分的市场个数减少。

②分析不同细分市场的吸引力。吸引力包括该细分市场的利润率、市场规模和增长率,这是决定企业在何处竞争的关键。如一些高档酒店看到了大众快餐市场的吸引力,便很有可能利用自己的服务和品牌优势进入该市场。

③确定细分市场间的关联性和企业竞争优势。同时在几个细分市场开展经营活动,一部分资源可以共享。如果共享的资源成本占据总成本很大的比重或对产品的差异化具有影响,这就是有紧密关系的细分市场。如餐饮业、娱乐业在企业品牌、管理方式、员工服务技巧等方面均与酒店业具有较大的相关性,通过资源共享可以降低很大一部分经营成本;同时,跨越细分市场的品牌共享又形成了产品的差异化,一个跨越细分市场又共享相关资源的企业,相对于单一市场的竞争对手,通常能够获得较大的竞争优势。

2. 集团化战略

(1) 集团化战略的含义。集团化战略是企业从事同一行业或多种行业的跨产业经营,通过规模扩大来实现企业经营目标的一种战略。通常通过资本运作,母公司控股子公司,并以投资者的身份参股或控股子公司,而子公司则独立经营、独立核算,母公司与子公司以资产作为纽带。

(2) 集团化战略管理的特点。

①资源共享。母公司与子公司可以资源共享,可以统一采购、统一分享技术、统一分享知识等研发成果、统一营销、统一利用销售渠道、统一结算,以便节省成本和费用。

②优势互补,提高经营和管理效率。集团内部企业间可以互相学习经验,互相激励提高效率,人力资源能够充分流动,达到合理配置。

③提高了企业创新能力和核心竞争能力。集团内部共同进行知识创新、技术创新、产品创新、服务创新、营销创新等,从而提升企业及集团的核心竞争能力。

（3）中国酒店集团化发展的成果与问题。国内对酒店集团化的研究和实践起始于20世纪80年代中期，90年代中期后集团化发展遂成为理论界和产业界所关注的核心主题，普遍认同的观点是：国外酒店集团化发展的方向、速度与形式主要取决于市场需求的牵引力；而国内酒店业集团化发展的方向、速度与形式则主要取决于行政命令的驱动力。

中国旅游协会副会长、秘书长，中国旅游酒店业协会会长张润钢在第十五届中国酒店集团化发展论坛上，对《中国酒店管理公司（集团）2017年度发展报告》进行了解读：截至2018年，对中国酒店集团化的统计已经持续了15年，从中可以看到中国酒店集团化发展的成果集中体现在以下两方面：

第一是规模。2017年，3个中国酒店集团进入全球酒店集团前10名。经过15年的发展，中国酒店集团在国际酒店集团里已经有了"三席之地"，而且发展速度非常迅猛。5年前，我们还在怀着渴望的心情看着 Hotel 杂志每年排出的次序，在大名单中寻找中国酒店集团的位置；但是短短几年的时间（当然也包括前十几年打下的基础），中国酒店集团就批量进入了全球酒店集团前10名，这个成果非常显著，体现了中国速度。

第二是品牌意识。大约五六年之前，中国本土60强酒店集团中有相当一部分具有这样一种特点：有成员酒店，但没有品牌。那时候很多酒店集团还没有品牌意识，在外面签合同、派管理团队，管理了很多酒店，自认为就已经取得了很大成果。但对于什么叫品牌，品牌的称谓和管理公司的称谓之间是什么关系？业内都还没有统一的认识。经过15年的发展，我们可以看到市场涌现大量的中国本土品牌，整个行业的品牌意识已经空前强化，清楚地知道每一家规范的酒店管理公司都应该有自己的品牌。

事实上，中国酒店集团在现阶段也面临非常突出和严峻的问题，主要集中在以下3个方面：

第一，规模获取过度依赖资本。从全球范围来看，酒店集团100多年的发展历史都是双轮驱动的。一是通过资本运作，例如收购、兼并、重组等方式来扩大规模；二是通过生产经营、品牌连锁、委托管理等方式来扩大规模。

中国酒店业这几年扩张速度飞快，有些大酒店集团的规模已经进入了全球前10名，但是在规模的获取中过于依赖资本。如果回溯这15年的酒店集团60强榜单，我们会发现这些年不断有集团和管理公司在中国市场消逝，至少不以独立的方式存在于市场中了。

第二，传统全服务型酒店相对消沉。如果按照品牌知名度进行排名，国内前14名的品牌基本上都是经济型酒店和中端级别酒店。当然，经济型酒店和中端级别酒店的发展主要是由市场驱动的，正是市场的旺盛需求，才让这些品牌以超乎寻常的速度在发展；但是传统的全服务型酒店的发展速度和景气程度不及预期，这不仅是量的问题还有质的问题。值得一提的是，在全球排名中占主流地位的还是全服务型酒店，只不过中国市场的情况有点特殊。其实，现在市场对全服务型酒店还是有需求的，更多的问题还在于酒店和品牌自身。

第三，酒店集团总部建设不足。15年来，尽管中国酒店集团在规模上获得了空前的发展，在品牌种类上数量繁多；但是在中国酒店集团或者酒店管理公司总部的建设过程中，还存在不少突出的问题，主要表现在：认识肤浅、专业不足、能力不够。

目前，酒店集团在发展中受到的困扰主要表现在3个方面：品牌的同质化、上市公司面临的市值压力、酒店集团的业绩观。对于应该用什么样的标准来衡量、评判一个酒店集团的业绩，不少企业在认识上还有些模糊。业绩指标如果主要看项目的获取和规模的扩张情况，这样对不对呢？毫无疑问是对的，但是如果更深入地看，良性的规模扩张、项目获取是要靠自身能力的，一定是在自身能力的基础上获得的，而不是一方面忽视能力建设，另一方面机械地进行规模扩张。如果依然靠"面子工程"、政绩工程等因素驱使着酒店进行规模扩张，这样的路径和方法是不可持续的、不健康的。

酒店集团及其旗下的品牌口碑到底怎么样？酒店集团的收入情况如何？这些问题都非常重要。事实上，很多酒店集团都是"虚胖"。目前，中国旅游饭店业协会的统计报告只能反映集团的规模，无法反映每一个项目能够带来多少管理费。据了解，有些集团虽然规模不小，但是每个项目给公司带来的收益并不可观。当然，每家公司的策略不一样，有些公司采取了先要规模然后再获取效益的做法。除了收益外，项目的稳定性也非常重要。尽管有些集团看起来项目不少、规模也很大，但是项目的稳定性很差，这都会影响酒店集团的可持续发展。

从酒店管理公司总部的核心业务角度看，酒店管理公司好比一台复印机，连锁经营的本质类似复制。酒店连锁的业务本质是什么？是成功经营了一家酒店，有了好的市场口碑、有了好的经济效益，觉得这个模式可以推广下去，于是开了第二家、第三家一直到第N家酒店。虽然在推广的过程中酒店要不断地优化、改进这种模式，但从本质上来讲这就是一个复制的过程。

事实上，酒店管理公司总部需要建立的系统非常多，以下内容是梳理后的结果。

第一，品牌标准体系。前些年中国酒店没有品牌，现在则是品牌数量众多，但有些品牌是"有牌无品"，比如说刚从工商部门注册的商标。真正的品牌要有自己的品牌标准和体系。不少酒店集团称自己有品牌标准，但是也只不过是标准操作程序（SOP）和操作大全。比如，SOP要求酒店员工见到客人要微笑，但无论是奢华的高端型酒店，还是普通的经济型酒店都会有这样的要求，所以微笑是酒店的基本规范，而绝不是品牌标准。品牌标准是反映品牌特征的技术手册和相关软硬件规模及档次等一系列内容的规定。又如客房、淋浴房面积是多少，早餐品种应该有多少，其中饮料要有多少种等，这才是品牌标准。值得注意的是，确定品牌标准和技术标准，一定要首先锁定品牌对应的细分市场，了解细分市场客人的特点、相应的需求、能接受的价格等信息，只有弄清楚这些问题后才有可能制定出品牌标准，但遗憾的是国内相当一部分酒店管理公司的品牌标准是空缺的。

第二，质量控制体系。有了品牌标准、技术手册之后，如果要系统保证所有酒店的运营能够按照此标准体系执行下去，就需要一套质量控制体系。早前，国际酒店集团有明查、暗访等制度，国内集团前些年也在效仿。近年来，随着互联网的迅速发展，很多酒店集团对于宾客意见的反馈已经有了与时俱进的改进；但是仍有相当一部分酒店集团要么没有质量控制体系，要么依然沿用10年前非常传统的老旧的质量控制体系。

第三，人力资源体系。当签约一个新项目后，酒店集团最先需要的就是人才，对于上哪里招人，招什么样的人，招到人以后如何培训，培训以后如何把合适的人安排到合适的岗位上，安排到岗位上后要有怎样的约束和激励机制，这都需要建立一套适应公司发展目标的人力资源管理体系。招人、培训人、管住人、留住人，这是最基本的几个环节和要素，实现这些目标就需要有一套相对成熟的人力资源管理体系。但是，据了解很多酒店集团并没有人力资源管理体系，拿着项目找不到人的现象也一直存在。虽然"人荒"是非常普遍的问题，但是对于这个问题，有些集团解决得好一些，有些则一筹莫展。还有些极端情况，即酒店集团招到人了以后，由于约束机制和激励机制不够，最后出现派到项目上的总经理和团队，项目管得好的被业主"策反"了，管得不好的被业主遣散了。

第四，线上技术（管理、营销）体系。随着互联网和移动互联网的飞速发展，酒店的预订系统需要增加线上预订部分。现在，有些酒店集团的线上业务上还比较落后、不够系统，有些酒店集团对OTA的依赖非常严重。

第五，扩张模式。国外酒店集团发展的主流模式是委托管理，虽然国内酒店集团这20多年来基本上也是按照委托管理的模式来发展的，但是中国的酒店集团有着和国外完全不同的开发模式。国外酒店集团从投资决策一直到建设、开业，整个过程采用的是市场化决策。在国外，建完一家酒店后，只要找正常的管理团队对酒店进行运营就可以了；但在国内，从决策、设计到室内装修流程并不规范，导致国内酒店管理集团在项目的经营和管理方面遇到了很多困难。如果仍然简单地采用委托管理模式，将导致业主赔钱而管理公司旱涝保收的情形出现，这就使得国内酒店管理集团的项目运营和管理状况十分不稳定。

第六，资本运营。现在，越来越多的酒店集团变成了上市公司，这就使酒店集团的经营难度变大。其中，最大的难点在于如何在公司的长远发展和股东、股价之间寻找平衡，而且这个平衡很有可能是找不到的。

（4）中国酒店集团化发展的未来趋势。中国酒店集团未来发展的看点，主要表现在以下几方面：

①期待"化学反应"。近几年酒店行业出现了许多并购案例，既有国外的，也有国内的。国外的案例如万豪收购喜达屋，收购完成后，两者就完成了人员、财务报表方面的整合（这属于并购后双方发生的"物理反应"）；而两者在企业文化、经营理念等方面的整合，则属于并购后双方发生的"化学反应"。"化学反应"顺利完成就会出现"1+1>2"的结果，但如果完不成就可能出现"1+1<2"的结果。就国内市场来说，出现的基本上是大型国有企业对民营企业及境外企业的并购案例，并购后的整合工作实际上更加艰辛。并购双方只有把各项工作做好，产生期待中的"化学反应"，才能为未来的并购提供宝贵的经验。

②酒店集团扩张模式的再创新。近两年，关于酒店集团的扩张模式，国内市场上已经出现除了委托管理以外的第二种模式，即"代孕妈妈"的模式，就是本土酒店集团成为外资酒店集团旗下品牌特许经营权的"代孕妈妈"。很多国际酒店集团采用这种模式来加速在中国市场的扩张。目前，铂涛、华住、港中旅、东呈等酒店集团已经在试行这个模式。

除了委托管理和上文提到的"代孕妈妈"的模式，未来会不会出现第三种模式？有可能。据了解，目前已经有酒店集团在酝酿了，它们正在研究一种新模式，这种方式类似于承包租赁经营模式，先让一两家酒店对这个模式做试验，成功后再用租赁或者承包的方式提供给有条件的业主。这种模式有点像经济型酒店当初的扩张模式，只是升级到了全服务型酒店层面而已。因此，未来一段时间内国内酒店业会有3种扩张模式：最传统的委托管理模式、"代孕妈妈"模式和承包租赁经营模式。

③资本运作。大规模并购对酒店集团的发展有举足轻重的影响。酒店类上市公司正面临着来自资本市场和传统业务领域的压力，两者之间怎样和谐

推进也构成了行业未来一段时间的看点。

3. 并购战略

（1）并购的含义。并购一般指兼并（Merger）和收购（Acquisition）。兼并，也称"吸收合并"，指两家或多家独立企业、公司通过合并组成一家企业，通常是其中一家优势公司吸收另外一家或者多家公司；收购，指一家企业使用现金或者有价证券购买另一家企业的股票或者资产，从而获得对被收购企业的全部资产或者某项资产的所有权，或者对被收购企业的控制权。企业并购的过程实质上是导致企业权利主体不断变换的过程。

（2）并购对我国酒店集团规模扩张所起到的作用。张润钢在对《中国酒店管理公司（集团）2017年度发展报告》的解读中指出：并购对于中国酒店集团的规模扩张发挥了重要的作用，甚至起了决定性作用。第一，在规模和增长率上，并购后的上海锦江一枝独秀。2017年上海锦江集团的房间数量已经达到了56万间，与排名第二的华住和第三的首旅酒店拉开了很大的距离。第二，排名前5的酒店集团与2016年相比基本没有变化，唯一的变化就是华住和首旅酒店的位置调换了一下。第三，排名第15的开元集团正在准备上市，这对于开元集团下一步的发展还是有利的。第四，中低端酒店的增长非常迅猛。排名前4的酒店集团主要就是靠中低端酒店的数量来支撑目前名次的。如果把中低端酒店剥离，那可能排名次序会发生非常大的变化。同时，传统的酒店集团的排位在持续下降，排位中出现了越来越多的上市公司和准上市公司。

我们可以把排名前10的酒店集团分成5档，处于第一档的是拥有56万间客房的锦江。第二档的是拥有37万间客房的华住和首旅酒店，和锦江相比大约有20万间客房的差距，差距不小。第三档的是格美、温德姆和东呈酒店集团，客房数都超过10万间，但它们和第二档的酒店集团也有10万~20万间客房的差距。第四档的是洲际、尚美、万豪，客房数量有8.8万~9.9万间。第五档的是99旅馆连锁，仅有5万间客房。另外，温德姆、洲际和万豪是国际酒店品牌，主战场不在中国。

从上面的分析可以看出，酒店行业的并购对中国酒店集团的规模扩张起到了至关重要的作用。通过并购，酒店集团可以在非常短的时间内完成规模上的扩张与超越；但是仅仅依靠资本的方式来实现规模扩张是远远不够的，酒店集团一定要花时间去认真消化这些并购来的企业，通过企业文化共享、资源合理流动、业务互补等方式来实现双方的真正融合。

总之，无论是酒店集团的合并，还是国内大型多元化旅游集团的海内外全服务链并购，都体现了行业无法阻挡的发展趋势。新形势下，酒店业的竞争已经从产品、服务、客源扩展到资源、渠道、流量、服务链等方面。

（3）酒店并购背后的原因。酒店行业之所以并购频发，其原因大致有以下3点：

①粗放式发展向集约式发展转型。2015年政府提出，稳定经济增长，要注重供给侧结构性改革，这是适应我国经济发展新常态的必然要求。在经历了数十年发展后，中国酒店行业虽仍存在粗放式发展的弊端，但近年来，已经有越来越多的酒店开始注重对品牌价值和客户忠诚度的维护。

②产品与服务品质的重要性。在粗放式发展思路逐渐被淘汰，集约式发展思路逐渐成为主流的时期，酒店行业正以不同于以往的面貌步入全新成长期。而集约式发展思路的一个重要体现，就是通过并购、合作等方式来降低运营成本，提升资源配置的有效性。

③资本运作成为趋势。华美酒店顾问机构首席知识官、高级经济师赵焕焱认为，目前许多酒店集团正处在价值评估的重要节点，当酒店处于发展顶峰时期，需要通过货币形式来体现价值，而收益下降的酒店则希望通过规模集中来降低成本。无论对于谁而言，并购都可以产生新的发展契机。

此外他还指出，开展海外并购的酒店集团，多是为了追求更高的效益；而对于开展国内并购的酒店集团，有部分是想通过强强联手来获取更高的市场知名度及占有率等。无论对于哪一方而言，资本运作都是极其有效的方式。

④向经济存量要发展。对于部分经济型酒店集团，或以经济型酒店起家的酒店集团来说，并购还有另一重意义：向经济存量要发展。国内经济型酒

店市场如今已然是一片红海：物业租金不断上涨、品牌扩张过猛导致价值稀释……无数问题困扰着品牌管理者。而通过并购整合，将现有物业资源升级，经济型酒店品牌能够借机向中高端品牌转型，这已成为酒店避免市场红利消失的有效途径之一。

基于向存量要发展的思路展开并购重组，已成为许多经济型酒店集团的特定方针。

（4）我国酒店并购行为的影响及未来。对于酒店集团而言，并购可以在一定程度上缓解恶性竞争、降低内耗，为合作方专注开发产品、提升服务预留更多时间。如果并购双方足够优秀，还能够形成"1+1>2"的有利局面。

对于将收购范围拓展到国外市场的集团来说，它们还能为日益增长的中国出境游旅客提供更多的消费选择。对于消费者而言，豪强并购之后的市场将更趋有序与规范。通过协调和集中采购等手段，酒店客房的价格将出现一定幅度的下降。此外，不同集团间的会员权益能在并购后得到互通，这对于消费者来说无疑都是极具吸引力的。

对酒店集团、市场和消费者而言，虽然并购会带来诸多积极影响，但并非适用于所有的酒店集团。酒店在并购过程中也会面临一定风险：

①战略风险。如果并购标的物会使买方企业的发展偏离既定战略方向，该并购事件极有可能会超出买方企业的控制范围，会给买方企业带来生存危机，所以，酒店并购前应明确战略目标，制定长远的发展规划。

②信息风险。如果并购时对目标企业信息的了解和其实际情况严重不一致，往往会增加买方企业的并购成本，并令买方企业做出错误决策，致使并购失败。

③估价风险。如果并购时对目标企业的财务状况、经营管理、未来前景等方面的信息不能准确评估，将导致买方企业的支付价格可能远高于目标企业的实际价值，从而令买方企业遭受损失。

④整合风险。如果并购后，双方的经营理念和企业文化不能整合到一起，无法产生预期的协同效应、规模经济、优势互补，将使双方产生内耗、各自

为政、互相拖累。

无论是合并后双方内部的整合工作,还是收购过程中可能产生的大量债务,都需要管理者在制定并购策略时提前考量。量力而为,永远是酒店发展过程中的第一原则。

4. 战略联盟

(1) 战略联盟的含义。战略联盟的概念最早由美国 DEC 公司总裁简·霍普兰德（J. Hopland）和管理学家罗杰·奈格尔（R. Nigel）提出,是指公司之间为了共同的战略目标而达成的长期合作安排。它既包括从事类似活动的公司之间的联合,也包括从事互补性活动的公司之间的合作;既可以采取股权形式,也可以采取非股权形式;既包括强强联合,也包括强弱联合。但这种合作或者联合势必是从公司的战略角度考虑,是为了长期的生存或发展而采取的重大步骤,是出于对整个市场的预期和企业总体经营目标、经营风险的考虑,为达到共同拥有市场、共同使用资源、增强竞争优势等目的,通过各种协议而结成的优势相长、风险共担的松散型组织。

(2) 中国酒店业目前的战略联盟形式。在战略联盟这个范围,中国酒店业已经开创了多种模式。

①会员共享的平台结盟形式。主要代表有 6 大集团联盟体、家联盟、铂涛会、万家联盟等。它们彼此共享会员系统,形成酒店间的生态壁垒,构建自己的生态圈,合力制衡 OTA 等在线渠道,维护酒店直销、会员渠道及合理的价格体系。

②品牌合作的结盟形式。主要代表有锦江国际和王子大酒店的合作、海航和华住的合作。双方建立营销联盟,进行会员资源的共享,客房资源的整合。同时在双方确定的关键客源市场,充分利用各自的声誉、专长、营销网络等因素共同提升品牌知名度,提高市场占有率。

③资本合作的结盟形式。主要代表有雅高和华住的合作,双方互相持股,共同开拓市场。

在酒店行业发展趋缓的当下,酒店业开始自发地寻找伙伴结成联盟、抱团取暖，酒店业的这种联盟有利于构建统一采购平台、共同整合上下游供应商、形成共同的大数据库、管理人才的共享与流动、酒店的智能化营销推广，以及共同挖掘新的利润增长点。目前，各种模式正在尝试中，但是无法断定哪种模式更适合酒店的发展，大家都在不断试错的过程中逐渐成长并成熟。酒店联盟已成为趋势，合作共赢、携手破局将会是酒店行业在互联网时代的明智之举。

拓展专栏4-4

4大酒店集团成立中国未来酒店联盟　联合发起产业革命[①]

2015年11月17日，由绿地、海航、中兴和泰、亚朵4大国内酒店集团宣布成立"中国未来酒店联盟"，在会员共享、会员权益及积分互通、联合营销及品牌聚力宣传等方面展开深度合作。此外，联盟提出将与互联网金融、出行、空气净化等行业的杰出企业跨界合作，共同打造"连接酒店与多个生活场景"的创新服务，为联盟体内酒店会员提供更高品质的入住和出行体验，为消费者创造一种全新的生活方式。

随着中国经济和旅游业的快速发展，中国已连续多年成为全球最大的国内旅游市场；另外，国际品牌在加速布局中国市场，OTA强强联合抢占市场份额的同时进一步压榨酒店业利润，民宿产业的兴起向传统酒店业发起更大的挑战。此时，酒店联盟指引了一条创新与变革的发展之路。各集团通过结成战略联盟，实现资源共享、优势互补，达到"1+1>2"的组合效果，最终实现多方的和谐共赢。中国未来酒店联盟目前拥有近300家中高端酒店（含筹建中），覆盖中国主要商务旅行目的地以及多个境外城市。客房总数逾80000间，超过200万名中高端会员。中国未来酒店联盟将充分满足会员群体更加差异化及个性化的出行和商旅需求，构建酒店产业生态圈。

---

① 田佳丽.4大酒店集团成立中国未来酒店联盟　联合发起产业革命[EB/OL].(2015-11-23)[2019-03-01]. http://info.hotel.hc360.com/2015/11/230927632062.shtml.

联盟都有哪些亮点？

亮点一：四方共同组建的中国未来酒店联盟，将重点在以下几个方面进行部署。一是会员身份及权益互通，意味着只要成为任何一家联盟体内的酒店会员，可立即同时拥有多重会籍，并根据相应会员等级匹配机制，在联盟成员所有境内、境外酒店均可享受到对应级别的专属权益及礼遇。二是积分互兑，即会员可使用积分自由兑换联盟体内酒店所有积分、产品、活动等资源。

亮点二：四方将充分调动、整合、共享各自企业内部优势资源及外部合作资源，包括酒店、航空、游轮、租车、旅游、地产、通信、互联网金融，跳出传统酒店业服务模式，全新升级产品及服务，共同打造消费者"吃、住、行、游、购、娱"的生态圈。

亮点三：联盟将共同探索酒店未来发展，满足旅客对更高生活品质的需求，为消费者创造全新的生活方式。联盟成立后，将联合京东金融、神州租车、阿芙精油等企业发起"无霾之旅"活动。在空气污染日益严重的情况下，在大众对雾霾高度关注及对空气质量有更高要求的情况下，如何给酒店客户带来增量价值，满足客户对高质量生活的需求？联盟体称，将与神州租车合作，打造"酒店+专车"专属优惠套餐，为商旅客户提供从机场/火车站到酒店的一程化服务，提升旅途中的体验；与阿芙精油及三体空气净化企业合作，为酒店客户带去最佳空气体验；与京东众筹跨平台合作，增加预订渠道，并形成独有的竞争力。同时，联盟计划在未来5年内，聚合百家能代表"未来生活方式"的酒店（集团）及企业，共同发展。

通过跨行业、多领域的合作，4大发起酒店集团努力通过各方资源的整合，在"开放、连接、共享"的理念下，共建超越传统酒店入住的服务模式，为会员打造一个以酒店为起点的品质生活生态圈，提供更多高价值、全方位的产品及体验，以满足消费者日益增长的需求。

5. 国际化战略

（1）国际化战略的含义。所谓企业国际化经营，是指企业摆脱单纯的地域界限,从事跨越国界的生产经营活动,由国内经营型向跨国经营型转变的过程。企业国际化的主要标志是,企业在国内经营的基础上,直接面向世界市场,到国外去寻求发展机会。企业制定并实施国际化战略可以理解为企业国内战略的延伸。

(2) 我国酒店业全球化投资现状。当前,我国公民出境旅游消费的趋势明显,同时国外经济的下行压力也使其资产价格相对较低,当地政府欢迎海外投资,国内资本也看好当地的旅游市场。例如锦江集团通过海内外一系列并购举措,已经成为全球最大的酒店集团之一,甚至并购了欧洲最大的经济型酒店集团——法国卢浮宫酒店,美国最大的独立酒店管理公司和领先的酒店资产投资者——洲际集团提供了此次并购的顾问和融资服务。

万达以16亿美元收购英国游艇制造商Sunseeker后,又在伦敦黄金地带开发了五星级酒店与酒店式公寓;绿地控股集团目前投资了70多家酒店,项目遍布7个国家,拥有客房2万间,酒店资产超过200亿元。优质酒店资产特别是高端豪华酒店成为我国对外投资的首选目标,如万达集团以2.6亿欧元收购了马德里的地标建筑——西班牙大厦。在澳大利亚的大型酒店交易中,来自中国的投资占比达60%以上。

我国酒店业的对外投资,特别是对欧美发达国家的投资,对我国经济发展具有重要意义:我国酒店业可以借此获得境外的资源与资产、管理经验、专业技术,培养具有国际视野的酒店业人才;企业的跨国经营和发展,将使我国酒店业能更加广泛、深入地参与到国际竞争中,能提升国际竞争力,从而带动国内酒店产业的转型升级和创新发展;同时,也为我国开展国际合作、国家外交注入全新内容;从产业链角度来看,酒店业的国际化战略有效拉动了我国旅游市场的消费和投资。

(3) 万达集团收购马德里西班牙大厦的酒店改建项目案例分析。2016年,万达集团与西班牙马德里市政府就西班牙大厦的改建项目谈判陷入僵局。该项目由万达集团在2014年收购,关于如何改建双方一直在商讨,对于改建的方案双方意见不同,一直未能达成一致。据报道,万达集团认为,建造大厦时使用的建筑材料过于老旧，已经很难支撑大楼，建议全部拆除；而马德里市政府的回复是绝对不行，双方陷入拉锯战，这一结果令万达集团和马德里市政府都十分尴尬。北京第二外国语学院旅游管理学院副院长谷慧敏针对本次酒店收购过程中出现的问题，提出了中国酒店企业实施国际化战略时的建议，那就是企业要深入研究东道国的经济、政治、法律、文化及运营等环境因素，要能够闯过以下5关。

①经济关。近几十年来，西班牙大厦已经多次转手，2006年西班牙大银行BBVA买下后，也希望能够斥巨资改建，但是此时恰逢西班牙遇到了史无前例的经济危机，BBVA银行面临破产，大厦的改建计划落空，而且买下的大厦还成了累赘。自万达集团买下后，西班牙大厦马上成为热门话题。马德里前任市长期待该项目能带来上千万欧元以上的投资及几千个直接和间接就业机会，然而在西班牙经济不振期间能否实现万达集团对市场需求与财务收益的预期，这一问题尚需深入研究。此外，西班牙工会的强大力量将给劳动力密集型的酒店业带来巨大劳动力成本压力，进而拖累财务回报的现象也应高度重视。

②政治关。跨国经营中酒店企业往往面临巨大政治风险。万达集团在买下西班牙大厦后，恰逢马德里举行市长选举，新市长卡梅娜上任后的态度是，对前任市长在万达集团项目上对王健林的承诺一概不予承认。对政治风险的关注是企业在国际化经营中的重要方面，中国酒店企业在对外投资过程中尤其要注意提高对投资目的地政治风险的敏感性，尤其要重视对非传统政治风险及地方政府层面的政治风险的关注。罗博克（Stefan H. Robock）提出，由政治变化带来的经营环境出现难以预料的非连续性变化是国际投资和国际经营中存在政治风险的原因。

目前，我国酒店业所进入的国外市场往往存在风险政治，由于理政方针、政策出现变化，可能给跨政府周期的项目带来巨大的风险，因此，酒店在跨国经营中要对投资项目是否高度涉及政治因素进行仔细评估，从而最大限度地降低投资风险；与此同时，酒店建筑的不可移动性导致其涉及土地、城市公共设施等众多复杂要素，除了大规模国有化和内战等传统政治风险外，更为常见和紧迫的是非传统政治风险，包括东道国政府、企业或民众因为与投资方在观念和认知上有分歧，进而产生对海外投资的排斥或限制。目前，一些国家和地区对中国企业国际化道路的推进和中国国际地位的迅速提升表示忧虑。因此，酒店业在跨国经营中做好民间外交，降低政治风险十分必要。

③法律关。万达集团虽然已经完成收购西班牙大厦的全部手续，但这并不代表万达集团享有与大厦有关的所有权利。因为大厦是受马德里市政府保护的历史遗产建筑，买卖可以由市场进行，但是改建根据法律则要经过政府的批准，而政府的决定在相当程度上要考虑市民的意见。西班牙民众反对万达集团的拆楼举措主要源于相关的法律规定。

在国外尤其是欧洲国家，许多著名酒店往往是由遗产建筑改造而来，改造过程要经过严格的法律程序。在法国乡村任何一座老建筑的改造都要得到市民的认可。在美国，新建酒店也需要通过市民认可。例如美国中西部某城市的一个酒店建设项目，该酒店由国外资本投资，计划由美国某著名酒店集团来管理。投资方在建设之前，将酒店的建设计划详细对外公布，同时邀请未来酒店所在社区的居民参与论证。在项目建设论证会上，当地的居民会就酒店建筑过程中的噪声扰民、交通、就业机会、薪酬水平等问题详细提问，酒店开发商也一一解答。

反观中国，在过去的大发展时期，通过大拆大建的造城运动，迅速改变了城市和乡村风貌，实现了现代化。然而，这种地产开发模式也带来众多问题，尤其是在历史文化遗产及传统村落的保护方面，由于缺乏法律的严格约束，一大批遗产已经荡然无存。目前，中国酒店业又出现了民宿投资热，地方政府、外来资本乃至乡村居民正热切期待分享这一经济盛宴。在此，希望相关政府、企业方乃至居民能够切实具有长远战略眼光，切实制定和遵守相关法律，不能因为短期利益而破坏宝贵的遗产资源。

④文化关。企业文化融合在跨国并购中的重要性和挑战性不言而喻。在全球化的今天，尽管文化融合成功的案例越来越多，但各国间仍然存在价值

观及生活方式的差异,文明冲突无所不在。杰克·韦尔奇说:"企业资产重组可以一时提高公司的生产力,但若没有文化上的改变,就无法维持较高的生产力。"在中国"新"是现代化的标志,各种新式建筑、新模式层出不穷,政府及民众正享受着"新"所带来的各种福利。而在欧洲,民众对标志性建筑物拥有深厚的感情,一家历史悠久的酒店往往承载着市民的乡愁记忆与情感寄托。居于赶超地位的中国则强调以快为上,认为快速抢占市场先机、快速建设至关重要,故中国速度成为中国模式的重要体现。在这种发展模式下,基于地产推动的中国酒店业的规模也在30年时间里达到了全球第一。

当东方效率与欧洲传统相遇后,破旧与守护、短期利益与可持续发展之间的矛盾必然产生,东西方企业间在理念、规则及管理模式方面的冲突不可避免。事实上,许多在欧洲投资的中国企业家和赴欧旅游者往往对欧洲政府、企业及民众在日常工作和生活中表现的"慢"作风很不适应。"一里不同俗,十里改规矩",只有价值观和文化的认同才能做到真正的融合。中国酒店企业在走出去过程中必须高度重视对文化敏感性的提升和国际化人才的培养,深入研究并购双方的内部文化与企业经营的外部文化环境,保证并购企业与被并购企业实现文化上的契合与兼容等,为后期双方的顺利整合奠定坚实的基础。

⑤运营关。酒店运营是一个高度复杂的系统工程,涉及从供应商到服务流程及市场渠道的各个环节。不同于技术主导的工业企业,作为劳动密集型产业,酒店业更多关注人的因素,这个特点体现在企业的领导风格、沟通方式、规章制度、管理要求、工作标准和工作流程等方面。酒店业的国际化不仅在于将中餐、品牌标识等打进国际市场,更重要的是要适应不同文化、制度体系背景下的各种挑战,而这也正是中国企业从企业使命、战略、业务、管理、品牌等方面实现"全方位国际化"的必经之路。相较于资本运营来说,这一过程更加复杂,对致力于从本土企业成长为全球企业的中国酒店企业如万达、锦江、首旅等而言,意义深远。

万达集团是中国企业国际化运营的先锋,在酒店国际投资、收购与品牌化等方面正在快速发展。通过与包括洲际、雅高、万豪、希尔顿等在内的各大国际酒店集团的合作，万达集团积累了较为丰富的国际化运营经验。同时，万达品牌的国际价值也在不断攀升。尽管万达集团在西班牙大厦的投资过程中曾遇到困难，但是中国企业走出去已是大势所趋，国际社会对此也需要转变观念。我们注意到，许多西方国家也正在改变对中国企业的态度，对中国的研究也更为深入。例如欧洲旅游业也在积极研究中国市场和文化，英国的高校甚至派出厨师团到中国大学学习以满足中国留学生的饮食需求。我们有理由相信，中国企业在经历了不同文化、制度和市场环境的洗礼后会更加长袖善舞。

6. 提升酒店核心竞争力对产业结构优化的效应

提升酒店核心竞争力的多元化战略、集团化战略、并购战略、战略联盟、国际化战略对酒店业产业结构的合理化和高度化起到了重要的作用。

（1）溢出效应。酒店核心竞争力具有很强的溢出效应，可以让现有的和潜在的酒店企业共同享有，企业通过多元化战略可以将核心竞争力延伸、组合到不同的产业领域，从而在各个产业领域也建立起竞争优势。

（2）加强范围经济。酒店业的核心竞争力可以通过协同效应转移到多元化、集团化的新领域，从而获得核心竞争力带来的范围经济。

（3）开发新的核心竞争优势。通过制定提升酒店核心竞争力的多元化战略、集团化战略，并借鉴其他企业的成功经验，来进一步强化自己的核心竞争力。

（4）获得规模经济效益。酒店集团化能获得规模经济效益，增强酒店的谈判能力、抗风险能力、整合其他产业的能力，从而降低经营成本，提升酒店的核心竞争力。

（5）优化产业结构中的资源配置。通过集团化提升酒店的核心竞争力，可以使资源按市场需求优化配置到跨行业、跨部门、跨地区的优质产品中，使酒店能充分利用生产资源，挖掘资源的潜在价值，影响产业结构中的供给和需求结构，推进产业结构的合理化和高度化发展。

（6）整合其他酒店或产业的资源。酒店通过并购可迅速、低成本获得其他酒店或其他产业的人、财、物、知识、技术等核心资源，迅速提升核心竞争力，实现酒店经济效益的最大化。

（7）利用国际资源，优化国际分工中的产业结构。酒店国际化是一个动态的发展过程，在与国际资源、市场、品牌、公司治理等方面融合的过程中，可以优化酒店企业自身的资源、提高企业吸收新知识的能力，从而优化我国在国际分工与贸易中的产业结构。

第五章
酒店业产业管理研究

5.1 我国酒店业产业政策

5.1.1 产业政策的含义

产业政策（Industrial Policy）一词最早出现在1970年日本通产省代表在经济合作与发展组织（OECD）大会上所作的题为《日本的产业政策》的演讲报告中。此后，有关产业政策的研究不断扩展，并逐步在各国政界和学术界受到关注。

虽然在20世纪70年代以前，多数国家尚没有产业政策一词，但国家对产业活动实施政策干预的史实可以追溯到人类文明的早期。如果把农业视为国民经济的基础产业，那么，东西方各国在封建时代大都出现过政府出面组织兴修水利设施、奖励处女地开垦、保护封建主土地和财产权等现象，以及后来政府在组织市场交换、维护市场秩序、奖励发明创造等方面的实践。所有这些政府行为，都是广义上的产业政策实践的原型。概括地讲，产业政策是一个国家的中央或地区政府为了其全局和长远利益而主动干预产业活动的各种政策的总和。

5.1.2 产业政策的手段

产业政策的手段通常可分为直接干预、间接诱导和法律规制3大类型。

1. 直接干预

直接干预包括政府以配额制、许可证制、审批制、政府直接投资经营等方式，直接干预某产业的资源分配与运行态势，及时纠正产业活动中与产业政策相抵触的各种违规行为，以保证预定产业政策目标的实现。

2. 间接诱导

间接诱导主要是指通过提供行政指导、信息服务、税收减免、融资支持、财政补贴、关税保护、出口退税等方式，诱导企业在有利可图的情况下自主决定服从政府的产业政策目标。

3. 法律规制

法律规制是以立法方式来严格规范企业行为，以及政策执行机构的工作程序、政策目标与措施等，以保障预定产业政策目标的实现。欧美各国大都采取法律规制的手段来实现反垄断和反不正当竞争等产业组织政策的目标。

5.1.3 我国商务部关于加快住宿业发展的产业政策

2010年，中华人民共和国商务部颁布的《商务部关于加快住宿业发展的指导意见》指出，住宿业既与居民生活密切相关，又是对外开放的重要窗口，劳动密集型特点显著，带动就业作用明显。为适应新形势下保增长、扩需求、调结构的要求，全面提升住宿业服务质量，推动住宿业转型升级，提出以下意见：①提高认识，明确发展目标；②科学规划，优化住宿业结构；③发展经济型酒店，推动住宿业连锁化经营；④创建"绿色酒店"，推进住宿业节能环保；⑤培育自主品牌，延伸产业链；⑥改进完善服务，拓宽营销方式；⑦加快法规标准建设，规范住宿业发展；⑧加强人才培养和信息化建设，增强住宿业发展动力；⑨发挥协会作用，加强行业自律；⑩完善和落实相关政策，营造良好发展环境。

2016年12月14日，商务部印发的《关于做好"十三五"时期消费促进工作的指导意见》进一步明确指出"强化住宿餐饮业服务民生功能，推进住宿餐饮业连锁化、品牌化发展，挖掘大众化服务消费潜力"。

5.1.4 我国关于支持民宿发展的产业政策

民宿源于日语"Minshuku"，指当地居民利用自家空闲的房间，为旅客提供食宿等旅游服务的小型家庭式接待单位。这类设施多分布在旅游区、市郊或乡村，明显有别于传统的酒店、饭店和宾馆，是游客体验旅游地风土人情和农村乡土文化的重要载体。我国民宿始于20世纪90年代中后期，大致分为4个历史阶段：农家乐时期；乡村休闲时期；乡村度假时期；体验式乡村旅游时期。其间我国针对民宿的产业政策不断进行试点、完善。

2015年11月19日，国务院网站发布《国务院办公厅关于加快发展生活性服务业促进消费结构升级的指导意见》，首次点名"积极发展客栈民宿、短租公寓、长租公寓等细分业态"，将客栈民宿定性为生活性服务业，将多维度给予政策支持，从而推动了民宿的合法化。

2016年1月27日，《中共中央、国务院关于落实发展新理念加快农业现代化实现全面小康目标的若干意见》明确指出要大力发展休闲农业和乡村旅游，有规划地开发休闲农庄、乡村酒店、特色民宿、自驾露营、户外运动等乡村休闲度假产品。

2016年2月17日，国家发展改革委、中宣部、科技部等10部门联合出台《关于促进绿色消费的指导意见》，表示"支持发展共享经济，鼓励个人闲置资源有效利用，有序发展网络预约拼车、自有车辆租赁、民宿出租、旧物交换利用等"。

2016年7月1日，《住房和城乡建设部、国家发展改革委、财政部关于开展特色小镇培育工作的通知》发布了两条支持特色小镇发展的政策：一是国家发展改革委等有关部门支持符合条件的特色小镇建设项目申请专项建设基金；二是中央财政对工作开展较好的特色小镇给予适当奖励。

2016年10月8日,国家发展改革委在《关于加快美丽特色小(城)镇建设的指导意见》中明确提出"加强统筹协调,加大项目、资金、政策等的支持力度"。在国家发展改革委申请专项建设基金政策的第19项"新型城镇化"里面,有"特色镇建设"这一子项,分别是"19.1 国家新型城镇化试点地区的中小城市""19.2 全国中小城市综合改革试点地区""19.3 少数民族特色小镇"。

2016年10月10日,《住房和城乡建设部 中国农业发展银行关于推进政策性金融支持小城镇建设的通知》进一步明确了中国农业发展银行对于特色小镇的融资支持办法。住房和城乡建设部负责组织、推动全国小城镇政策性金融支持工作,建立项目库,开展指导和检查工作。

中国农业发展银行会进一步争取国家优惠政策,提供中长期、低成本的信贷资金。支持范围包括:支持以转移农业人口、提升小城镇公共服务水平和提高承载能力为目的的基础设施和公共服务设施建设;为促进小城镇特色产业发展提供平台支撑的配套设施建设(生产、展示、服务);优先支持贫困地区,将贫困地区小城镇建设作为优先支持对象,统筹调配信贷规模,保障融资需求;建立贷款项目库,申请政策性金融支持的小城镇需要编制小城镇近期建设规划和建设项目实施方案,经县级人民政府批准后,向中国农业发展银行相应分支机构提出建设项目和资金需求。

2017年2月,中国社会科学院发布的《旅游绿皮书:2016—2017年中国旅游发展分析与预测》建议各地探索合理合法、高效一体的民宿行业管理政策,推行行业许可经营制度,建立统一的民宿审批与监管机制,提高民宿经营的规范性与稳定性。

2017年10月1日施行的《旅游民宿基本要求与评价》是我国首部对民宿行业标准作出规范要求的国家行业标准,在民宿行业管理上有一定指导意义。对民宿的相关定义、评价原则、基本要求、安全管理、环境和设施、卫生和服务、等级划分7个方面做了具体规定。2018年3月22日国务院办公厅印发的《关于促进全域旅游发展的指导意见》指出:"城乡居民可以利用自有住宅依法从事民宿等旅游经营。"2018年5月共享住宿委员会成立。与此同时,我国关于民宿的相关法律规范性文件得到了修订，如 2017 年发布的《旅馆业治安管理条例（征求意见稿）》将"民宿"纳入管理范围。2017 年住房和城乡建设部、公安部、国家旅游局联合印发了《农家乐（民宿）建筑防火导则（试行）》。相关部门更多从行业管理的角度设置了限制性规定。

另外，《中华人民共和国旅游法》规定省一级政府可根据本省旅游产业发展情况自行制定管理办法，管理本辖区居民从事旅游经营性质的住房。各省（区、市）按要求开始修订地方旅游条例、出台指导意见、出台民宿管理办法等。例如，2015 年，《浙江省旅游条例》规定对民宿发放相关经营许可，并依据此条例出台指导意见。福建、山东、广东、重庆、贵州、西藏、陕西、宁夏等省（区、市）的旅游条例中均涉及民宿的界定和管理条款，或明确鼓励个人可以利用自有住宅经营民宿业务。四川 2015 年全面启动了《四川省旅游条例（修正）》立法调研及《民宿管理办法》的前期研究。2016 年，《北京市旅游条例》中将"民宿"单列为一节，并出台了地方性法规。2017 年，《甘肃省临夏回族自治州旅游条例》规定自治州、县（市）人民政府应当加强对旅游民宿经营的引导，鼓励旅游民宿发展。此外，其他省（区、市）以指导意见的形式对行业管理细则做出了规定和说明，如《关于促进苏州市乡村旅游民宿规范发展的指导意见》《浙江省人民政府办公厅关于确定民宿范围和条件的指导意见》等。

5.1.5　关于我国酒店业的产业政策建议

建议我国相关部门出台专门处理住宿业方面纠纷的法律，日本、新加坡、法国等国都颁布了关于住宿的专门法。我国香港地区也颁布了《香港酒店旅馆法》和《酒店东主条例》，台湾地区颁布了《观光旅馆业管理规则》，而其他地区大多是依据《民法通则》《合同法》《公司法》《消费者权益保护法》等民事方面的法律来处理相关纠纷。

旅游主管部门可联合商务部、国家发展改革委、公安部等联合出台统一的《促进酒店业发展的意见》，出台的政策应以促进产业结构优化和调整、产业创新为目标。

旅游行政主管部门应制订旅游住宿业发展规划,引导整个产业的发展方向、结构调整、空间布局等,积极推动共享住宿、酒店业资产证券化等相关法规的起草和制定,以提高住宿设施的利用率和存量资产的流动性。

旅游行政主管部门应积极与相关部门协调,逐步取消旅游住宿业的经营性障碍。例如银行手续费与商业企业同价,住宿企业与工业企业水电同价等;同时应为中小住宿业争取融资、税收、人力资源、市场开发等方面的国家政策支持。

5.2 酒店业产业规制

5.2.1 产业规制的含义

产业规制是政府或社会为实现某些社会经济目标而对市场经济中的经济主体做出的各种直接的和间接的具有法律约束力或准法律约束力的限制、约束、规范,以及由此引出的政府或社会为督促产业经济主体的活动符合这些限制、约束、规范而采取的行动和措施。简要地说,产业规制是政府或社会对产业经济主体及其行为的规制。它是对市场失灵现象的治理,目的在于维持正当的市场经济秩序,限制市场势力,提高资源配置效率,保护大多数社会公众的利益,使之不受少数人的侵犯。依照规制实施主体的不同,产业规制分为政府规制、社会规制和行业自律规制3类。

政府规制是政府为实现某些社会经济目标而对经济主体做出的各种直接的具有法律约束力的限制、约束、规范,以及由此引出的政府为督促经济主体的行为符合这些限制、约束、规范而采取的行动和措施。

社会规制是指与政府规制相对独立,对经济主体做出的各种直接和间接的具有准法律约束力的限制、规范,以及由此引出的社会为促进经济主体的行为符合这些限制、规范而采取的行动和措施。

行业自律规制又称"行业管理",它介于政府规制和社会规制之间,主要是指行业协会对本行业企业的规划、协调,因而是一种综合性的自组织规制。

5.2.2 关于我国酒店业产业规制的建议

美国的酒店业产业规制很有借鉴意义。美国国家层面的旅游机构主要有商务部国家旅行旅游办公室（NTTO）和美国旅游推广局（Brand USA）。美国商务部国家旅行旅游办公室在全国层面与其他政府部门协调,负责旅游业相关统计数据的收集和整理工作;各州还会依据自身旅游业发展情况,设计和实施有针对性的游客调查和地方性旅游经济影响评估的项目。

2016年住宿业的概念兴起,这是我国酒店业的重大改变。但是,目前我国住宿业的管理政出多门,没有全覆盖的行业管理办法,更没有全行业的数据服务。住宿业的服务对象涉及面比较广,包括旅游者、商务活动者、公务活动者等,因此无法按照某一个单一对象为依据归口管理。因此,我国住宿业需要统一行业归属。华美酒店顾问机构首席知识官、高级经济师赵焕焱建议以客房为行业标志实行住宿业全覆盖统一管理。

5.3 酒店业行业管理

5.3.1 行业管理的含义

行业管理就是按行业规划、按行业组织、按行业协调,以及按行业沟通的一种产业管理体制。这种体制包含行业的两个层次管理及其相互间的协调问题。第一个层次就是组织行业协会,通过行业协会来统一规划、协调、指导、沟通各同行业企业的生产经营活动,促进行业的发展;第二个层次是政府机关通过制定各种财政、金融政策来确定各行业,尤其是重点行业的发展方向和目标,对各行业的发展进行规划、协调和指导。两个层次的管理必须相互协调,这种协调主要是通过行业协会和跨行业的行业联合会与政府部门的密切沟通来实现的。

5.3.2 行业管理的作用

行业管理是市场治理的一种手段，行业管理在约束行业市场主体不良行为、维护市场秩序上具有重要作用。

（1）行业管理可以更好地解决某些市场失灵问题。与政府监管相比，行业管理可以及时有效地接收与处理相关的市场信息。行业组织本身更了解市场形势与市场主体行为，能够迅速有效地进行监管；同时可以制定切合行业实际情况的管理与服务规章，使规制成本大大降低。

（2）行业管理的实现方式更加有效。行业管理可以通过建立行业标准，发布行业信息，提升行业内部技术水平、管理水平，建立行业合作机制，协调行业内部成员冲突，降低内部恶性竞争，建立合理规范的市场秩序等举措来提高行业内部的经营水平。

（3）行业管理能提高整个行业的声誉。行业本身可以通过建立行业自律规范，惩罚行业内不遵守规范的行为与企业等举措，为整个行业、企业建立起公平和诚信的良好声誉。

（4）行业管理可以减少溢出损害，防止共同制裁。溢出损害指一个成员企业的过失会连带同一行业的其他企业受损害。行业管理通过披露过失成员企业的整改信息、协调对外公共关系，有助于减少个别企业的过失对整个行业的损害。同时，行业管理可以协调企业间统一行动，减少在对外活动中遭受行业性制裁的风险。

当然，行业管理也有其局限性，例如：顾及本行业企业的利益，管理不严格，规范标准不够客观细致；行业内部站在企业利益的立场发表意见；某些大企业只顾及本企业私利，垄断现象出现，建立行业壁垒，建立价格联盟，阻止企业间的公平竞争。同时，行业制定的管理规范不足以代表消费者的利益，出现"店大欺客"的现象。另外，行业管理缺乏一定的强制性与权威性。

5.3.3 行业管理的实现方式

1. 制定行业规范

通过制定行业规范来管理行业事务、约束成员行为、调整成员间的市场竞争关系，并借此维持行业秩序是行业自律发挥作用最普遍的方式。

2. 制定行业标准和技术标准

制定行业标准与技术标准是行业协会的主要功能之一，也是行业协会促进行业自律的有效手段。行业标准规定了成员企业的产品质量标准内容，对全行业设置生产门槛，实际上是对会员生产行为的一种规范。通过标准管理行业更具有专业性、科学性，并为消费者客观评判产品和服务提供了切实可行的依据。

3. 实施行业准入管理

市场准入是对市场主体进入市场的明确约束，指明商品生产经营活动的条件和程序规则，明确了禁止什么、限制什么、鼓励什么，是各市场监督主体或市场参与主体对市场进行干预的起点。在法律的基础上，根据本行业的实际情况，从维护行业整体利益出发，以行业标准和技术标准为主要依据，设置本行业进入门槛，制定进入标准，达到控制市场结构和市场份额、进行行业管理的目的。

4. 协调与解决争议

协调与解决争议是行业对内部或行业有关事务进行仲裁裁决或调解的一种方式，也是行业管理的重要手段。协调与解决的事项主要包括：成员企业间在经营活动中产生的争议；成员企业与非成员企业在经营活动中产生的纠纷；不同行业的组织就利益相关的行业之间的争议进行协调；作为行业利益代言人就影响本行业发展的政策与政府相关部门进行沟通与协调等。行业管理进行协调与解决争议的优点是：行业组织对行业内的规则更加熟悉，裁决具有专业性与科学性；行业内的裁决在企业法人内部进行，不对外公开，保护当事人的商业秘密和市场信誉。当然，行业管理对非会员不具有约束力，需政府监管部门支持协调。

5. 发布行业信息与决策引导

行业组织通过了解最新行业发展情况，针对国内外经济发展形势、国内外政治形势、产业链整体发展情况、行业内部目前出现的问题、需全行业共同携手解决的问题和面临的困难、消费者的整体变化情况、行业各企业的发展定位与发展战略等方面定期提供信息与召开行业发展研讨会，为政府、行业各企业、消费者提供公开、透明、理性的信息与决策引导参考。

6. 行业认可、赞许和惩戒

行业认可，就是某个企业通过行业组织审查并得到承认为其成员，从而在公众中获得某种合法性。行业认可对成员企业的约束是在成员违规时会受到行业谴责，甚至被开除成员资格。行业赞许，就是行业组织根据行业特点和特定的标准对行业内的成员企业进行评估、排序，并对成就突出者进行表彰，目的是提高那些表现优良的成员企业的社会公信力，给那些表现欠佳的成员企业带来竞争压力。行业惩戒，就是当某些成员企业不遵守或违反了行业的共同规范时，行业组织根据情节轻重给予违规成员企业必要的处罚，包括内部警告、责令改正、检讨、行业内通报批评、记入诚信电子档案、自律信息公开、取消成员资格等方式，对于涉嫌违法者将向政府有关部门和司法机关依法举报。

5.3.4 行业管理的模式

从理论上讲，行业管理职能的3个发展层次，决定了行业管理有3种不同的模式。

第一种模式，同行业企业组建行业协会，由行业协会主持行业内部企业之间的规划、协调等工作。行业管理的目的仅仅在于合理规划同行企业的生产布局和生产规模，协调在生产经营中出现的各种问题，以保证行业的健康发展，获得与其他行业相同或相近的利润率。

第二种模式，由政府有关部门承担行业管理的职能，同行企业或者组建行业组织，或者不组建行业组织。如果有行业组织，它与政府的产业管理部门也缺乏有效的沟通渠道，行业的意愿不能被政府的行业管理政策所体现，政府的行业管理目标也不能通过行业组织而有效地实现。

第三种模式，就是产业界与政府相互作用的行业管理模式，典型的例子就是日本的行业管理。

根据国内外行业管理组织发展的实际情况，行业管理组织大体有两种类型：一是行业协会；二是商会。行业协会是按照企业的业务性质组建的行业性、自律性中介组织；商会是协调和约束参加市场活动的各企业人员行为的跨行业、地域性、自律性中介组织。

美国行业组织的任务主要是制定产品和服务质量的标准；提供教育和训练机会；在成员间开展交流活动；与其他行业组织进行联系；向政府机构和一般公众陈述行业主张，以及制定行业职业准则等。但是，目前美国的行业组织基本不涉及协调竞争的事务，比如统一价格、规定产量等。

法国、意大利等其他国家的行业组织主要进行两方面的活动：一是代表厂方与官方联系有关事务；二是通过制定技术标准和传递信息来协调同行业企业的活动。其他的职能有：组织有关经济问题的研究，出版有关著作，开展对外经济技术交流，代表国家参加国际行业组织等。

我国的行业协会崛起于明清时期，清代的商人会所实际上就是行业协会，近代意义上的商会则成立于清末。新中国成立后，历经演变，我国行业协会或商会带有很浓的政治色彩。我国的商会除工商联所代表的民间商会之外，贸易促进委员会系统的国际商会，某些不隶属于工商联系统的进出口商会等都具有较强的政府背景。随着市场经济的发展，我国开始出现不少政治色彩较淡的地域性商会，尤其是在浙江、福建、广东等民营经济发达的地区。到2011年，浙江省异地商会有800余家；福建省异地商会有563家，其中省级异地商会有30家。与商会类似，行业协会也带有很浓的政治色彩，主要有两种形式：同政府的有关行业办公室相结合的政府型行业协会；由原国有企业演变而来的行业协会。随着市场经济的发展，民间行业协会也逐步得到发展。

我国的行业协会由于其产生的条件与国外的行业协会不同，因而具有自己的特点。国外的行业协会是企业为了协调利益关系，自下而上聚集而成的、完全民间性质的社会经济团体；而我国的行业协会，多是随着政府职能转变，从政府部门分离出来的部分职能人员组建的具有浓厚官方、半官方色彩的组织。国外是政企分开的，政府和企业需要联系与对话时，有赖于行业协会之类的中介组织；而我国恰恰是从政企不分走向政企分开时，需要组建这样一个中介组织。我国的行业协会在这样的特殊背景下应运而生，所以它的发展程度往往取决于政企分开的程度。在政企不分的时候，这种中介组织几乎是没有必要存在的；在政企若即若离的时候，它表现为可有可无；当政企适当分开时，它将发挥较大的作用；在市场经济中现代企业制度确立的情况下，它将发挥重大的作用。

因此，中国行业协会均具有明显的半官半民的性质。这种性质与现行体制有着必然的联系，是体制的产物。一方面，随着政府简政放权、企业自主经营权的扩大，生产经营的横向经济联系加强，企业在进行生产经营的专业化协作时迫切需要统一的行业规划、行业指导、行业协调和行业服务，从而使行业管理组织具有了民间的性质。另一方面，纯粹民间性质的行业协会很难做到统一规划和协调隶属于不同部门、分散在不同地区的同行业企业的行为，因此必然要借助某些部门的行政权力，从而使行业协会有了"行政""官办"的色彩。这具体表现在两个方面：行业协会的组建自上而下并带有一定的行政干预色彩；在行业协会的职能发挥上，也行使政府有关部门授予的行政权力。

目前，我国行业协会和商会发展均不成熟，在概念上并未将两者严格区分，在现有法律体系中，商会与协会的范畴被界定为同一层次，也没有加以区分。

当下正在全国各地进行的行业协会管理体制改革，也诞生了3种不同的模式：北京模式、鞍山模式、广东模式。

1. 北京模式

传统双重管理体制的微调。2002年11月27日，北京市成立了市行业协会和市场中介发展办公室（简称"市中介办"）。市中介办成立后，积极培育和扶持行业协会的发展，并研究制定了《关于促进北京市行业协会发展和改革的意见》。2007年12月2日北京市又成立了市委社会工委（简称"市社工委"），将之前的"市中介办"并入其中。市社工委与市社会办对全市社会组织的建设与发展、社会组织的党建工作进行规划、指导、综合协调，市民政部门依法对社会组织进行登记注册和监督管理。

2. 鞍山模式

新双重管理体制。通过某些政府部门来承接全部或部分行业协会的业务主管单位职能。通过建立"联席会议制度"，民政部门承担联席会议的日常工作，负责行业协会的设立、变更、注销登记，以及年检和监督检查等；"工经联"成为行业协会主管部门，负责业务指导和日常监督管理等工作。

3. 广东模式

一元管理体制。2006年广东率先取消了业务主管单位，统一由民政部门行使行业协会的登记和管理职能。

既然是3种不同的模式，那么哪种效果更好，更适宜被其他地方政府借鉴和在全国范围推广呢？

在北京模式中，社工委具有相应的行政权力和资源，可以促进相关法规的出台和落实，也可以较好地协调各方利益，促进行业协会发展。

国家行政学院教授马庆钰曾经参与北京模式的筹备工作，不过他毫不讳言地指出，北京模式不符合管理的一般规律。"管理机构应该越少越好，但现在又多出社工委这样一个机构。"马庆钰说。

华北电力大学人文与社会科学学院社会企业研究中心主任朱晓红也表示，北京模式的不利之处在于，增加了行业协会的交易成本，而且社工委与民政部门职能衔接需要时间和实践，同时，这种模式也需要一定的行政成本。

而在鞍山，相对于原来的政府部门，工经联做主管单位可以避免部门利益牵制，给行业协会创造更宽松的环境。但弊端也来源于工经联，工经联实际职能和资源有限，难以有效促进行业协会发展，而且工经联作为社团也有自己的主管单位,同时"协会指导协会"也违背了"社会团体主体地位一律平等"的原则。

广东的改革一步到位,有利于政府职能转变,行业协会建立起独立自主的机制,但同样存在弊端。政府职能转移没有做到"费随事转",个别部门不担任业务指导单位后,对行业协会"不闻不问",既不管理也不支持。而且广东的改革也会受到上位法——《社会团体登记管理条例》的限制。

5.3.5 关于我国酒店行业管理的对策建议

1. 加快我国酒店业行业协会的制度改革

目前,我国旅游行业协会的会员单位已覆盖全国60%以上的旅游企业,成为旅游业发展的重要力量。2007年,《国务院办公厅关于加快推进行业协会商会改革和发展的若干意见》对推进行业协会管理体制改革、拓展行业协会职能、加强行业协会自身建设、完善扶持政策等方面提出了明确要求。

2009年,《国务院关于加快发展旅游业的意见》明确提出了旅游协会改革的时间表,"五年内,各级各类旅游行业协会的人员和财务关系要与旅游行政管理等部门脱钩"。

民政部发布的《全国性行业协会商会负责人任职管理办法》提出:全国性行业协会商会负责人不设行政级别,不得由现职和不担任现职但未办理离退休手续的公务员兼任。

2. 行业协会加快"去行政化"

刘武俊在《行业协会去行政化得动真格》一文中指出,"去行政化"是行业协会、商会健康发展的应有之义。许多原来由政府承担的职能逐渐为行业协会、商会所替代,部分审批权力无疑也将交至协会、商会手中。行业协会与行政机关脱钩乃大势所趋。长期以来,一些社会组织尤其是行业协会、商会存在行政化倾向明显、政社不分、管办一体、责任不清的问题,是社会组织改革要啃的"硬骨头"。转变政府职能的要义,就是将一部分政府管不了、不该管、管不好的社会问题还权给社会,鼓励社会组织承担一部分从政府转移出来的职能，鼓励民间力量参与社会建设。政府的某些事务性管理工作、适合通过市场和社会提供的公共服务，可以适当的方式交给社会组织、中介机构、社区等基层组织，以便降低服务成本，提高服务效率和质量。政府机构改革和职能转变的核心就是政府放权，很多公共事务需要区分，对于那些社会能管好的，政府就不必再管，应大胆"放权"给社会组织。当然，在放权的同时，要培育好社会组织，防止其蜕变成"二政府"。

行业协会必须尽快实现"去行政化"目标。让这些社会组织的人、财、物和政府部门完全脱钩，把所谓"有政府背景"的社会组织都名正言顺地回归社会，培育成为真正意义上民间性的社会组织。政府公务人员退休后，不得再到相关领域的社会组织中任职，应严格遵守任职回避原则。行业协会的主要领导原则上面向社会公开择优选聘。政府的主要职能是提供有效的公共管理和服务，但绝不是把公权力延伸到社会每个领域，而要有所为有所不为。从角色定位上来说，政府职能转变的目的，就是要逐步从"万能政府"转变为"有限政府"，从"撑船"转变为"掌舵"。一方面要积极稳妥地推进政府机构改革和职能转变；另一方面则要大力培育成熟发达的社会组织，加快社会建设。唯有政府和社会各得其所、各就各位，政府职能转变工作才可能真正落实到位。

3. 新型行业协会向同业公会方向发展

中国酒店业协会的转变，目前仅是形式上的改变，其实质与以前基本相同。酒店业新型行业协会需要有脱胎换骨式的改变才能担当历史使命，具备制定游戏规则和设立进入门槛能力的同业公会才是其未来发展的方向。

同业公会又称"行业公会"。指的是从事某一自由职业的人士组建的内部组织。在行业内部具有强制力量来维护同行业的组织和纪律，是职业公务的管理方式。如会计师协会、律师协会等。管理机构由同行业的人选举产生。同业公会的组织受两个原则支配：①全体性原则，同业公会的成员包括该行业的全体人员在内，没有例外。②强迫性原则，从事某一行业的人，必须加入该行业的公会，否则不能开展业务。同业公会的主要职权是管理某一部门的职业公务。就国家而言,同业公会是某一职业的代表,对于同该职业有关的重大问题和法律草案,应征询同业公会的意见。就该行业而言,同业公会具有 3 种权力:①制定规章权。包括职业道德规则、行业成员之间的关系以及和顾客之间的关系的规则。②审查会员资格权。③纪律处分权。用于制裁违反职业道德的成员,手段包括警告、停止执行业务、丧失同业公会成员资格等。同业公会有权力和责任监察会员的商业运作,并对会员发出指引(或规例)。①

目前,上海已经出现银行业等同业公会,其实,早在 108 年前上海就出现了旅馆业同业公会。1911 年,上海少数客栈为应付当时环境的变化,自发组织了上海旅栈业公所,成为我国最早的同业组织。目前,从政府角度来看,在住宿业同业公会设立之前的过渡时期,地方政府应该对住宿业总接待人数与实际能接待人数进行数据的信息化采集,按照其商业承载力进行审批和干预,或者采取听证会的形式,对住宿行业的后进者设限。

---

① 百度百科. 同业公会 [EB/OL]. [2019-04-16]. https://baike.baidu.com/item/%E5%90%8C%E4%B8%9A%E5%85%AC%E4%BC%9A/10774160? fr=Aladdin.

第六章
酒店业产业可持续发展研究

产业发展与经济发展类似,是一个从低级向高级不断演进、具有内在逻辑、不以人们意志为转移的客观历史过程。产业的可持续发展才是这个产业发展的根本源泉与动力,也是产业经济学的重要内容与任务。本章首先探讨有关产业可持续发展的含义与理论基础;其次,展开对酒店业可持续发展的案例研究,包括国内外经典的案例;最后,提出酒店业可持续发展途径与方法的具体建议。

6.1 酒店业产业可持续发展理论探索

根据世界可持续发展企业理事会(World Business Council for Sustainable Development,WBCSD)2006年的定义,可持续发展是"满足当下需求而又不会对满足后代需求造成危害的发展方式。考虑到当今大规模的贫困,满足当下需求的挑战非常严峻。但是我们必须长远地看待问题,并尽力保证我们今天为日益增长的人口而做出的努力不会危害到环境、社会以及我们子孙后代的需求"。

根据联合国世界旅游组织(2004)的定义,"可持续原则涉及旅游发展的环境、经济以及社会文化方面,而且在这三者之间必须建立一个合适的平衡点来保证旅游业的长期可持续性发展"。

以《布伦特兰报告》中的定义为出发点,可持续住宿业的运营可以被定义为:"为了满足当代人的需求并保证未来人类的发展,可持续住宿业以经济、社会和环境利益最大化的方式来管理其资源。"为了表述更加清晰,这个叙述要求通过如下问题来检验:

酒店使用的哪些资源会直接影响经济、社会以及环境利益?可持续性原则如何融入住宿业管理系统?酒店业既要满足当代人的需求,又要保证未来人类的发展意味着什么?

可持续住宿业运营或者"绿色酒店"旨在减少自身发展对环境和社会造成的负面影响。美国绿色酒店协会提出了一个更具有资源导向的定义:"绿色酒店是环保的可持续性财产,酒店的经营者渴望通过一些项目来节水、节能、减少固体垃圾,同时降低成本从而保护我们唯一的地球。"

6.2 酒店业产业可持续发展实践研究

6.2.1 酒店经营的可持续发展

1. 提供能反复使用的水杯[①]

随着全球酒店业环保意识的增强,许多酒店业主开始致力于在酒店经营中不再提供一次性塑料吸管,而更具环保意识的酒店则专注于为客人提供能反复使用的水杯,用以代替难以处理的塑料水杯。

(1)缅甸首都仰光[②]的玫瑰花园酒店(Rose Garden Hotel Yangon)。该酒店的大堂内设置了绿色环保饮水站点。

通用汽车公司(GM)的中方负责人 Alex Scheible 说:"从3年前酒店开业时,我们就决定减少使用塑料材料。这意味着我们不仅要杜绝使用塑料吸

[①] 迈点. 酒店业的可持续发展变革 是噱头还是责任?[2019-04-16]. https://www.sohu.com/a/242727222_166401.

[②] 2005年11月6日迁都内比都。

管，尽量减少使用塑料瓶，就连浴室的设施和小配件，我们都会使用可回收的材料，尽量减少对环境的污染。"

为客人和参会人员提供的杯子都是由可回收铝材制成的，可循环使用。酒店使用可回收铝材作为水杯的想法来源于当客人离开酒店时，可以将瓶子带走，在旅途的下一站依然可以使用，而不是和从前一样购买 PVC 水瓶，用完就扔掉。自从仰光玫瑰花园酒店内设置绿色环保饮水站点以来，已经减少使用 100 万个不可降解的 PVC 瓶。

（2）希尔顿嘉诺宾酒店（Canopy by Hilton）。希尔顿嘉诺宾全球负责人 Gary Steffen 表示，希尔顿嘉诺宾品牌自 2014 年推出开始，就一直致力于开发可持续发展和环境友好型产品，因此也在建立品牌忠诚度方面取得了成功。

希尔顿嘉诺宾旗下所有酒店都会为客人提供玻璃水杯及过滤饮水站点。比如，冰岛市中心的希尔顿嘉诺宾的饮水站点采用了"环保自然火山岩过滤系统"。

（3）Even 酒店。洲际酒店集团（Inter Continental Hotels Group）旗下 Even 品牌的全球品牌体验和设计主管 Stacy Bedsole 表示："自 2014 年该品牌成立以来，饮水站点一直是酒店客户体验感的一部分，甚至品牌旗下每个酒店的客房都为客人提供了一个可重复使用的水瓶。"

可重复使用的水瓶是酒店房间内设施的一部分，过滤饮水站点的设置取决于酒店，一般每隔一层有一个，或者每层楼都有。酒店的目标是帮助客人在旅途中保持健康，而"容易获得补给水源"是其中至关重要的一部分。

Stacy Bedsole 说："从本质上来讲，通过提供和鼓励使用可重复使用的水瓶，是我们支持可持续发展的一种方式。"

（4）Cayuga 系列。Cayuga 的联合创始人兼总裁 Hans Pfister 表示，大约 8 年前，Cayuga 旗下的所有酒店就已经开始禁止使用塑料水瓶。

"尽管目前来看塑料水瓶非常方便，即使从可回收的角度来看，塑料水瓶也是不错的选择。但是在沿海地区，塑料水瓶极大地破坏了环境，因此我们决定摆脱它们。"Pfister 说。

在客人到达酒店之前，酒店就会告知客人不提供塑料水杯，当酒店从机场接到旅客时，旅客会获得带有酒店名称的密封玻璃水瓶，旅客只需要在旅途结束时将玻璃杯洗净归还即可。

2. 能源消耗与供应

互联技术为改进能源生产与使用的方式提供了极大的帮助。酒店可利用互联智能微电网和智能能源管理系统以较低成本生产可再生能源，使用过程也可以实现智能化。例如，把太阳能转换成电能并就地储存，然后根据天气预报或住店客人数量来选择是立即使用或是存入电网。

得益于物联网技术的发展，酒店可对所有用电设备进行监测，以便实现设备的自动化、智能化控制，从而提高使用效率。互联的传感器和相关物件，如门窗感应器、温感器、动感器、智能调温器、百叶窗控制器等，可以让供热冷却系统根据入住客人房间数量优化能源消耗，减少能源浪费。照明系统也可以更高效，例如，传感器可以根据室外光照情况来调节密室内光线强度。

3. 打造物联网房客

单从节省能源这一方面就足以说明可持续发展给酒店带来的好处，而优化的房间保洁过程又是一个很好的例子。通过数字网络传感器系统对实时数据进行收集、分析和评估，可为资源的预测性计划和可持续使用打下基础。毛巾、香皂和卫生纸可随需配置，优化采购储存，省去核对库存这一中间环节。互联传感器记录下补充物资的数量从而确定客人的使用频率。由此产生的数据传送给中央服务器，中央服务器对数据进行评估，然后根据需求情况将结果再传送给保洁人员。一旦房间有保洁需求或卫生纸需要填充，中央服务器就会自动通知保洁人员。

4. 住宿业的"新工作"理念

"新工作"理念——工作场景的虚拟化和数字化也为酒店业未来的可持续发展提供了巨大机会。现如今，员工可根据特定工作日的特定工作内容来自行选择工作场所。

除了提高效率和生产力、优化组织架构，数字化还能优化酒店客房的利用率。酒店已不仅是一个可供客人睡觉和吃饭的地方，还可以是一个安静的办公地、一个会议区，也可以是一个社交聚会地点。数字化绝不仅仅是酒店前台安置更多的机器人，实现酒店服务的"去人员化"，而是应该关注于高效而健康的工作环境，在满足客人需求的同时优化本地环境。

5. 实施在线可持续发展管理系统

洲际酒店集团旗下所有酒店均加入了 IHG Green Engage 绿色环保参与计划，这是一个创新性的环境可持续发展在线系统，它能为酒店提供行之有效的方法以衡量并管理日常运营对环境产生的影响。该系统紧密跟踪酒店对能源、碳、水的使用情况，废物管理及相关成本。酒店可以从精心设计的200多种"绿色环保解决方案"中进行选择，从而帮助酒店降低能耗、节约用水、减少废物数量。这套系统可以帮助酒店履行负责任企业的重要承诺，同时帮助酒店削减由能源损耗所带来的经济损失。

6. 可持续发展带给客人更好的体验感

一些酒店希望通过具有可持续性的举措来降低成本，这些举措在短期内可能看不到明显的作用，然而从长远来看是可以降低酒店成本的。

实际上在初期，具有可持续性的举措虽然会导致成本提高，但是却能给客人带来更好的体验感；而从更高的层面来看，这些举措有利于酒店行业的长远发展。

7. 模块化建筑技术的应用

随着钢结构模块化建筑技术的成熟，"钢结构模块化酒店"技术使绿色环保、可持续利用的酒店从概念变成了现实。钢结构建筑与传统建筑相比有几大优势：一是建筑垃圾显著减少；二是可持续、重复利用；三是工业化程度高。

钢结构集装箱酒店具有可移动优势，可以将单一场景切换成深山、沙漠、雪原等不同环境。这是一个新兴领域，将成为酒店产业的一个全新细分市场。国家在"十三五"时期大力推广钢结构的应用，钢结构建筑是绿色建筑的主要发展趋势。传统酒店数量多、布点广、业态模型相对陈旧；而钢结构模块化的集装箱酒店具有"多用途、可移动、可循环使用"的特点，使"组装酒店、移动酒店"成为现实。

6.2.2 酒店管理的可持续发展

雅阁酒店集团副总裁兼董事乐中成针对酒店管理的可持续发展，提出以下7种观点：

1. 具体问题具体分析

当接到酒店项目时，必须通过恰当的营销方式找到合适的客群，必须想清楚建立该项目的目的，才能决定相关的营销方式。在运营过程中，会遇到什么样的机会和挑战，哪些地方适合建设精品酒店，哪些地区可能更需要快捷酒店，哪些地方更需要服务式公寓或者民宿，都需要酒店管理者具体情况具体分析，不能一概而论。

2. 服务培训

酒店会提供服务方面的培训，前提是雅阁必须确定该地段适合酒店经营，能给客户提供家一样的环境，而雇员也乐于在酒店工作。

3. 精品酒店强调当地特色

对于精品酒店来说，最主要的竞争优势就是当地的特色，如果能融入一些当地历史文化元素，就更有利于酒店的长远发展。

4. 民宿业与高科技结合

酒店可以在民宿领域采用更多的科技设备，比如，可以把机场的自动值机技术用在民宿领域，这就可以极大地降低人工成本。

5. 服务型公寓注重系统化管理

雅阁旗下大概有50多家酒店，在管理过程中，需要构建一个系统，以便根据收集到的数据制定相关的发展策略。在这个系统的帮助下，酒店可以很方便地了解哪些目标得以实现，哪些目标没有实现，绩效和财务方面的工作有没有做好。

6. 品牌建设

酒店需要构建自己的品牌，因为它可以增加客户的黏性和强化客户的认可程度,可以让游客在家之外的地方找到另一个"家"。所以,酒店对客户的吸引力就来自品牌的文化、品牌的建设。

7. 员工激励制度

酒店要时时激励员工,鼓励他们认真工作。酒店对人力资源应该有相关的评估措施,雅阁一年会做两次评估工作,以便考察员工的工作情况是不是令人满意。

6.2.3 酒店人才的可持续发展

1. 2018年酒店业人才危机仍在继续

中国旅游协会副会长兼秘书长张润钢博士在对酒店行业2018年的综述和2019年的展望中指出,2018年,酒店行业的人才(人工)危机仍在持续。中瑞酒店管理学院酒店业研究中心已连续3年对知名酒店集团和部分代表性单体酒店的人力资源情况进行了调查,结论总结如下:

(1)长期困扰酒店的"招不到人"的状况2018年仍在恶化。对比近3年的数据发现,招聘时酒店对"酒店工作经历""学历"和"相貌"等条件的关注度在逐年下降,这表明无力缓解用工荒的酒店企业还在降低用人门槛。

(2)"酒店薪资待遇吸引力不足"和"非正常工作排班,劳动强度大"等情况继续成为招聘难的重要原因。

(3)招不到人自然导致在岗人员劳动强度大,"人少—活多—服务质量差"的恶性循环难以打破。

(4)2018年,各酒店管理公司在项目开发上纷纷捷报频传,收获颇丰;但要看到,此时酒店数量正无序、过快地增加,这不仅加剧了市场的恶性竞争,还进一步加剧了行业的用工荒。

(5)两年前,酒店餐饮和房务是最缺人手的部门;而如今酒店的工程部门也开始出现用人荒。

(6)2018年,新生代员工的跳槽周期已由3年变成了1年,被认为是酒店潜在人才的管培生,其保留率降至20%以下。

（7）除了基层员工，管理人员的流失率也开始上升。2016年受访酒店领班主管级的流失率只有5.06%，而在2017年和2018年分别上升到14.2%和14.82%；部门经理及以上人员流失率从2016年的1.2%分别上升到2017年的9.7%和2018年的7.88%。

（8）各酒店员工的培训时间在逐年减少，2016年和2017年大多数酒店员工每人每年接受培训的时长都在61小时及以上，2018年为41~50小时。

（9）培训的内容以应付岗位工作为主，其他方面的专业培训次数和机会则在逐年减少。

（10）大多数酒店录取的酒店管理专业的大学生占总录取人数的比例都不足30%。而据文化和旅游部的数据统计，截至2017年底，全国开设酒店管理专业的本科院校有222所，招生1.4万人；开设酒店管理专业的高职院校669所，招生4.5万人，中职招生2.2万人。按本科4年、高职3年、中专2年学制粗略统计，全国酒店管理专业大中专在校生应有20多万人，每年毕业8万多人。

调查结果还显示，有56.21%的受访酒店认为无法吸引和留住员工，有54.8%的酒店认为越来越少的年轻人愿意从事酒店行业——酒店业未来面临的最大风险有可能是无人干活，这并非耸人听闻。

2. 酒店人才激励案例借鉴

（1）无锡君来集团的小费激励机制。无锡君来集团，这些年一直实行小费制度。利用互联网技术，客人手机扫描服务员胸前的专属二维码，就可以红包打赏服务好的员工，打赏的钱直接进入该服务员的账户。同样，如果认为某道菜做得不错，也可以通过扫描菜品旁边摆放的二维码牌，对厨师进行奖励。通过互联网技术，把传统的现场塞几块钱给接受者的过程娱乐化了，而且调动了员工工作的积极性，也没有给酒店带来额外的负担。通过这种机制，服务质量好的员工，小费净收入可达1000~2000元，对于基层员工来说，这就很有激励意义。

（2）OYO酒店人才战略。人才观是OYO酒店人才战略推进的一部分，

OYO 酒店从人才选择、人才发展、人才评定 3 个维度推进企业人力资源的建设。

而 OYO 酒店的人才战略不止于此，OYO 酒店品牌是全球性的品牌，包括 OYO 尊享、OYO 自营、OYO Smart 和基于"千禧一代"旅行者需求的 OYO Townhouse，而这些品牌的深耕过程，都需要大量的人才。

作为新型酒店，OYO 酒店人才的培养与管理经验，无论是对 OYO 酒店还是对整个酒店行业来说，或许可以逐步解决人才断层的问题。作为一个新兴事物，OYO 酒店颠覆了传统酒店业的发展路径，是不同于互联网高科技企业的未来企业，而所谓的"未来企业"，有两个核心要素：一是可持续的科技创新能力，二是高质量的人才队伍。

在人才方面，OYO 酒店的员工多数均有酒店业、连锁业或一流企业的从业经验，而高管团队来自阿里、神州租车、滴滴、摩拜、麦肯锡、饿了么、UBS、强生等国内外一流企业。这些来自但不限于酒店业的员工，用迥异于传统酒店的思维与管理方法，给 OYO 酒店在各个阶段的发展带来了新思维与活力，推动了酒店的发展与繁荣。

2018 年 8 月，OYO 酒店开设"酒店学院"，为 OYO 酒店员工提供专业培训及职场竞争力提升课程，也将为酒店行业输送大量的运营和管理专才。

3. 人性化管理是关键

"90 后"正逐步成为社会发展的中坚力量。在酒店行业，基础管理层的交接过渡正在展开。由于存在代际差异产生的价值观鸿沟，如何"人性化管理""90 后"员工成为新议题。

在这一问题上，不同酒店的从业者有着不同的看法。

有人认为，工资和待遇自然重要，但这不是提升其获得感和归属感的唯一驱动力，能否留住员工，氛围的营造和维护占了很大部分——包括工作环境和团队配合，或许更能决定他在这个酒店的未来发展前景。

也有人认为，酒店应该为员工制定发展规划，进行有针对性的岗位培训，不断地给他设定可以达到的目标，从而提升他的职业满足感；同时不同岗位间的交叉培训也很重要，它可以促进员工的全面发展和对自身潜力的认知和开发。酒店要充分发挥经验丰富的优秀员工的示范作用，通过言传身教，引导新员工将兴趣转化成职业信仰。

对于有着高学历的"90后"员工们，他们已不满足于一线基础性工作，而渴望更有参与感、成就感的工作。

4. 酒店专业性人才需重新定义

尽管行业不断在强调人才缺口严重，但人才的供给与酒店实际需求的不匹配是酒店真正长期存在的瓶颈，问题出在哪里？究其原因，很大部分是酒店业跨界思维受限及复合型人才观念的缺失。

对于应用型学科学生来说，在进入酒店行业时会发现，原来在学校里所学的知识与现实是脱节的，导致所学非所用。如果不继续加强学习，可能就会被淘汰，所以，不断学习是新生代走向中高层岗位的必要途径。也就是说，要想成为一名比较合格的酒店工作人员或者管理者，需要具备的是综合性、复合型的知识和经验储备。

5. 创立符合国情的大学酒店管理专业

在国际上，大学里的酒店管理专业有美国康奈尔大学模式、瑞士洛桑酒店管理学院模式等。笔者认为，对于中国开设了酒店管理专业的相关院校来说，创立适合国情、有特色的大学酒店管理专业，培养中国需要的酒店专业人才是学界的责任。

《酒店高参》专栏作家杨结认为，目前我国大学酒店专业的发展面临着重大的机遇与挑战。所谓的机遇是指，中国酒店业发展速度远超欧美国家，这为发展专业教育提供了良好的环境；所谓的挑战是指，学校教育与行业发展不同步，基础研究与应用研究基础薄弱，教学质量有待提高。在这种背景下，我们有必要回顾历史、分析现状、研究其规律，探索出一条适合我国酒店业发展的可行之路。

中国酒店管理专业的大学教育始于20世纪80年代中期，经过约30年的发展已经有了长足进步：有一大批素质较高的专业教师，包括本土培养的及海归人士；出版了一大批专业教材；培养了一批高素质的酒店管理专才。

但是，酒店专业实用性很强，并且行业的变化很快，在现有的教学与研究模式下，大学酒店管理专业的发展遇到了很大的挑战，导致有的大学酒店管理专业已办不下去。

另外，大学酒店管理专业的发展似乎有泛化的倾向，即更强调"旅游管理"。事实上，目前旅游管理专业的定义与边界学界仍争议不休。与此同时，旅游职业教育兴起，发展势头迅猛，部分职业院校的酒店管理专业水平较高。

因此，酒店管理专业如何定位是一个值得研究的问题。下面从几个不同的角度来观察和研究酒店管理专业的教学内容：

（1）行业对实用型研究的需求。现在的酒店行业，弥漫着经验主义的气息。经验很重要，但如果没有经过归纳和理性分析，得出一些普遍规律，那么这些表面化的、个别的经验价值不大。

行业研究亦是高校的一项任务，只要找准研究目标与对象，持续研究下去必定对行业发展有帮助。

（2）行业对培训的需求。现在的酒店行业员工流动率高，集团化扩展遇到人才瓶颈，这就产生了大量的人才培训需求。

同时，高校可以与企业联合，发挥各自优势，制订酒店业长远人才发展计划，甚至双方可以联合组建"企业学院"以满足企业的培训需求。

（3）高校对行业人才供给的分析。

①课程设置与教材编写。酒店管理专业与旅游专业在酒店管理课程的设置上有所不同，每门专业课程的广度和深度也是不一样的。这是"宽"与"专"的关系，这会影响学生就业与师资的构成。针对上述情况，目前需要考虑如下几个方面：

第一，酒店管理专业课程系列应该由哪些课程构成。

第二，教材编写质量要求，教材编写人员的要求等。

第三，传统教材如何与教学资源匹配。

第四，知识如何根据行业变化更新。

②企业实践。企业实践是学生成长的必由之路,但现在问题不少。学校认为在企业实践中学生成为廉价劳动力,而企业认为学校的课程内容脱离实际。总体来看,大学酒店管理专业教育在快速发展的酒店行业应该可以发挥更大的作用。

(4)培养目标与职业发展。决定一个人的成长有几方面的因素,包括智力、态度与知识等。其中,学校是重要的一环,如果在这个阶段有好的学习环境、合理的课程安排,对学生的影响将是巨大的。教育的本质是培养学生全面发展,而现在学校制定的培养目标只能说是阶段性目标,因为人的进步是渐进式的,故发展目标亦是不断变化的,所以,学校应培养学生持续学习的能力。

就阶段性目标而言,为了使学生毕业后能够短时间内满足较高职位工作的要求,学校需要分析和研究不同岗位所需掌握的知识。

一般来说,组织层级分为基层、中层、高层。作为基层工作人员,需熟悉具体业务和操作流程;作为中层工作人员,必须在熟悉基层业务的同时掌握管理知识;作为高层工作人员,在掌握基础的业务知识、管理知识的前提下,还要具备根据环境变化做出正确决策的能力。

业务知识是指工作岗位涉及的专业知识,中高层管理知识涉及政治、经济、法律等方面内容。

(5)酒店经营业务与课程设置。酒店的形态有多种,包括全服务型酒店、有限服务型酒店、经济型酒店,还包括类似酒店的民宿等。

酒店管理需要开设哪些专业课程?这些课程包括哪些内容?学校都需要进行研究。同时,由于专业分工的需要,酒店的部分业务已经开始外包,那么这些外包业务的内容要不要讲授也是需要学校加以研究的。

一般来说,客房管理是酒店的基本业务。按全服务型酒店的管理范围来分析,房务管理包括前厅、客房、洗涤、管家等方面。现在,很多酒店的洗涤、管家业务已经外包,客房清洁的部分工作也可外包,客房的周期性清洁工作、对客服务大多由酒店员工承担。

前厅工作涉及接待、礼宾、大堂副理、商务中心、总机等岗位。由于互联网的出现,自助入住方式改变了接待处的功能,商务中心的功能已经弱化,总机大多已经合并到客服中心。

餐饮是全服务型酒店的主要业务,包括管事、厨房、楼面等岗位。管事包括物资管理、后台清洁、支援临时需求等方面,部分服务外包;厨房包括粗加工、切配、打荷、炒锅、点心等方面;楼面包括散餐、宴会等内容。目前,楼面服务部分外包,特别是大型宴会需要请临时帮工。

营销包括策划、销售、电子商务、业务跟单等内容。营销工作一般由酒店自己承担,但有些业务推广工作可以外包。全服务型酒店还涉及康体及娱乐业务,但这部分业务有的酒店也采用了外包方式。

后台方面,包括酒店人力资源、财务、安保、工程等岗位,前两者一般由酒店自己负责,后两者有的外包。

综上,在课程设置方面,学校应根据酒店的核心业务来安排课程,在课程内容方面应有所侧重。对酒店的核心业务,特别是自营项目,老师应当重点讲解;对外包业务,或者有限服务完全没有的项目,建议学校有所选择地安排教学内容。

(6)酒店投资全过程与课程设置。作为酒店专业的大学生,根据培养目标,不应只掌握在营运过程中的实务操作,还应了解酒店投资的全过程。目前,高校这方面的课程相当缺乏,这是因为投资课程的技术含量高、涉及面广、教材编写难度大。

全服务型高星级酒店的投资过程,大致可分为4个阶段:

第一,调研阶段:市场调查、财务分析。

第二,筹建阶段:各种文件准备,如立项、用地、建设、勘察、测绘、设计文件、招标、合同、开工审批文件等;设计环节,包括土建设计、机电安装设计、装修设计、厨房设计、绿化设计或者其他专项设计;施工环节,包括土建、机电安装(含弱电安装)、装修等。

第三,筹备阶段:人力资源环节,包括人事组织架构、人力计划、劳动合同、员工手册、工资待遇、培训等；市场营销环节，包括组织分工、流程、定价等；采购环节，包括机器设备、家具、电器、办公设备、餐厨具、清洁用品、布草等；房务、餐饮工作流程制定、物品安排等；安全环节，包括消防验收、各类安全设施设备的检查验收等；财务环节，包括建账、组织架构、收入流程控制、支出流程控制、财务软件运作等；其他。

第四，试营运阶段：开荒、设备测试、试业等环节。

在投资过程中，参与的单位一般包括：设计院、施工单位、监理单位、各类专业顾问、甲方的工程及技术管理人员、筹备运营工作组等。

作为酒店专业的大学生，今后在工作中适合从事哪方面的工作呢？这与个人兴趣、能力和课程设置有密切关系。

酒店专业的学生今后可从事调研阶段的市场调查、财务分析工作；在筹建阶段，可从事筹建管理顾问工作；在筹备过程可全程参与。

筹建顾问分为专业顾问和一般的管理顾问。专业顾问涉及灯光、园林设计、厨房设备、智能化、标识等岗位，这些由专业人士负责；一般的管理顾问由熟知酒店功能的人士担任，酒店专业的学生在酒店经过相当长时间的学习与锻炼后，有可能成为这类顾问，其工作内容主要包括设计规划、功能布局等与酒店经营管理密切相关的内容。在酒店筹备阶段，需要学生将所掌握的酒店专业知识灵活运用。

在大学期间不可能将上述所需的知识全部掌握，但了解概貌，掌握基础知识，知道今后从哪方面继续学习是有必要的。因此，建议相关学校开设酒店筹建筹备类的基础课程，为学生的职业发展打下良好基础，提高和拓展学生今后职业发展的能力和空间。

（7）与酒店密切相关行业的知识与课程设置。目前，为酒店提供产品或服务的行业主要有3类：

第一，为酒店提供客流的公司或机构。例如OTA、旅行社、会议公司、各种专业销售公司与网站、相关的互联订房公司等。

第二，为酒店提供物资与服务的公司。即各类物资的供应商，如清洁剂、酒店布草、食品、饮料等；各类为酒店提供服务的外包公司及帮工公司。

第三，为酒店提供人才招聘及培训的专业公司。这些公司为酒店提供服务，熟悉酒店的需求。这就为酒店员工和管理人员提供了选择或者创业机会。

学校是否可以考虑开设一些选修课程，如创业课程、社交技巧课程等，以便为学生今后的职业发展打好基础，提供更广阔的职业空间。这些都是值得学界思考和研究的。

（8）企业实践的方式。目前，企业的实践环节广受抱怨，因为较长时间在基层工作容易造成人员的流失。那么，学生有没有必要从最基层开始实习呢？

在酒店行业，高层管理人员的成长一般从基层开始，比如客房服务员、前台接待员、餐厅服务员等。按此成长路线，酒店专业的学生需要从基层开始实习。

实习过程中的一个要素是"体验"，知道基层人员的疾苦、需求，了解人性的特点，这是一名未来的管理人员必备的素质。

另外，要在基层实习多长时间比较合适呢？这是一个复杂的问题，由多种因素决定，包括了个人能力、同事关系、企业文化及机遇等。有的酒店为酒店专业学生提供了管理培训生的岗位。

如果酒店做好岗位任务分析，即对每个岗位的工作任务进行定义、划分，并将与任务相关的知识要点系统化，并转化为培训要点，学生就比较容易掌握。

对于综合素质优秀的大学生，可以在学校的组织下与酒店合作开展研究型学习，酒店提供一些在实际工作当中需要解决的问题让学生开展项目式的研究，课题可以很小、很具体，学生的研究成果可以转化为生产力，学生亦可在研究过程中学习到真正有用的知识。

企业实践是校企合作的核心内容，双方有利、共赢是发展的方向。酒店管理的学科教育是一门学问，需要深度研究。酒店专业涉及的知识很多，既有基础的理论，又有大量实践内容，学生在校短短几年，只能有所选择地进行学习，这需要系统分析，适当安排必修、选修等课程，为学生今后的全面发展打下良好基础。

大学酒店管理专业教育的质量，是影响酒店业可持续发展的重要因素，学界和业界的相互推动是今后酒店业可持续发展的希望。

第七章 结论与展望

在旅游消费升级和供给侧结构性改革的背景下，国内住宿业的"边界"不断扩展，业态更加多元化。从酒店业的规模来看，酒店业的品牌化程度和连锁化率持续上升。从住宿设施的分类标准角度看，住宿业经历了从以星级标准为主，到以品牌标准为主的历程。除了星级酒店和品牌酒店，主题酒店、共享民宿、房车、营地、集装箱酒店等非标准住宿业态也越来越受欢迎。星级酒店和品牌酒店强调星级标准和品牌标准；而非标住宿业态，更强调特色化、差异化、个性化。面对酒店业的集团化、多元化、主题化、跨界创新、科技融合、国际化资本运营等要求，以及民宿客栈、房车露营、长租公寓、短租市场等新业态的崛起，酒店业如何做好产业结构优化工作？如何规划好行业的可持续性发展？如何做好行业的管理工作？本书以产业经济学和管理学为理论背景，紧密结合中国酒店业发展的历史、现状和未来趋势，以酒店业的市场结构、行为和绩效为分析基础，研究酒店业产业结构的优化策略及产业政策，得出以下结论：

7.1 结 论

1. 中国酒店业市场的发展逐步趋于理性

笔者从市场结构、产权结构、档次结构、区域结构4个方面分析我国酒店业的发展情况。

（1）市场结构。星级酒店数量呈现逐年下降的趋势；2005—2016年全国有限服务连锁酒店呈规模增长态势；2013—2017年全国中端连锁酒店和经济连锁酒店均呈规模增长态势；客栈民宿蓬勃发展；我国房车露营市场潜力巨大。

（2）产权结构。从国际酒店集团的发展进程和现状来看，国际酒店集团主要通过渗透的方式进入中国市场，通过重点市场产权交易、非重点市场管理交易相结合的方式，获取国内酒店的管理权、营销权和无形资产运作权。国内酒店集团也纷纷通过资本运作，例如收购、兼并、重组获得规模的扩大。随着旗下酒店数量增多，部分地产商开始筹建自己的酒店管理公司，也有部分集团将自己的酒店打包并通过RETs模式上市。

（3）档次结构。2017年高端酒店市场全面回暖，一二线城市尤为明显。中端连锁酒店发展势头良好，预计未来中端连锁酒店将逐渐成为行业的主流。

（4）区域结构。我国酒店业发展并不均衡，地域之间的差异明显。近年来，全国酒店的数量增速放缓，中西部省（区、市）（如河南、山东、四川等地）的酒店获得了长足发展。

2. 我国酒店业的市场行为

（1）我国酒店业的集团化进程又取得新的进展，集团化发展已进入新的历史阶段，但是酒店集团仍需弥补自身虚弱化与空洞化的缺陷。

（2）酒店集团发展模式从以前的重资产模式转换到轻资产模式，融资模式从债权型转换到股权型。酒店集团的扩张以前多采用内生增长模式，现在则越来越多地采用并购、重组或参股等外延式增长模式。

（3）度假租赁市场线上线下共同发展。线下主要注重资源的整合与品牌化发展。

3. 我国酒店业的市场绩效

（1）我国传统酒店业的整体效益仍然在低位徘徊；而以民宿为代表的生活方式类住宿业态却出现了高速发展态势，其发展速度远远快于星级酒店。

（2）伴随着行业的加速洗牌，酒店行业的市场集中度得到提升。

（3）酒店整体供给增速下滑。

（4）从经济型酒店到中高端酒店的升级，使得酒店行业的利润长期增长。

4. 酒店业产业结构优化策略

（1）优化布局结构策略。我国酒店业区域布局并不均衡，地域之间的差异明显，但市场集中度较高。随着我国城镇化工作的持续推进，全国高铁、高速公路线路的建设，拉动了三线、四线及四线以下城市的体验、度假旅游热，因此，我国各酒店集团也纷纷开始在全国布局，增加酒店数量。今后，国内酒店投资目的地集中围绕20个城市群和3大湾区展开。优化布局结构能给我国酒店业的发展带来扩散效应和集群效应。

（2）企业创新策略。它包含酒店业态的跨界创新、设计创新、主题创新、资本化创新。企业创新对酒店产业结构高度化具有直接效应，并且对酒店产业结构优化具有间接效应。

（3）提升核心竞争力策略。多元化、集团化、并购、联盟、国际化等战略可以提升酒店的核心竞争力。

5. 酒店业产业政策建议

针对我国酒店行业存在的问题，建议加快我国酒店业行业协会的改革，行业协会加快"去行政化"，新型行业协会向同业公会方向发展。在同业公会建立之前的过渡时期，地方政府应该按照商业承载力的大小对酒店业的扩展进行干预，或者采取听证会的形式，对行业的后进者设限。

6. 酒店业产业可持续发展策略

为了酒店业的长远可持续发展，笔者提出以下策略：优先开发成熟地块，同时考虑生态重造策略；从原材料到设计都遵循绿色环保和就地取材策略；高效运营，从每个环节贯彻低碳化策略；贯彻可持续发展的管理策略；贯彻顾客参与，在双赢思维下展开绿色行动策略；贯彻酒店可持续发展的人才策略。

7.2 创新之处

（1）研究切入角度新。以改进的ESP范式为框架，对酒店业所处的环境，对酒店业的市场、产权、档次、区域结构的形成过程，以及进一步对酒店业的市场行为、经营绩效等的影响因素进行分析，揭示了目前酒店业经营环境、竞争结构、市场行为、市场绩效之间的相互关系和传导机制。

（2）提出了酒店业产业结构的优化策略。以历年酒店业数据分析为基础，并以行业最新的案例为借鉴，同时参考行业专家的最新建议，提出了涉及企业优化布局结构、企业创新、提升企业核心竞争力、产业可持续发展、产业政策、行业管理等方面的建议。

（3）运用了多种方法进行研究。本研究运用了文献研究法、实证研究法等多种方法，全面探讨了酒店业的产业结构优化问题，为酒店业的产业结构优化及可持续发展研究提供了新的视角和途径。

7.3 研究不足与展望

本书研究的样本仅限于统计公报中的星级酒店，以及咨询行业报告中的酒店集团、民宿、房车露营地，对于众多不在旅游行政部门管辖或咨询行业报告中的旅馆和旅游企业，它们的经营数据与表现不在本书的分析范围，致使本书在行业覆盖面及数据的可获得性方面说服力不足。

本书的案例尽量选取国内具有代表性的酒店集团、酒店企业，但其普适性与代表性有待进一步加强。在今后的研究中，笔者将会扩大研究范围，增加典型企业的数据，提高分析的准确性。

参 考 文 献

[1] 张俐俐, 曲波. 服务业竞争力提升的新途径：产业集群发展——以酒店产业集群形成与发展为例 [J]. 旅游学刊, 2006 (4).

[2] 邹瑜. 法学大辞典 [M]. 北京：中国政法大学出版社, 1991.

[3] 吴红波. 可持续发展是唯一选择 [N]. 人民日报, 2013 - 09 - 13 (3).

[4] 王蔷. 战略联盟内部的相互信任及其建立机制 [J]. 南开管理评论, 2000 (7).

[5] 玛丽亚·莫斯坎瑞斯. 企业经济学 [M]. 柯旭清, 廖君, 译. 北京：北京大学出版社, 2011.

[6] 乔治·J. 施蒂格勒. 产业组织 [M]. 王永钦, 薛锋, 译. 上海：上海人民出版社, 2018.

[7] 让·梯若尔. 产业组织理论 [M]. 北京：中国人民大学出版社, 2017.

[8] 苏东水. 产业经济学 [M]. 北京：高等教育出版社, 2010.

[9] 赵玉林. 产业经济学原理及案例 [M]. 北京：中国人民大学出版社, 2018.

[10] 龙祖坤, 李双清. 基于核心能力的我国酒店成长战略研究 [M]. 湘潭：湘潭大学出版社, 2014.

[11] 李烨, 陈立文. 酒店业经营风险测度与影响因素研究 [M]. 北京：经济科学出版社, 2016.

[12] 裴正兵. 酒店盈利模式 [M]. 北京：经济管理出版社，2016.

[13] 司马志. 制度变迁与中国旅游产业发展——基于ESP范式的产业绩效分析 [M]. 上海：上海社会科学院出版社，2012.

[14] 刘世松，卜建华. 葡萄酒产业经济学 [M]. 北京：中国轻工业出版社，2017.

[15] 王起静. 旅游产业经济学 [M]. 北京：北京大学出版社，2006.

[16] 北京旅游发展研究基地. 北京旅游发展研究报告2017 [M]. 北京：旅游教育出版社，2017.

[17] 魏小安，沈彦蓉. 中国旅游酒店业的竞争与发展 [M]. 广州：广东旅游出版社，2000.

[18] 张润钢. 酒店业前沿问题 [M]. 北京：中国旅游出版社，2003.

[19] 吴冰. 旅游城市酒店业供需系统耦合发展研究——以西安市为例 [M]. 北京：科学出版社，2016.

[20] 范合君. 产业组织理论 [M]. 北京：经济管理出版社，2010.

[21] 李太勇. 市场进入壁垒 [M]. 上海：上海财经大学出版社，2002.

[22] 李明志. 产业组织理论 [M]. 北京：清华大学出版社，2014.

[23] SLOAN P，LEGRAND W，CHEN J S. 住宿业的可持续发展：运营原则 [M]. 宋瑞，译. 北京：中国旅游出版社，2015.

[24] 徐碧琳，陈颉. 管理学原理 [M]. 北京：机械工业出版社，2015.

[25] 中国旅游研究院. 中国旅游住宿业发展报告2017 [M]. 北京：旅游教育出版社，2017.

[26] 中国旅游研究院. 中国旅游住宿业发展报告2016 [M]. 北京：旅游教育出版社，2016.

[27] 唐拥军，李兴旺，叶泽，等. 战略管理 [M]. 武汉：武汉理工大学出版社，2010.

[28] 田华，凌志刚，仪勇. 现代酒店管理学 [M]. 北京：北京师范大学出版社，2012.

［29］李君华，彭玉兰．产业布局与集聚理论述评［J］．经济评论，2007（2）．

［30］侯莲莲，郑向敏．中国省域星级酒店市场结构变化的空间差异分析［J］．重庆工商大学学报（社会科学版），2017（4）．

［31］龙祖坤，李绪茂，贺玲利．星级酒店市场集中与影响因素分析——以长沙市为例［J］．湖南商学院学报，2016（8）．

［32］吕丽莉．基于SCP范式的上海高端酒店市场研究［J］．当代经济，2012（10）．

［33］侯莲莲，郑向敏．我国星级酒店市场结构、效率与绩效的关系——基于"共谋假说"和"效率假说"的实证检验［J］．经济与管理，2016（6）．

［34］邓莉思．旅游产业结构优化背景下酒店行业的发展［J］．经营之道，2017（12）．

［35］谭毅菁．城市高星级酒店业发展动态研究——以广州市五星级酒店市场为例［J］．特区经济，2013（5）．

［36］潘虹．供给侧结构改革下星级酒店产业转型升级的趋势［J］．企业改革与管理，2017（6）．

［37］韩煜东，赵安学．我国经济型酒店市场结构与战略分析［J］．中国商论，2010（7）．

［38］苏超．中国经济型酒店产业SCP范式分析［J］．现代商贸工业，2011（15）．

［39］张洪，张洁，杨燕．SCP视角下的我国星级饭店业市场结构分析［J］．安徽大学学报（哲学社会科学版），2012（5）．

［40］张润钢．中国酒店集团化15年取得的成果和存在的问题［C］．［S.l.：s.n.］，2018．

［41］张润钢．回顾与展望：2016年中国住宿业年终综述［J］．环球旅讯，2016（5）．

［42］张润钢．酒店业的反思与再认识［C］．［S. l. :s. n.］，2017．

［43］张润钢．2018年酒店行业综述［J］．酒店高参，2018（12）．

［44］张润钢．中国酒店业发展态势［C］．［S. l. :s. n.］，2017．

［45］前瞻产业研究院．跨界酒店成发展新业态 行业盈利模式分析［J］．投融资速递，2017（1）．

［46］何建民．酒店业态的跨界创新［N］．中国旅游报，2011－09－21（7）．

［47］上海盈蝶企业管理咨询有限公司，北京第二外国语学院酒店管理学院．2018中国大住宿业发展报告［R］．［S. l. :s. n.］，2018．

［48］杨宏浩．中国旅游住宿业发展报告2017［M］．北京：旅游教育出版社，2017．

［49］智研咨询．2017—2022年中国房车行业深度调研及发展趋势研究报告［R］．［S. l. :s. n.］，2017．

［50］中商产业研究院．2018年中国房车露营市场前景研究报告［R］．［S. l. :s. n.］，2018．

［51］艾瑞咨询．2017年中国在线短租行业研究报告［R］．［S. l. :s. n.］，2017．

［52］赵焕焱．酒店业回眸2017、展望2018市场篇［R］．［S. l. :s. n.］，2017．

［53］赵焕焱．中国住宿业2018年总结和2019年展望［R］．［S. l. :s. n.］，2018．

［54］中华人民共和国国家旅游局．2012全国星级饭店统计公报［R］．［S. l. :s. n.］，2012．

［55］中华人民共和国国家旅游局．2013全国星级饭店统计公报［R］．［S. l. :s. n.］，2013．

［56］中华人民共和国国家旅游局．2014全国星级饭店统计公报［R］．［S. l. :s. n.］，2014．

［57］中华人民共和国国家旅游局．2015全国星级饭店统计公报［R］．

[S. l. :s. n.], 2015.

[58] 中华人民共和国国家旅游局. 2016 全国星级饭店统计公报 [R]. [S. l. :s. n.], 2016.

[59] 中华人民共和国国家旅游局. 2017 全国星级饭店统计公报 [R]. [S. l. :s. n.], 2017.

[60] 中华人民共和国文化与旅游部. 2018 全国星级饭店统计公报 [R]. [S. l. :s. n.], 2018.

[61] 观研天下. 2018 年中国酒店市场分析报告 [R]. [S. l. :s. n.], 2018.

[62] 陈静. 中国酒店档次结构何以从"小蛮腰"变"梯形"?[N]. 中国旅游报, 2016-07-22(3).

[63] 上海盈蝶企业管理咨询有限公司. 2018 中国酒店连锁发展与投资报告 [R]. [S. l. :s. n.], 2018.

[64] 鲍丽. 基于 SCP 范式的中国经济型酒店分析 [J]. 现代商贸工业, 2008(6).

[65] 王林波, 牛刚. 2017 年中国酒店产权交易分析报告 [R]. 酒店产权网, 2017.

[66] 顾汝忠. 城市规划中的酒店分布与业态形成分析 [J]. 现代商业, 2010(21).

[67] 高春景, 刘冲冲. 新常态下的酒店业转型 [J]. 新闻前哨, 2015(5).

[68] 刘琼. 度假旅游开发中酒店集群的发展模式及解析 [J]. 技术要点, 2013(45).

[69] 胡梅, 吴晓隽. 酒店集群的概念、动力机制与绩效评估 [J]. 现代管理, 2017(7).

[70] 傅慧. 产业集群的集聚效应:基于酒店业的分析 [J]. 商业经济与管理, 2007(1).

[71] 王丹. 浅析城市综合体发展与酒店发展相互之间的意义 [J]. 中国

集体经济，2013（9）．

[72] 魏文斌．新形势下的酒店经营与管理创新［J］．共拓财经百家号，2017（5）．

[73] 贾文德．酒店业如何跨界创新？答案在这［N］．中国旅游报，2018-01-30（1）．

[74] 浩华国际咨询中国事务署．"康养"遇上"酒店"：如何解读全球新兴酒店业［C］.[S.l.:s.n.]，2018.

[75] 武汉天鹅恋酒店管理有限公司．主题酒店：文化创新科技感，11个未来趋势［J］．品橙旅游，2014（3）．

[76] 云之尚主题酒店．主题酒店的创新与发展［C］.[S.l.:s.n.]，2017.

[77] 陈哲．主题酒店的创新［J］．青年与社会，2015（15）．

[78] 甘涌．打造酒店品牌核心竞争力的4大方面［J］．酒店高参，2016（5）．

[79] 姚瑶．中国共享民宿的制度规制路径探析［J］．行政管理改革，2018（10）．

[80] 刘武俊．行业协会去行政化得动真格［N］．学习时报，2015-12-17（5）．

[81] 佚名．打造绿色酒店 考虑可持续发展就够了吗？［J］．迈点，2016（9）．

[82] 皮平凡，程雨丝．广东温泉度假酒店顾客体验实证研究——以广东碧水湾温泉度假村为例［J］．中小企业管理与科技，2015（4）．

[83] 杨结．酒店院校应如何设置：酒店管理专业知识体系与课程？［J］．酒店高参，2016（10）．

[84] 程拓．妥协OR深谋：首旅酒店"收益多元化"的底气是什么［J］．旅游商业观察，2016（9）．

[85] 李树河．战略联盟的风险成因及其防范［J］．消费导刊，2007（11）．

[86] 李朋波,秦宇,李彬. 酒店学人文集 [M]. 北京: 旅游教育出版社, 2017.

[87] 世界旅游城市联合会. 世界旅游经济趋势报告 (2018) [R]. [S. l. : s. n.], 2018.

本书配备读者阅读交流群！

建议配合二维码一起使用本书

使用说明

本书配有读者阅读交流群，群内提供读书活动和资源服务，帮助读者提升阅读体验。读者可根据需要加入喜欢的交流群，在群里与书友一起互动交流。

入群步骤

 用微信扫描本页二维码

 根据提示，选择加入感兴趣的交流群

 入群后，系统将自动推送关键词到手机，在群内回复对应的关键词即可获取相应的资源，并参与读书活动

群服务介绍

读者可以根据不同需求加入相对应的群

群类别说明	群功能介绍
地域	根据地域划分，读者匹配相应区域入群，与同地区的书友进行沟通交流。该群人数约为100人/群。
读书话题	本书提供读书话题供读者思考，群内读者可就编者或作者提供的读书话题展开思考，并可在话题群里与其他读者展开讨论。话题群读者人数一般为10–50人。

获取本书阅读资源
提升读者阅读体验

微信扫描二维码
加入本书交流群